ADAC
Reiseführer

Polen

Von Daniela Schetar-Köthe und Friedrich Köthe

Intro

Unterwegs

Breslau und der Südwesten – Natur- und Architekturschätze zu Füßen der Sudeten 59

Posen und Zentralpolen – Deutschherren und Bischöfe 77

Stettin und die Ostseeküste – Sandstrände und Kurbäder 93

Danzig und Masuren – herrschaftliche Ritterburgen und nostalgische Ostseebäder 107

Polen Kaleidoskop

Karten und Pläne

Service

Polen Impressionen

Vielfältiges Land im Herzen Europas

Polen ist aus seinem jahrzehntelangen touristischen Dornröschenschlaf erwacht, jedes Jahr besuchen mehr westeuropäische Urlauber seine kulturreichen **Städte** wie Krakau und Breslau, **wandern** auf den Spuren Rübezahls durch das liebliche Riesengebirge, suchen in der Marienburg **Kreuzritterromantik** oder verbringen einen geruhsamen **Segel-** und **Badeurlaub** an der Ostsee mit ihren feinen Stränden oder im wald- und seenreichen Masuren. Deutschlands östliches Nachbarland hat auf seinen 312 683 km² Landesfläche zwischen der Oder und dem Weichselzufluss Bug, zwischen Baltischem Meer und Hoher Tatra wahrlich viel zu bieten.

Architektur- und Kunstschätze

In Polen begünstigte das jahrhundertelange Zusammenwirken slawischer, jüdischer und deutscher Kultur eine außerordentliche Blüte der Künste und Wissenschaften und brachte geniale *Forscher* wie Nikolaus Kopernikus oder Marie Curie, sensible *Komponisten* wie Frédéric Chopin und scharfsinnige *Gesellschaftskritikerinnen* wie Rosa Luxemburg hervor. *Kaufleute* trieben Handel bis nach Konstantinopel, Rom, Stockholm und Moskau, die polnischen Könige pflegten politische Beziehungen mit den europäischen Herrscherhäusern ebenso wie mit dem russischen Zarenhof. Das Ergebnis dieser **kosmopolitischen Vergangenheit** ist eine faszinierende, vielschichtige Kultur, die Polen zu einem der reizvollsten Reiseziele Europas macht.

Trotz schlimmer Zerstörungen im Zweiten Weltkrieg geben die größtenteils liebevoll und detailfreudig wieder aufgebauten Städte davon beredt Zeugnis. Ein schönes Beispiel ist die nach 1945 wie Phönix aus der Asche neu erstandene Altstadt **Warschaus**, die seit 1980 zum

Unten: *Brauchtumspflege wird groß geschrieben – Folkloretanz vor den historischen Tuchhallen auf dem Marktplatz von Krakau*
Rechts oben: *Markante Türme der Danziger Marienkirche. In dem gewaltigen Gotteshaus finden bis zu 25 000 Gläubige Platz*
Rechts unten: *Die Masurische Seenplatte um Giżycko/Lötzen ist ein Dorado für Segler*

Weltkulturerbe der UNESCO zählt. Sie spiegelt fast alle Epochen der polnischen Geschichte, vom mittelalterlichen Rynek über den barocken und klassizistischen ›Königsweg‹ bis hin zu den Mahnmalen anlässlich der Gräuel des Dritten Reichs, wider. Auch **Krakau** besitzt mit seinen idyllischen Altstadtgassen rund um den Marktplatz Rynek, dem Schloss und der Kathedrale auf dem Königsberg Wawel ein außerordentlich berühmtes historisches Ensemble. In **Posen** und **Breslau** rahmen ebenfalls restaurierte Fassaden gotischer und barocker Bürgerhäuser das turmbewehrte Rathaus auf dem mittelalterlichen Marktplatz und selbst in Kleinstädten wie **Kazimierz Dolny** im südöstlichen Polen ist der einstige Reichtum seiner Kaufleute in üppigem Steinschmuck an Häusern und Rathaus verewigt. Überhaupt kann man auf einer Reise durch Polen in beinahe jedem Ort anhalten, ohne in Hinblick auf Architekturschönheit und historische Reize enttäuscht zu werden. Handelsgeschick begründete auch den Reichtum

der alten Hansestädte im Norden Polens. In **Danzig** etwa symbolisiert das *Krantor* die Wehrhaftigkeit der Stadt, zugleich aber auch die Bedeutung des Warenaustauschs, ist doch der mächtige Kran zum Entladen der Schiffe ins gotische Stadttor integriert.

Zahlreich sind gerade hier in der Ostseeregion die architektonischen Zeugen der Vergangenheit. Der im 13. und 14. Jh. mächtige **Deutsche Orden** besaß mehr als 110 Burgen im vormaligen Pommerellen, Machtzentrum der Kreuzritter war die prächtige **Marienburg** an der Nogat. Vor etwas mehr als 100 Jahren entstanden dagegen die beschwingten Jugendstilvillen und Kurviertel im luftig-leichten Bäderstil in den Kurorten wie **Zoppot** oder **Swinemünde** an der Meeresküste.

Links Mitte: *Auch architektonisch zeigt sich Warschau als moderne Metropole; Polens Hauptstadt gilt als Boomtown des Landes*
Links unten: *Künstler und Souvenirhändler verwandeln die Stadtmauer Krakaus nahe des Florianstors in eine Freilichtgalerie*
Oben: *Einst Machtzentrale der Deutschordensritter, ist die nach dem Zweiten Weltkrieg sorgfältig renovierte Marienburg heute eine der prachtvollsten Burgen Polens*
Unten: *Der höchst kunstfertig geschnitzte Marienaltar (um 1477) in der Krakauer Marienkirche ist ein Meisterwerk von Veit Stoß*

Kleine Landeskunde

Südlich der 524 km langen **Ostseeküste** mit ihren weiten, feinsandigen Stränden prägen vielfach verzweigte Flussarme sowie Tausende von Seen das flache Hinterland. Um diese **Seenplatten** sind dichte Wälder Heimat einer artenreichen Flora und Fauna. Nach Süden unterbricht der **Baltische Höhenrücken** das dicht besiedelte zentralpolnische Tiefland, das mehr als die Hälfte der Landesfläche einnimmt. Hier liegen *Großstädte* wie Warschau und Lodsch, aber auch ausgedehnte *Nationalparks* wie der von **Białowieża**, in dem Wisente und Tarpane neben Rot- und Schwarzwild und einer Vielzahl gefiederter Sänger ihren geschützten Lebensraum haben. Den Süden des Landes rahmen Mittel- und Hochgebirge ein. Die **Sudeten** mit der 1602 m hohen *Schneekoppe* (Śnieżka) im Westen und die **Hohe Tatra** mit Polens höchstem Gipfel, der 2499 m aufragenden *Meeraugspitze* (Rysy) im Osten steigern sich von lieblich bewaldeten Kuppen zu imposanten Felsennadeln.

Weite Landschaften für Romantiker

Polen ist ein Land des weiten, unverstellten Blicks. Im Norden an der Küste kann man beispielsweise von den hoch aufragenden Wanderdünen im **Słowiński-Nationalpark** weit über das Meer und ins waldreiche Landesinnere blicken. Im Nordosten lockt die **Masurische Seenplatte** naturverbundene Kanuten und Radfahrer in die oft noch menschenarmen, von Seen und Flüsschen durchzogenen Mischwälder.

Im Süden Polens dagegen, wo **Sudeten** und **Hohe Tatra** aufragen, bringen Seilbahnen und Wege Wanderer auf hohe Grate und schroffe Gipfel. Hier locken etwa rings um den beliebten Wintersportort **Zakopane** Pisten und Loipen aller Schwierigkeitsgrade Schneefreun-

de an. Im Sommer kann man dort die umliegende Bergwelt sehr schön auf Schusters Rappen erkunden.

Vergangenheit und Zukunft

Dabei bietet sich Reisenden in den westlichen Regionen Polens ein stark von **deutschen Traditionen** geprägtes Bild, im Osten überwiegt **slawisches Brauchtum**. Die heutigen Landesgrenzen sind durch Verträge besiegelt, doch die schmerzhafte Erinnerung an Ermordung, Vertreibung und Umsiedlung von Millionen Menschen im und nach dem Zweiten Weltkrieg sind vielen Menschen noch deutlich im Gedächtnis.

Oben: *Jeden Sommer bietet die Ostseeküste wie hier bei Kolberg buntes Strandvergnügen*
Mitte: *Viele Wanderwege führen durch das Riesengebirge, etwa der aussichtsreiche Zickzackweg auf die Schneekoppe*
Unten: *Ein Bauer mit seinem Pferdefuhrwerk steht für die ländliche Seite Polens*
Rechts oben: *Das großartige gartenumgebene Barockschloss Wilanów in Warschau gilt zu Recht als ›polnisches Versailles‹*
Rechts Mitte: *Kaffeehausatmosphäre in Krakau*

Eine neue Ära brach für die 38 Mio. mehrheitlich katholischen Polen an, als 1978 der weiße Rauch über dem Vatikan der Welt einen neuen Papst verkündete, denn die Wahl war auf den vormaligen Krakauer Kardinal Karol Wojtyła gefallen, der sich fortan **Johannes Paul II.** nannte. Seine explizite Marienverehrung belebte altehrwürdige Wallfahrtsorte wie *Tschenstochau* mit seiner Schwarzen Madonna. Aber auch der Kreuzweg des *Kalwaria Zebrzydowska* bei Krakau oder

die evangelischen *Friedenskirchen* von Schweidnitz und Jauer erfuhren neues Interesse und ungeahnten Zulauf.

Die Begeisterung über einen polnischen Papst stärkte nicht nur die lange unterdrückte **Katholische Kirche** im Land sondern erschütterte auch das kommunistische Regime. An diesen rüt-

telte in den 1970er- und 80er-Jahren noch ein anderer, der Werftarbeiter und Arbeiterführer **Lech Wałęsa** aus Danzig mit der unabhängigen Gewerkschaft *Solidarność*. 1990 wurde schließlich die politische Wende auch in Polen vollzogen, das seitdem wieder eine parlamentarische Republik ist.

Wachstumsbranche Fremdenverkehr

Mit Stolz, Hoffnung, durchaus aber auch mit einer gewissen Skepsis sehen die Polen ihren **EU-Beitritt** im Mai 2004, mit dem das geschichtsträchtige Land wieder seinen angestammten Platz unter den Völkern Europas einnimmt. Hoch sind jedenfalls die Erwartungen hinsichtlich des aufstrebenden Tourismus, für den vor Ort auch viel getan wird. Überall gibt es mittlerweile komfortable Hotels, Ferienapartments und Campingplätze. Zunehmend werden auch Aufenthalte in so genannten ›Schlosshotels‹ angeboten, liebevoll renovierte Adelssitze und herrschaftliche Anwesen in meist ländlicher Umgebung, in denen Gäste stilvoll nächtigen können. Am einfachen Leben nimmt man dagegen eher teil, wenn man sich für *Agroturystyka*, Ferien auf dem Bauernhof, entscheidet. In jedem Fall sind die Polen herzliche **Gastgeber**, die ihre Besucher mit offenen Armen empfangen. Auch bei Tisch wird nach dem Motto ›Dem Gast nur das Beste‹ verfahren, entsprechend schwer fällt die Wahl etwa zwischen kross gebratener Ente oder einem frischen Zander mit Pilzen. Es gibt ausgezeichnete Spezialitäten wie Barszcz, die Roterübensuppe, oder Pierogi, die abwechslungsreich gefüllten Teigtäschchen, und natürlich – insbesondere bei Festessen – die unübertroffene polnische Mastgans. Auch kulinarisch erkennt man die vielfältigen Einflüsse wieder, denen Polen im Laufe der Zeit ausgesetzt war.

Der Reiseführer

Dieses Buch stellt das Reiseland Polen in **sechs Kapiteln** vor. Die Autoren beschreiben Landschaften und Städte ebenso wie Nationalparks und Ostseebäder. Auf besondere Höhepunkte bei Sehenswürdigkeiten, Hotels, Restaurants und Naturschönheiten verweisen die **Top Tipps**. Den Besichtigungspunkten sind **Praktische Hinweise** mit Tourismusbüros sowie Hotel- und Restaurantempfehlungen angegliedert. **Übersichtskarten** und **Pläne** erleichtern die Orientierung. Der **Aktuelle Teil** bietet alphabetisch geordnet Nützliches von Informationen vor Reiseantritt über Einkaufs- und Sportmöglichkeiten bis zu Verkehrsmitteln. Interessante **Kurzessays** runden den Reiseführer ab.

Geschichte, Kunst, Kultur im Überblick

Könige und Kaufleute, Kreuzritter und Kriegsherren prägten Polen

1.–6. Jh. Zwischen Ostsee und Sudeten siedeln germanische Völker wie Goten und Vandalen.

Ab dem 6. Jh. Zuwanderung slawischer Volksgruppen, etwa der Polanen.

960–992 Mieszko I. ist der erste historisch sicher verbürgte Herzog aus dem Adelsgeschlecht der Piasten. Er herrscht in den Polanen-Gebieten zwischen mittlerer Weichsel und Warthe. 966 tritt er zum Christentum über.

992–1025 Bolesław I. Chrobry der Tapfere weitet das Reich auf Kleinpolen, Schlesien sowie Vorder- und Hinterpommern aus. Im Jahr 1000 gründet er das Erzbistum Gniezno/Gnesen. 1025 lässt er sich in Krakau zum König von Polen krönen.

12. Jh. Bolesław III. Krzywousty (Schiefmund, 1102–1138) teilt das Reich in vier Fürstentümer unter dem Seniorat des Königs in Krakau. Diese Teilung schwächt das Königtum. 1163 verlässt Schlesien den Verbund, 1181 folgt Pommern diesem Beispiel.

1240/41 Die Mongolen fallen plündernd und brandschatzend in Polen ein. Sie schlagen ein polnisch-deutsches Heer 1241 in der Schlacht von Legnica/Liegnitz vernichtend, ziehen sich jedoch kurz darauf von selbst aus Europa zurück.

1226–1283 Herzog Konrad I. Mazowiezki ruft 1226 den Deutschen Orden, um die an der Ostseeküste lebenden heidnischen Pruzzen niederzuringen. Die Kreuzritter erfüllen diese Aufgabe bis 1283 und holen deutsche Kolonisten ins Land.

1308 Der Deutsche Orden begründet einen eigenen, straff hierarchisch organisierten Staat im Gebiet der Pommerellen an der Ostsee.

1333–1370 Kazimierz III. Wielki der Große ist der letzte König der Piasten-Dynastie. Er überlässt Pommerellen dem Deutschen Orden, expandiert aber nach Osten, indem er etwa Galizien erobert. 1364 gründet er die Universität Krakau.

1370–1386 Kazimierz stirbt ohne direkte Erben, daher folgt ihm sein Neffe Ludwig der Große aus dem Haus Anjou sowie dessen Tochter Hedwig (poln. Jadwiga).

1386 Jadwiga heiratet den litauischen Fürsten Jogaila. Als König Władysław II. Jagiełło (reg. 1386–1424) herrscht dieser nun über Polen und Litauen und begründet die Dynastie der Jagiellonen.

1410 Der Deutsche Orden unterliegt Polen in der Schlacht bei Tannenberg (auch Schlacht am Grunwald), kann aber im Frieden von Thorn 1411 sein Territorium weitgehend erhalten.

1454–66 Polen gewinnt den Dreizehnjährigen Krieg gegen den Deutschen Orden. Mit dem Zweiten Thorner Frieden werden Pommerellen und Kulmer Land autonomer Ständestaat unter polnischer Oberhoheit. Allerdings bleiben die deutschen Städte Danzig, Thorn und Elbing selbstständig.

1473 In Thorn wird der Astronom, Astrologe und Mathematiker Nikolaus Kopernikus († 1543) geboren.

1572 Der Tod von Zygmunt II. August beendet die Ära der Jagiellonen. Der Adel bedingt sich nun das Recht aus, die polnischen Könige künftig unabhängig zu wählen und gründet die Rzeczpospolita Szlachecka, die polnische Adelsrepublik. Generalversammlung des Adels ist der Sejm.

1576 Der Adel wählt Stephan Báthory (1532–1586), den Herzog von Siebenbürgen, zum König. Es beginnt ein Krieg mit Russland um Gebiete des heutigen Lettland und Estland. In der Fol-

◁ *1241 besiegen Mongolen in der Schlacht von Liegnitz das polnisch-deutsche Ritterheer*

Niederlage des Deutschen Ordens gegen König Jagiełło in der Schlacht von Tannenberg (Grunwald) im Jahr 1410 ▷

ge zieht sich Russland aus diesen Gebieten zurück.
1587 Zygmunt III. Waza (1566–1632) wird zum König von Polen gewählt. Er führt Kriege mit Russland um den Zarenthron und mit Schweden um die schwedische Krone.
1596 Warschau wird statt Krakau Hauptstadt des polnischen Reiches.
1648 Im Westfälischen Frieden zur Beendigung des Dreißigjährigen Krieges erhält Schweden große Teile Pommerns.

Jan III. Sobieski (1629–1696), Großmarschall und König

1654 Kosakenführer Bohdan Chmielnicki erkennt im Vertrag von Perejaslaw die Oberhoheit Russlands in der Ukraine an. Polen verliert diese Region nach einem vergeblichen Krieg darum.
1655 Carl Gustav von Schweden marschiert in Polen ein.
1660 Polen schließt mit Schweden den Frieden von Oliva.

Ein zeitgenössischer Kupferstich illustriert die Erste Teilung Polens im Jahr 1772 ▷

1673 Nachdem Türken auf polnischem Gebiet eingefallen sind, besiegt Großmarschall Jan Sobieski (1629–1696) sie bei Chocim. Ein Jahr später ernennt ihn der Adel zum König.
1683 Jan III. Sobieski besiegt die Türkische Armee vor Wien (Schlacht am Kahlenberg).
1697 Nach dem Tod Jan Sobieskis wird August II. der Starke aus Sachsen auf den polnischen Thron gewählt.
1700–21 Im Großen Nordischen Krieg kämpfen Polen, Russland und Dänemark, später auch Preußen und Hannover, gegen das letztlich unterlegene Schweden. Mit dem Ende des Krieges ist der Einfluss Russlands auf das polnische Königreich gefestigt.
1721–72 Das polnische Königshaus wird trotz Reformversuchen zunehmend handlungsunfähig, eine grundlegende Änderung der wirtschaftlich und sozial verfahrenen Gesellschaftsgrundlagen ist nicht in Sicht.
1772 Stanisław II. August muss die Erste Polnische Teilung hinnehmen, bei der sich Nachbarstaaten in gegenseitigem Einvernehmen etwa ein Drittel Polens einverleiben: Österreich erhält Teile Kleinpolens, Preußen Teile von Pommerellen und Russland die Gebiete östlich der Dwina und des Dnjepr. In der Folge unternimmt Polen weitere Versuche zur Reformierung seines Staates.
1791 Polen verabschiedet die erste schriftlich niedergelegte demokratische Verfassung Europas, vier Jahre vor Frankreich.
1792 Unterstützt vom polnischen Adel (Konföderati-

on von Targowica) wenden sich die Herrscher der absolutistischen Reiche Russland und Preußen gegen die demokratischen Bestrebungen in Polen.

1793 Zweite Teilung Polens: Russland sichert sich weitere polnische Gebiete im Nordosten, Preußen erhält Großpolen, sowie die Städte Danzig und Thorn.

1794 Unter General Tadeusz Kościuszko protestiert die polnische Bevölkerung gegen die Teilung ihres Vaterlandes und erhebt sich gegen die Willkürherrschaft des Großadels. Russische und preußische Truppen schlagen den Aufstand nieder.

1795 Der Aufstand ist Anlass für die Dritte Teilung Polens, das die Anrainerstaaten nun vollständig unter sich aufteilen. König Stanisław II. August dankt ab, Polen verschwindet von der Landkarte.

1807 Napoleon richtet ein Herzogtum Warschau ein.

1810 In Zelazowa Wola bei Warschau erblickt der begnadete Musiker Frédéric Chopin († 1849) das Licht der Welt.

1815 Neuordnung Europas nach dem Ende der Napoleonischen Kriege. Der Wiener Kongress vereinbart, dass sich Preußen auf die Grenzen der zweiten Teilung zurückziehen muss. Das Großherzogtum Poznań/Posen erhält weitgehende Autonomie, der zentrale Landesteil des vormaligen Polen besteht als sog. Kongresspolen weiter, untersteht aber russischer Verwaltung.

1830 Die repressive Politik Russlands gegen die polnische Bevölkerung führt zum Novemberaufstand, den die russische Armee blutig niederschlägt. Weitere Aufstände folgen 1846, 1848 und 1863.

1867 Marie Skłodowska Curie († 1934) wird in Warschau geboren. Die leidenschaftliche Naturwissenschaftlerin erhält 1903 zusammen mit ihrem Mann den Nobelpreis für Physik, 1911 den für Chemie.

General Tadeusz Kościuszko (1746–1817) protestiert 1794 gegen die Teilung Polens

1905 Der polnische Schriftsteller Henryk Sienkiewicz (1846–1916), Autor u.a. von ›Quo Vadis‹, wird mit dem Literaturnobelpreis ausgezeichnet.

1918 Ende des Ersten Weltkrieges ruft ein Regentschaftsrat ein unabhängiges Polen aus. Tatsächlich bestätigt der Vertrag von Versailles diesen Anspruch und das ›neue‹ Polen erhält Teile der preußischen Provinz Posen, Oberschlesiens sowie mit dem ›Polnischen Korridor‹ in Westpreußen Zugang zur Ostsee. Die Bevölkerung dieser polnischen Republik besteht aus 27 Mio. Menschen, davon zwei Drittel Polen.

1920/21 Polen löst mit seinem Marsch auf Kiew den Polnisch-Sowjetischen Krieg aus. Er endet mit dem Frieden von Riga, der die Grenze zwischen beiden Staaten festlegt.

1926 Der polnische Vielvölkerstaat gerät in politische und soziale Turbulenzen. Józef Klemens Piłsudski (1867–1935) reißt in einem Staatsstreich die Macht an sich und ersetzt die Demokratie nach und nach durch seine ›moralische Diktatur‹.

1939 Hitler und Stalin vereinbaren in ihrem Nichtangriffspakt, Polen unter ihren Ländern aufzuteilen.

1939 Am 1. September beginnt mit dem deutschen Überfall auf Polen der Zweite Weltkrieg. Am 17. September besetzt die Rote Armee Gebiete in Ostpolen. Westpolen wird dem Deutschen Reich eingegliedert, die bisherige Mitte Polens zum deutschen Generalgouvernement ernannt.

1939/40 Paris und später London sind Sitz der polnischen Exilregierung unter Władysław Sikorski. Sowohl in England als auch in der Sowjetunion bauen polnische Flüchtlinge Armeeeinheiten auf, die an der Seite der Alliierten kämpfen.

1939–43 In Polen sperren die Deutschen insgesamt 3 Mio. Juden in Gettos, in denen viele verhungern oder an Krankheiten sterben. Die Verbliebenen finden meist in Vernichtungslagern wie Auschwitz, Majdanek, Sobibor oder Treblinka den Tod. Nur rund 100 000 polnische Juden überleben den Krieg. Auch Juden aus anderen Teilen Europas werden in-

Joachim von Ribbentrop (v.) unterzeichnet 1939 den Dt.-Sowjet. Nichtangriffspakt (li. W. Molotow, re. Josef Stalin)

haftiert und getötet, ebenso Intellektuelle, Politiker, Sinti, Roma, Kommunisten, Christen, Homosexuelle, Kriegsgefangene usw. – Schätzungsweise sterben in den vier Konzentrations- und sechs Vernichtungslagern der Nazis auf polnischem Boden 3,5 Mio. Menschen.

1940/41 In den sowjetisch besetzten Gebieten kommt es zu Deportationen, auch werden politische, religiöse und kulturelle Führungspersönlichkeiten erschossen.

1942 Im besetzten Polen formiert sich die Armina Krajow (AK), die ›Armee im Lande‹, und leistet Widerstand.

1943 Die SS schlägt den Aufstand der Juden im Warschauer Getto nieder und sprengt alle dortigen Gebäude. – Bei einer Konferenz in Teheran verständigen sich Großbritannien, USA und die Sowjetunion darauf, nach Kriegsende den Osten Polens an die Sowjetunion abzutreten und Polen dafür mit den deutschen Ostgebieten zu entschädigen.

1944 Der Warschauer Aufstand der polnischen Widerstandsarmee Armia Krajowa in den deutsch besetzten Gebieten scheitert, u.a. weil die erhoffte Hilfe durch die anrückende Rote Armee – wahrscheinlich aus strategischem Kalkül – ausbleibt.

1945 Nach Kriegsende legen die Siegermächte die Oder-Neiße-Linie als Westgrenze Polens fest. Deutsche fliehen aus den nun polnischen Gebieten, während Polen aus Ostpolen, das zur Sowjetunion kommt, nach Westen umgesiedelt werden.

1947 Nach massiven Manipulationen gewinnt der von Kommunisten beherrschte Demokratische Block die Wahlen in Polen. Nichtkommunistische Politiker werden verfolgt, ins Exil getrieben oder ausgeschaltet.

1968 Polnische Truppen helfen bei der Niederschlagung des Prager Frühlings in dem Nachbarland ČSSR .

Karol Wojtyła (1920-2005) nennt sich nach seiner Wahl zum Papst 1978 Johannes Paul II.

1970 Deutschland und Polen nehmen mit der Unterzeichnung des Warschauer Vertrages wieder diplomatische Beziehungen auf.

1970–80 Regierungschef Edward Gierek (1913–2001) betreibt eine Politik der vorsichtigen Öffnung, gewährt Reiseerleichterungen, treibt die Industrialisierung Polens voran. Auf anfängliche wirtschaftliche Erfolge folgen jedoch soziale Spannungen.

1978 Streiks werden vom Staatsapparat brutal bekämpft. – Die Wahl des Krakauer Kardinals Karol Wojtyła (*1920) zum Papst sowie seine erste Polenreise im Jahr darauf lösen eine Renaissance der seit 1945 unterdrückten katholischen Kirche aus.

1980 Erneute Streiks gegen Preiserhöhungen, besonders auf der Danziger Leninwerft. Die Unruhen enden erst, als die Regierung die Gewerkschaft Solidarność mit ihrem Führer Lech Wałęsa (*1943) als Vertretung der Arbeiter anerkennt.

1981–83 General Wojciech Jaruzelski (*1923) verhängt das Kriegsrecht über Polen, um einem Einmarsch der Sowjets zuvorzukommen. – 1983 erhält Lech Wałęsa den Friedensnobelpreis. – Ebenfalls 1983 zweiter Polenbesuch des Papstes.

1989 Jaruzelski berät mit Solidarność und der Kirche am ›Runden Tisch‹ über Reformen. Im Juni finden die ersten freien Wahlen statt, die Kommunisten erleiden schwere Stimmverluste. Ab Dezember gibt es nach einer Verfassungsänderung wieder eine Republik Polen.

1990 Lech Wałęsa gewinnt die Wahl zum Staatspräsidenten. – Deutschland und Polen schließen einen Grenzvertrag, in dem sie jeweils die Oder-Neiße-Grenze von 1945 als endgültig anerkennen.

1991 Deutsch-polnischer Nachbarschaftsvertrag zum Ausbau guter Beziehungen. U.a. werden darin Rechte der deutschen Minderheit in Polen festgeschrieben. – Polen wird Vollmitglied des EU-Europarates.

1995 Aleksander Kwaśniewski (* 1954) wird Staatspräsident und als solcher im Jahr 2000 wiedergewählt.

1999 Polen tritt der Nato bei.

2001 Klarer Sieg der Postkommunisten bei den Parlamentswahlen; die Solidarność scheitert an der 5%-Klausel. Ministerpräsident wird der Sozialdemokrat Leszek Miller (*1946).

2004 Am 1. Mai wird Polen EU-Mitglied. – Ministerpräsident Miller tritt zurück. – Der deutsch-polnische Muskauer Park (Park Muzakowski) wird UNESCO-Welterbe.

2005 Papst Johannes Paul II. stirbt am 2.April, zur Beisetzung pilgern Mio. Polen noch Rom. – Die nationalkonservative Partei PiS gewinnt sowohl die Sejm- als auch die Präsidentenwahlen; sie stellt den Ministerpräsidenten Kazimierz Marcinkiewicz (*1959) und den Staatspräsidenten Lech Kaszyński (*1949).

Als Krönung des Neptunbrunnens wacht der Gott des Meeres in der Hafenstadt Danzig über das rege Treiben auf dem Langen Markt

Unterwegs

Warschau und Ostpolen – städtische Pracht und stille Auwälder

Rund um Warschau und nach Osten bis zur Grenze mit Weissrussland und der Ukraine erstreckt sich flaches Tiefland, nur im Südosten erheben sich die *Lubliner Höhen* auf bis zu 340 m. Der Fluss *Wisła*, die Weichsel, durchquert die intensiv landwirtschaftlich genutzte Ebene und bildet mit ihren Zuflüssen ein wahres Netz von Wasseradern.

Mittelpunkt der Region ist die faszinierende polnische Hauptstadt **Warschau**. Mit ihrem malerischen Zentrum rund um den Marktplatz *Rynek*, das nach dem Zweiten Weltkrieg aus den Trümmern wiedererstand, dem von klassizistischen Palästen gesäumten ›Königsweg‹ aber auch mit Denkmälern, die an die grausamen Jahre deutscher Besatzung erinnern, hält die Stadt für Besucher ein Wechselbad der Gefühle bereit. Dabei blickt Warschau hoffnungsvoll in die Zukunft, es ist längst Teil des modernen Europa, geschäftig, selbstbewusst und charmant. Das gilt zwar auch für Städte wie **Kazimierz Dolny**, **Lublin** und **Zamość**, doch sind sie so nachhaltig von *Renaissance* und *Barock* geprägt, dass man sich hier ein paar Jahrhunderte zurückversetzt fühlt. Trotzdem sind sie keine Freiluftmuseen, sondern lebhafte urbane Zentren.

Naturfreunde kommen in der Region ebenfalls auf ihre Kosten. Im Nordosten stehen tiefe Wälder, mäandernde Flüsschen, Sümpfe und Moore unter Schutz, Wisente, Elche und Wölfe durchstreifen den **Nationalpark** von **Białowieża**, auch Biber, zahlreiche Fisch- und Wasservogelarten bevölkern die Gewässer. Der Nationalpark lädt ebenso wie mehrere kleinere Schutzgebiete in der Region mit Wander- und Fahrradwegen zur Erforschung seiner Naturschönheiten ein.

1 Warszawa/Warschau

Historische Altstadt, klassizistische Eleganz und erschütternde Erinnerung an den Zweiten Weltkrieg.

Polens Hauptstadt wurde nach dem Ende des Zweiten Weltkrieges gewissermaßen neu geschaffen, denn sie war damals fast vollständig zerstört und praktisch entvölkert. Heute zählt die geschäftige Metropole an der Weichsel wieder 1,7 Mio. Bewohner und ist stolz auf ihre wunderbar rekonstruierte Altstadt.

Geschichte Trotz der fruchtbaren Böden und einer bequemen Furt über die Weichsel entwickelte sich hier am linken Flussufer erst im 13. Jh. eine größere Siedlung, die 1339 **Stadtrechte** erhielt. In dieses gotische Warszawa mit Schloss, Rathaus und Wehrmauer verlegte Herzog Janusz I. von Masowien 1413 seine Residenz von Płock. Als die herzogliche Dynastie 1526 ausstarb, fiel Masowien samt seiner Hauptstadt an das Königreich Polen. 1529 tagte hier erstmals der polnisch-masowische Reichstag Sejm.

1595 brannte das Schloss von Kraków ab, daher nahm König Zygmunt III. ein Jahr später, 1596, seinen Sitz im Renaissance-Schloss zu Warschau, das dadurch **Landeshauptstadt** wurde. In der Folge blühten Handel und kulturelles Leben, andererseits verursachten Brände und Epidemien, besonders aber die Eroberung 1656 durch Karl X. Gustav von Schweden während des Ersten Nordischen Krieges schwere Zerstörungen. Nach dem Friedensschluss 1660 erlebte Warschau einen erneuten **Aufschwung** unter König *Jan III. Sobieski*. Bedeutende Architekten wie Matthäus Daniel Pöppelmann (1662–1736), der Erbauer des Dresdner Zwingers, gaben der Stadt zunächst ein barockes, dann ein klassizistisches Gepräge. Als der letzte polnische König *Stanisław August Poniatowski* 1795 starb, zählte Warschau 115 000 Einwohner und stand Paris oder Wien kulturell in nichts nach. Es folgten Jahre mit wechselnden Herren: Bei der Dritten Teilung Polens kam Warschau zunächst zu Preußen, ab 1815 zu Russland und zwar bis 1830 als Teil Kongresspolens, dann bis zum Beginn des Ersten Weltkrieges als Vasallenstaat. Zu Zehntausenden verließen die Bürger in diesen unruhigen Zeiten ihre Heimat, und zu Beginn des 19. Jh. zählte Warschau nur noch 60 000 Einwohner. 1830 und 1863 schlugen die Russen zwei Aufstände der Warschauer nieder und errichteten in der Folge die 30 ha große *Zitadelle*, noch heute verhasstes Symbol der russischen Zwangsherrschaft.

1845 eröffnete die Eisenbahnverbindung nach Wien und die Industrialisierung brachte die Stadt nach vorn. Um 1900 lebten 700000 Menschen in Warschau. 1918, nach Ende des Ersten Weltkrieges und auf Basis des Versailler Vertrages, wurde Warschau die Hauptstadt des neu gegründeten polnischen Staates und erwarb sich mit großstädtischer Architektur und regem Gesellschaftsleben seinen Ruf als ›**Paris des Ostens**‹.

Der Angriff des Deutschen Reiches auf Polen 1939 läutete den Zweiten Weltkrieg ein: Als erste Stadt Europas wurde Warschau von der deutschen Luftwaffe schwer bombardiert, 12000 Menschen fanden den Tod. Doch es kam schlimmer: Mit der deutschen Besetzung begann ein beispielloser Leidensweg vor allem der jüdischen Einwohner Warschaus [s. S. 20]. Das Wüten der Deutschen endete schließlich mit der systematischen Zerstörung und Entvölkerung der Stadt.

Im Januar 1945 marschierte die Rote Armee in den Ruinen ein, kurz darauf begannen die Polen mit dem Wiederaufbau ihrer Hauptstadt. In den Außenbezirken entstanden einheitliche Plattenbauten, im Praga genannten Viertel östlich der Weichsel siedelten sich Industrieunternehmen (Maschinenbau, Chemie, Elektronik, Druckereien) an. Doch auf der westlichen Flussseite wurde die **Altstadt** nach Fotografien, Gemälden, Erinnerungen und den wenigen verbliebenen Bauplänen neu errichtet. Das gelang so gut, dass sie seit 1980 zum **Weltkulturerbe** der UNESCO gehört.

Besichtigung Wer mit dem Wagen anreist, kann ihn auf einem der bewachten Parkplätze zwischen Bahnhof und Kulturpalast sicher abstellen. Der im gesamten Zentrum sichtbare, 230 m hohe Viereck-

Wuchtig dominiert der Palast der Kultur und Wissenschaft das Zentrum von Warschau

turm ist Teil des in ›stalinistischem Barock‹ errichteten **Pałac Kultury i Nauki** 1, des betongrauen Palastes der Kultur und Wissenschaft an der Ul. Marszałkowska. Das ungeliebte Geschenk Stalins wurde 1952–55 erbaut und zählt 3300 Räume, darunter einen Kongresssaal, ein Theater, Cafés und Restaurants. Von der Aussichtsplattform im 30. Stock genießt man einen schönen Rundblick (Juni–Aug. tgl. 9–21, sonst bis 18 Uhr).

Gleich nördlich des Kulturpalastes befindet sich an der Ul. Twarda die einzig verbliebene Synagoge der Stadt, die **Synagoga Nożyka** 2. Sie wurde 1902 errichtet, 1983 erneuert und dient heute wieder als Gotteshaus.

Brücken zur Vergangenheit

Etwa 1000 Juden leben zzt. in Warschau, fast 400 000 waren es vor dem Zweiten Weltkrieg. Das **Muzeum Żydowskiego Instytutu Historycznego** 3 (Ul. Tłomackie 3/5, Tel. 022/8 27 92 21, www.jewish

Deutsche Truppen verhaften jüdische Widerstandskämpfer im Warschauer Getto

Widerstand in Warschau

Nach der Besetzung Warschaus 1939 treiben deutsche Truppen 1940 alle jüdischen Einwohner in ein durch schnell errichtete Mauern abgesperrtes Viertel. 400 000 Menschen leben in diesem knapp 4 km^2 großen **Getto** in schrecklichen Verhältnissen. Zehntausende verhungern, sterben an Seuchen oder werden ab 1942 in die Vernichtungslager abtransportiert. Nach drei Jahren leben nur noch 70 000 Menschen. Die Hoffnungslosigkeit treibt sie schließlich im April/Mai 1943 zum verzweifelten **Getto-Aufstand**. Fast fünf Wochen lang leisten die Eingekesselten Widerstand, dann lässt Heinrich Himmler alle noch im Getto Lebenden mitsamt den Häusern sprengen.

Ein Jahr später, im August 1944, greift die polnische Bevölkerung Warschaus zu den Waffen, wobei sie sich von der schnell herannahenden Roten Armee Hilfe gegen die Deutschen erhofft. Der **Warschauer Aufstand** kostet 16 000 polnischen Untergrundkämpfern, 120 000 – 180 000 Zivilisten und 2000 deutschen Soldaten das Leben. Nach 63 Tagen ist die Stadt schwer zerstört, die Bevölkerung wird in Konzentrationslager verschleppt oder auf das Generalgouvernement verteilt. Dann vernichten Sprengtrupps was an Bauten noch steht. Am Ende sind 85 % der Wohnhäuser und 90 % der Industriegebäude dem Erdboden gleich. Die Russen warten die Kämpfe am anderen Ufer der Weichsel ab; Stalin will keine polnische, sondern eine russische Befreiung der Stadt, die dann auch am 17. Januar 1945 erfolgt.

institute.org.pl, Mo–Mi/Fr 9–16, Do 11–18 Uhr) dokumentiert deren erschütterndes Schicksal. Das Jüdische Historische Museum befindet sich im Gebäude der Jüdischen Bücherei und der Wissenschaften, das an Stelle der zerstörten Hauptsynagoge errichtet wurde. Etwas weiter nordwestlich befand sich 1940–44 das Warschauer Getto, auf dessen Trümmern nach Kriegsende ein Wohnviertel errichtet wurde. Doch in seiner Mitte erinnert auf dem Skwer Willy Brandta an der Ul. Zamenhofa das 1948 errichtete Denkmal der Helden des Gettos, das **Pomnik Bohaterów Getta** 4, an die Vergangenheit. In einer Wand aus grauen Steinquadern zeigt ein etwa 5 m hohes Relief auf der einen Seite Widerstandskämpfer des Getto-Aufstandes, auf der anderen einen Menschenzug auf dem Weg in die Gaskammer. Vor diesem Denkmal sank im Dezember 1970 der deutsche Kanzler Willy Brandt erschüttert auf die Knie.

Ein weiteres Monument zum Gedenken an den Widerstand gegen die deutsche Besatzung im Zweiten Weltkrieg findet man etwas östlich am *Plac Krasińskich*. Auf dem Platz erinnert das 1989 errichtete Denkmal der Helden des Warschauer Aufstandes, das **Pomnik Bohaterów Powstania Warszawskiego** 5, an die polnische Gegenwehr des Jahres 1944. Es zeigt im Stil sozialistischen Realismus' gewaltige Gestalten, die aus dem Untergrund emporsteigen – im wahrsten Sinne des Wortes, denn die Kanalisation diente damals als Verbindungs- und Versorgungsweg. Hintergundinformationen zum Warschauer Aufstand bietet das im August 2004 eröffnete multimediale **Muzeum Powstania Warszawskiego** 6 (ul. Grzybowska 79, Eingang: Przyokopowa 28, Tel. 022/6 26 95 06, www.1944.pl, Do 8–20, Mo/Mi/Fr 8–18, Sa/So 10–18 Uhr) in einem neugotischen Industriegebäude westlich des Zentrums.

Barockes Kontrastprogramm bietet der **Pałac Krasińskich** 7 vor dem gleichnamigen Park *Ogród Krasińskich*. Architekt Tylman van Gameren (1632–1706) schuf den Palast im letzten Viertel des 17. Jh. und ließ ihn mit zahlreichen Giebelreliefs und Skulpturen schmücken. Jacopo Fontana und Domenico Merlini bauten die prächtige Anlage 1677–82 stilgerecht um. Sie befindet sich seit 1776 in Staatsbesitz, wurde 1948–61 originalgetreu wieder aufgebaut und beherbergt seitdem die Handschriften- und Druckabteilung der Nationalbibliothek.

Nowe Miasto/Neustadt

Von hier ist es nicht weit zur Nowe Miasto, der Neustadt am Fluss, die im 13. Jh. ursprünglich als Handwerkersiedlung angelegt wurde. Nachdem das Viertel 1944 fast dem Erdboden gleich gemacht worden war, erfolgte der historisierende Wiederaufbau. Die barocke Kirche zum Hl. Geist, **Kościół Św. Ducha** 8, wurde 1961 allerdings originalgetreu rekonstruiert, ebenso ein paar Schritte weiter die ursprünglich gotische, später barockisierte Dominikanerkirche **Kościół Dominikanów** 9 in der Ul. Freta. In derselben Straße widmet sich das **Muzeum Marii Skłodowskiej-Curie** 10 (Ul. Freta 16, Tel. 022/8 31 80 92, Di – Sa 10–16, So 10–14 Uhr) der Physikerin Marie Curie (1867–1934), Warschaus berühmtester Tochter, die in diesem Haus geboren wurde. Die zweifache Nobelpreisträgerin (1903 für Physik, 1911 für Chemie) forschte u. a. an der Sorbonne in Paris und entdeckte zusammen mit ihrem Mann Pierre die Elemente Radium und Polonium. Historische Aufnahmen, persönliche Notizen und Versuchsanordnungen erläutern Leben und Werk.

Die Ul. Freta führt direkt auf den **Rynek Nowego Miasta** 11, den Marktplatz der Neustadt. Dort stifteten 1683 König Jan III. Sobieski (1629–1696) und seine Frau als Dank für den Sieg über die Türken vor Wien die barocke **Kościół Sakramentek** 12. Auffälligster Teil der erstaunlich schlichten Klosterkirche der ›Schwestern der ewigen Anbetung‹ ist die vergleichsweise üppig gestaltete Grabkapelle der Familie Sobieski. Im Norden des Platzes erhebt sich die gotische Marienkirche **Kościół Najświętszej Marii Panny** 13 mit ihrem markanten Glockenturm, das älteste Gotteshaus der Neustadt. Von ihrer Rückseite am Hochufer der Weichsel blickt man über das Flusstal und das Praga-Viertel auf der anderen Seite.

Stare Miasto/Altstadt

Das historische Zentrum Warschaus ist die Stare Miasto am linken Weichselufer. Auch die von einem Doppeloval der Festungsmauern umgebene Altstadt war nach 1945 völlig zerstört. Canalettos Stadtveduten halfen bei der **Rekonstruktion.** Hinter den Fassaden befinden sich moderne Häuser der Nachkriegszeit. 1953 war der Wiederaufbau abgeschlossen. 1980 honorierte die UNESCO die gewaltige Anstrengung und erklärte die gesamte Warschauer Altstadt zum **Weltkulturerbe**.

Polens Hauptstadt gilt derzeit als größte Baustelle des Landes – in Warschau wachsen viele moderne Hochhäuser in den Himmel

Den Übergang von der Neu- zur südlich anschließenden Altstadt markieren Reste der einstigen *Stadtumwallung* aus dem 14. Jh. Ihr imposantester Abschnitt ist die kreisrunde, turmbewehrte, vom Venezianer Giovanni Battista 1548 entworfene **Barbakane Novomiejska** 14 aus Backsteinen, die den Stadteingang im Norden bewachte.

Von hier aus führt die Ul. Nowomiejska zum Altstädtischen Markt **Rynek Starego Miasta** 15, dem Herzstück der Altstadt. Hier spielen Musiker, werden Andenken verkauft, warten Pferdedroschken auf Kundschaft, locken Cafés und Kneipen. Die meisten Patrizierhäuser rings um den rechteckigen Platz wurden samt ihrer gotischen, barocken oder klassizistischen Fassaden aus dem 17. und 18. Jh. originalgetreu restauriert. Wachsam und mit hoch erhobenem Schwert beobachtet Warschaus Wappenfigur *Syrenka*, die Meer-

Das Herz des historischen Warschau schlägt auf dem Rynek Starego Miasta

jungfrau, die früher an der Weichsel stand, als Brunnenfigur das Geschehen. Haus Nr. 18 der holländischen Kaufmannsfamilie Orlemus (16. Jh.) etwa ist mit einer Amorskulptur geschmückt. Das benachbarte Haus Nr. 20 ist das **Muzeum Literatury im. Adama Michiewicza** 16 (Rynek Starego Miasta 20, Tel. 022/8 31 76 91, www. muzeumliteratury.pl, Mo/Di/Fr 10–15, Mi/Do 11–18, So 11–17 Uhr). Es widmet sich in erster Linie Adam Mickiewicz (1798– 1855), dem berühmten Schriftsteller der Romantik, beleuchtet aber auch das Werk anderer polnischer Autoren wie etwa Maria Dąbrowska (1889–1965). Nicht weit davon beherbergen acht Häuser an der Nordseite das stadtgeschichtliche **Muzeum Historyczne** 17 (Rynek Starego Miasta 28, Tel. 022/6 35 16 25, www.mhw.pl, Di/Do 11–18, Mi/Fr 10–15.30, Sa/So 10.30–16.30 Uhr). Exponate, historische Stiche und Grafiken veranschaulichen die Historie und das bürgerlichen Leben der Vorkriegszeit. Das Haus Nr. 32 gehörte im 16./17. Jh. der Familie Baryczkowie, die ihren Reichtum mit einer Renaissance-Attika und einem kunstvoll behauenen Steinportal zeigten. Haus Nr. 31 mit den gotischen Grundmauern und der Renaissance-Fassade gehörte den Herzögen von Mazowsze und ist als **Kamienica Pod Świętą Anną** 18 oder St.-Anna-Haus bekannt. In der Ecknische steht die namengebende Skulptur der hl. Anna vom Beginn des 16. Jh.

Hinter der südlichen Häuserreihe des Rynek erhebt sich die im 14. Jh. erbaute Johanneskathedrale **Katedra Św. Jana** 19, die nach dem Krieg im Stil der frühen Gotik mit Sterngewölbe rekonstruiert wurde. In ihrer Baryczków-Kapelle ist das 1480 in Nürnberg geschnitzte, angeblich wundertätige ›Schwarze Kruzifix‹ zu sehen, das 1539 nach Warschau gebracht wurde. Im Gotteshaus ruhen u. a. die Gebeine des polnischen Schriftstellers Henryk Sienkiewicz (1867–1916, Autor von ›Quo Vadis‹), der 1905 den Nobelpreis für sein literarisches Werk erhielt.

Im Süden endet die Altstadt am großen, ebenfalls von stattlichen Bürgerhäusern gesäumten **Plac Zamkowy** 20. Er wird von der 20 m hohen Sigismund-Säule beherrscht, der **Kolumna Zygmunta** 21 aus dem Jahre 1644. Sie ist nach der oben thronenden Statue des mit Schwert und Kreuz bewaffneten polnischen Königs Zygmunt III. Waza (1566–1632) benannt. Die Nordostseite des Platzes nimmt das backsteinrote Königsschloss **Zamek Królewski** 22 (Tel. 022/6 57 21 70,

www.zamek-krolewski.art.pl, Di–Sa 10–18, So/Mo 11–18 Uhr) mit seinem markanten Zwiebelturm ein. Die prächtige Anlage um einen großzügigen Innenhof steht auf Fundamenten aus dem 14. Jh., wurde Ende des 16. Jh. für König Zygmunt II. August teils frühbarock, teils im Stil der Renaissance umgebaut und diente seitdem als Sitz des polnischen Parlaments. 1944 wurde das Schloss gesprengt, der 1971 begonnene Wiederaufbau dauerte 17 Jahre. Bei Kriegsbeginn waren Teile der Einrichtung, sogar Kamine und andere Bauelemente ausgelagert worden. So ergänzen heute Originale die rekonstruierte, frühklassizistische Innenausstattung. Besonders sehenswert sind im *Canaletto-Saal* im ersten Stock die 23 Veduten, Stadtansichten Warschaus vom Venezianer Bernardo Bellotto, bekannter als Canaletto (1720–1780). Auch der *Ballsaal* mit seinem von Säulen getragenen illusionistischen Deckengemälde, ist bemerkenswert. Des Weiteren sind u. a. die *königlichen Apartments*, der *Parlamentssaal*, eine *numismatische Sammlung* und eine kleine *archäologische Sammlung* zu sehen.

Trakt Królewski/Königsweg

Der Zamkowy-Platz ist Ausgangspunkt für den *Königsweg*, der insgesamt 10 km

Sigismund-Säule und Königsschloss beherrschen den Plac Zamkowy in der Altstadt

Prunkvoll ausgestattet zeigt sich der Marmorsaal des Warschauer Königsschlosses

Barocker Überschwang umgibt Besucher in der Mitte des 17. Jh. erbauten St.-Anna-Kirche

lang zunächst durch die für den Autoverkehr gesperrte Straße **Krakowskie Przedmieście** (›Krakauer Vorstadt‹), später durch die elegante Einkaufsstraße **Nowy Świat** (›Neue Welt‹) südwärts führt. Gesäumt ist dieser Weg von prächtigen Stadtpalästen, schönen Kirchen sowie wichtigen Bau- und Kulturdenkmälern.

Den Auftakt macht die St.-Anna-Kirche **Kościół Św. Anny** 23, angesichts deren Fassade man unwillkürlich an ›Il Redentore‹ in Venedig denkt. Tatsächlich diente Andrea Palladios Meisterwerk den Architekten Christian Peter Aigner und Stanislaw Kostka Potoski als Vorbild ihrer Umgestaltung 1782. Das 1454 entstandene Gotteshaus war 1656 von den Schweden zerstört, danach aber barock wieder aufgebaut worden, lediglich der Chor ist noch gotisch. Aus dem 17. Jh. stammt auch der barocke Hochaltar im heute wieder reich geschmückten Inneren, im Laufe folgender Umbauten kamen u. a. eine Renaissance-Kapelle und ein Rokoko-Chorgestühl dazu. Vom Kirchturm (Mai–Okt. tgl. 11–20 Uhr) genießt man einen weiten Blick über die Altstadt.

Etwas weiter erhielt die Karmeliterkirche **Kościół Karmelitów** 24 Ende des 18. Jh. eine neue Fassade im Übergangsstil zwischen Barock und Klassizismus. Sie bildet eine elegante Kulisse für das *Denkmal* des Nationaldichters *Adam Mickiewicz* (1798–1855) in einer kleinen Grünanlage davor. Der Bildhauer Cyprian Godebski (1835–1909) schuf es 1898. Neben der Karmeliterkirche bewachen steinerne Löwen den von Marschall Koniecpolski Mitte des 17. Jh. errichteten **Pałac Radziwiłłów** 25. Anfang des 19. Jh. baute Christian Peter Aigner das Gebäude im klassizistischen Empire-Stil um. Es war 1819–1914 Sitz des russischen Statthalters Kongresspolens und in kommunistischer Zeit Sitz des Ministerrates. 1955 wurde in diesen Mauern das Verteidigungsbündnis des Warschauer Paktes gegründet. Seit 1994 ist das Palais Residenz des polnischen Präsidenten. Davor erinnert ein 1832 von Bertel Thorvaldsen geschaffenes Reiterstandbild an Marschall *Józef Poniatowski*, der 1813 in der Völkerschlacht bei Leipzig ums Leben kam.

Nun lohnt sich ein Abstecher vom Königsweg nach Westen in den ausgedehnten Sächsischen Garten **Ogród Saski** 26. König August II. von Sachsen (1670–1733) ließ ihn zu Beginn des 18. Jh. im französischen Stil mit barocken Statuen sowie akkurat beschnittenen Bäumen und Hecken anlegen, die Pläne stammten von Matthäus Daniel Pöppelmann (1662–1737). Den Abschluss der zentralen Sichtachse des Gartens im Osten bilden die Arkaden des 1945 zerstörten und nicht wieder aufgebauten *Sächsischen Palas-*

Bereits seit dem frühen 18. Jh. lässt es sich im Sächsischen Garten königlich lustwandeln

tes, der im 18. Jh. errichtet und im 19. um eben diese Arkaden erweitert wurde. Seit 1925 befindet sich hier das **Grób Nieznanego Żołnierza** 27, das Grabmal des Unbekannten Soldaten. Mehrere Reihen von Urnen enthalten Erde aller Schlachtfelder, auf denen Polen in den Weltkriegen kämpften. Jeden Mittag wechselt die Ehrenwache in einem eindrucksvollen militärischen Ritual.

Zurück am Königsweg sollte man der Visantinnenkirche **Kościół Wizytek** 28 an der Einmündung der Ul. Królewska einen Besuch abstatten. Die Klosterkirche wurde in zwei Bauphasen (1728–33 und 1754–66) überwiegend im spätbarocken Stil errichtet. Die streng gegliederte, pilaster- und skulpturengeschmückte Fassade weist bereits auf den Klassizismus. Das im Rokoko gehaltene Innere überstand den Krieg relativ unbeschadet. Wertvoll ist das Tabernakel aus Ebenholz aus der Mitte des 17. Jh. sowie die etwa 100 Jahre später entstandene bootsförmige Kanzel. Nebenan führt ein dekoratives schmiedeeisernes Tor zur 1816 gegründeten **Uniwersytet Warszawski** 29, die auf einem der schönsten Universitätsgelände Europas liegt. Institute und Verwaltung residieren hier in herrschaftlichen Palais, etwa denen der Familien Tyszkiewicz (Ende des 18. Jh. in frühklassizistischem Stil), Uruski (Mitte des 19. Jh., Neorenaissance) und im weit zurückgesetzten Palast von Kazimierz. Letzterer wurde 1634 als Königsschloss errichtet und erhielt 1737–39 seine der Weichsel zugewandte, spätbarocke Fassade.

Schräg gegenüber vom Campus, auf der anderern Seite der Krakowskie Przedmieście, erhebt sich die von zwei Türmen gekrönte **Kościół Św. Krzyża** 30, die Kirche vom Heiligen Kreuz. Die monumentale, spätbarocke Fassade wurde dem im 17. Jh. errichteten Bau ein Jahrhundert später angefügt. Im ersten linken Pfeiler des Hauptschiffes wird Frédéric Chopins Herz in einer Urne aufbewahrt.

Einige hundert Meter südlich treffen die drei Straßen Krakowskie Przedmieście, die von Westen kommende Prosta Swietokrzyska und die nach Süden weiterführende Nowy Świat aufeinander. Im Nordosten der Kreuzung zieht der klassizistische **Pałac Staszyc** 31 die Blicke auf sich. Er wurde 1823 vom italienischen Baumeister Antonio Corazzi (1792–1877) errichtet und gilt wegen seiner harmonischen Fassade als einer der schönsten Warschauer Paläste aus dieser Zeit. Stil-

Musikalisch war der Zeit seines Lebens zarte Frédéric François Chopin ein Genie

Virtuose am Klavier

Als Sohn einer französisch-polnischen Familie wird **Fryderyk Franciszek Chopin** am 1. März 1810 in Żelazowa Wola nahe Warschau geboren, wenngleich der Taufschein das Geburtsdatum 22. Februar 1810 nennt. Mit sechs Jahren beginnt er Klavier zu spielen und veröffentlicht als 15-Jähriger erstmals eine seiner Kompositionen. Nach seinem Studium am *Warschauer Konservatorium* 1826–29 reist Chopin 1831 nach Wien und lässt sich unter der französischen Form seines Namens, *Frédéric François Chopin*, in **Paris** nieder. Dort trifft er 1836 die Schriftstellerin *George Sand* (1804–1876), mit der 1838–47 liiert ist. Musikalisch gilt Chopin als Genie. In einer unglaublichen Schaffenslust komponiert er Musikstücke, vor allem für Klavier. Die Rhythmik polnischer Volkslieder fließt in mitreißende Mazurkas und Polonaisen ein, andere Stücke wie seine **Nocturnes** sind von tiefer Melancholie erfüllt. Der Zeit seines Lebens kränkelnde Künstler stirbt mit 39 Jahren in Paris.

Chopins **Geburtshaus** (Tel. 046/8 63 33 00, www.chopin.pl, Mai–Sept. Di–So 9.30–17.30, Okt–März 9.30–15.30, April 9.30–16.30 Uhr) liegt 54 km von Warschau entfernt in **Żelazowa Wola** (direkte Busverbindung ab Busbahnhof Zachodni, Warschau). Das traditionelle polnische Landhaus ist mit historischen Möbeln und mit Originalinstrumenten aus Chopins Zeit ausgestattet. Mai–Sept. geben Pianisten im schönen Park des Hauses So 11 und 15 Uhr Konzerte.

An den mächtigen Doppeltürmen ist die Kirche vom Heiligen Kreuz gut zu erkennen

voll residiert hier heute die Polnische Akademie der Wissenschaften. Passend dazu befindet sich vor dem Palast ein *Denkmal* für den Astronomen *Mikołaj Kopernik* bzw. *Nikolaus Kopernikus* von 1830, das wiederum Bertel Thorvaldsen schuf. Der in Thorn geborene Kopernikus (1473–1543) war der berühmteste Astronom seiner Zeit und erkannte u. a. die Grundlagen der Planetenbewegung.

Ein kurzer Abstecher nach Osten führt zum Chopin-Museum **Muzeum Fryderyka Chopina** 32 (Ul. Okólnik 1, Tel. 0 22/8 27 54 71, www.tifc.chopin.pl, Mo/Mi/Fr 10–17, Do 12–18, Sa/So 10–14, Winter Mo–Mi/Fr/Sa 10–14, Do 11–18 Uhr) im Schloss Ostrogski aus dem späten 17. Jh. Die sehenswerte Ausstellung dokumentiert das Leben des Komponisten mit Handschriften, Kunstwerken und persönlichen Gegenständen. Mai–Sept. finden jeweils Montagabend auch Konzerte statt.

Auf dem Königsweg stadtauswärts

Die Kreuzung der beiden Straßen Nowy Świat und Jerozolimskie bildet den verkehrsreichen Platz *Rondo Charles de Gaulle'a*. Von hier sind es nur wenige Meter zum braungrauen Block des 1926–38 errichteten Nationalmuseums **Muzeum Narodowe** 33 (Al. Jerozolimskie 3, Tel. 022/6 21 10 31, www.mnw.art.pl. Di/Mi/Fr–So 10–16, Do 10–18 Uhr). Im Erdgeschoss sind antike Funde zu sehen, vor allem eine interessante Sammlung *frühchristlicher Fresken* des 8.–13. Jh. aus der sudanesischen Stadt Faras, die polnische Archäologen in den 1960er-Jahren ausgegraben haben. Ein weiteres Highlight des Museums ist die reiche *Sammlung mittelalterlicher Altäre*. Eine eigene Abteilung widmet sich der polnischen Kunst, von den flämisch inspirierten Werken der Brüder Teodor (1645–1718) und Krzysztof (1659–1729) Lubieniecki über die romantischen Gemälde Józef Simmlers (1823–1868) bis zu den impressionistischen Bildern von Olga Boznanska (1856–1940). Auch internationale Künstler des 15.–20. Jh. sind vertreten, darunter Botticelli, Tiepolo, Bordone, Cranach und Watteau.

Zurück am Königsweg erinnert am Dreikreuzplatz, dem *Plac Trzech Krzyży*, die klassizistische Alexanderkirche **Kościół Św. Aleksandra** 34 mit ihrem kompakten Rundbau und dem Säulenportikus an das römische Pantheon, nach dessen Vorbild Christian Peter Aigner das Gotteshaus 1825 auch erbaute. Es markiert das Südende der Nowy Świat, ab hier heißt die Straße stadtauswärts *Aleje Ujazdowskie*. Zu beiden Seiten der Allee verbergen sich Villen und kleine Palais, darunter auch viele Botschaftsgebäude, in üppigen Gärten und Parks. Auch der *Sejm*, das polnische Parlament, befindet sich hier.

Am Ende der Allee erwartet Besucher der idyllische, 75 ha große **Łazienki Park** 35 (www.lazienki-krolewskie.com, tgl. Sonnenauf- bis -untergang). Er entstand in der zweiten Hälfte des 18. Jh. als königlicher Palastpark und gilt als eines der gelungensten Beispiele für die Verbindung akkurater französischer Gartenkunst und englischer Landschaftsgestaltung. Im Rosengarten erinnert an einem Teich das 1904 entstandene Chopin-Denkmal **Pomnik Chopina** 36 in den verspielten Linien des Jugendstils an den berühmten Sohn der Stadt. Gepflegte Wege durchziehen die Grünanlage, zu der auch zahlreiche Lauben und herrschaftliche Palais gehören. Prächtiger Mittelpunkt ist das **Palais Łazienki** 37 (Ul. Agrykoli 1, Tel. 022/6 21 62 41, Di–So 10–16 Uhr), nach seiner Lage in einem länglichen Teich auch **Pałac na Wyspie**, Inselpalast, genannt. Malerisch spiegelt sich seine klassizistische, mit Skulpturen der vier Jahreszeiten geschmückte Fassade im Wasser. Die Lieblingsresidenz von König Stanisław August Poniatowski (1732–

Sinnestäuschung: Der Pałac na Wyspie im Łazienki Park scheint auf dem Wasser zu schweben; tatsächlich entstand er im späten 18. Jh. auf einer Insel in einem künstlich angelegten Teich

1798) wurde 1785 durch den Architekten Dominik Merlini (1730–1797) vollendet, der einen barocken Vorgängerbau aus dem 17. Jh. vergrößert hatte. Besonders lohnt ein Blick in den *Ballsaal* und in die blau-weiß gekachelten *Bäder*, nach denen Schloss und Park benannt wurden (Łazienki heißt ›Bäder‹).

Auch an der Alten Orangerie **Stara Pomarańczarnia** 38 (Di–So 10–16 Uhr), einem Zweiflügelbau westlich des Palais, war Merlini tätig. Sie sollte ursprünglich als Hoftheater dienen, daher gaukeln in ihrem Innern illusionistische Fresken bis auf den letzten Platz mit Publikum gefüllte Logen vor. Am Rand des Parks wendet der zweiflüglige **Pałac Belweder** 39 seine Fassade der Hauptstraße zu. Das 1730–50 entstandene und 1818–22 klassizistisch umgebaute Palais war bis 1832 Sitz des russischen Großfürsten Konstantin, Bruder des Zaren Alexander I. und Oberbefehlshaber der kongresspolnischen Armee. Nach dem Ersten Weltkrieg residierten die meisten polnischen Staatsoberhäupter darin – bis Lech Wałęsa 1994 entschied, dass der Pałac Radziwiłł dem Präsidenten besser zu Gesichte steht.

Wilanów, das ›polnische Versailles‹

Die Al. Ujazdowskie, Verlängerung der Ul. Nowy Świat, führt vom Park durch triste Neubauviertel etwa 6 km nach Süden zur Schlossanlage von **Wilanów** 40 (Ul. S. Kostki Potockiego 10/16, Tel. 022/8 42 25 09, www.wilanow-palac.art.pl, Mitte Mai–Mitte Sept. Mi 9–18, So 9–19, Mo/Do–Sa 9–16, sonst Mo–Sa 9–16 Uhr). Das barocke Schloss geht auf ein Herrenhaus zurück, das Jan III. Sobieski 1677 von Agostino Locci in einen Palast umwandeln ließ. Die Innenausstattung übernahmen renommierte Künstler wie Andreas Schlüter (1660–1714). In den folgenden Jahrzehnten wechselten oft die Besitzer, jeder fügte dem Bauensemble architektonische Finessen hinzu. Heute besteht der Palast aus dem Hauptgebäude und zwei weit vorragenden Seitenflügeln, die durch Galerien mit dem Zentralbau verbunden sind. Korinthische Säulen und Helden-skulpturen schmücken die Fassade. Sehenswert ist auch die *Innenausstattung* aus unterschiedlichen Epochen. Im Erdgeschoss beeindrucken vor allem die im 17. Jh. streng symmetrisch angelegten und mit Allegorien der Vier Jahreszeiten geschmückten Gemächer von Jan III. und seiner Gattin sowie von August II. von Sachsen. Die Decke des *Spiegelkabinetts* schmückt ein Fresko der Morgenröte und der Winde; Claude Callot gestaltete es mit den Gesichtern der Königin und ihrer Söhne.

Barocke Prachtentfaltung zeigen Garten und Schloss von Wilanów im Süden Warschaus

Festlich erstrahlt einer der zahlreichen Säle des Schlosses Wilanów im Lüsterglanz

Die mit Fresken dekorierte Rückseite des Schlosses ist dem zweistufigen italienischen **Barockgarten** (tgl. 9.30–Sonnenuntergang, Eingang/Kasse links vom Palast bis 1 Std. vor Schließung), der gerade aufwendig renoviert wird, zugewandt. Der älteste Teil des ausgedehnten Parks lädt mit Pagoden und Brücken zum Verweilen ein, See, Wasserfälle, Hügel und Wiesen schmücken den anderen, englisch gestalteten Teil. Mitte des 18. Jh. erhielt der Park seinen Skulpturenschmuck.

Südwestlich, außerhalb der Schlossanlage ist in der modern erweiterten Reitschule und dem ehem. Kutschenhaus das überaus beachtenswerte Plakatmuseum **Muzeum Plakatu w Wilanowie** 41 (Tel. 022/8 42 26 03, www.mnw.art.pl, Di–So 10–15.30 Uhr) untergebracht. Unter den 50 000 Plakaten nationaler und internationaler Künstler sind auch Werke von Henryk Tomaszewski (1914–2001) und Wieslaw Rosocha (* 1945) zu sehen.

i Praktische Hinweise

Information

IT, Ul. Krakowskie Przedmieście (Ecke Pl. Zamkowy), Warschau, Tel. 022/94 31, Fax 022/5 24 11 43, www.warsawtour.pl.

Das Touristenbüro hier wie die Zweigstellen am Flughafen, Zentral- und Busbahnhof verkaufen die **Warszawska Karta Turysty**. Sie gewährt für 1–3 Tage die kostenlose Nutzung öffentlicher Verkehrsmittel, freien bzw. ermäßigten Eintritt in Museen u. a. Rabatte.

Flughafen

Port Lotniczy Warszawa Okęcie im. Fryderyka Chopina (WAW), 10 km südwestlich, Tel. 022/6 50 41 00. Buslinie 175 ins Zentrum oder Airport City Express zu allen internationalen Hotels.

Bahnhöfe

Warszawa Centralna (Zentralbahnhof), Al. Jerozolimskie 54, Warschau, Tel. 022/94 36

Dworzec PKS Warszawa Zachodna (Busbahnhof), Al. Jerozolimskie 144, Warschau, Tel. 022/94 33 (Inlandbusse), 022/8 23 55 70 (Auslandsverbindungen)

Öffentliche Verkehrsmittel

Einzelfahrscheine für Metro, Straßenbahnen und Busse erhält man an Zeitungskiosken, Automaten oder bei den Fahrern. Für Touristen sind 24-Stunden- oder 3–Tages-Fahrscheine sinnvoll. Die ›touristischen‹ Buslinien 100 (nur im Sommer) und 180 (tgl. alle 15–30 Min.) führen entlang der wichtigsten Baudenkmäler im Stadtgebiet (Auskunft, Tel. 022/94 84, www.ztm.waw.pl.).

Im Sommer tuckert auch eine *Touristenbahn* (tgl. 11–17 Uhr) 30 Minuten durch Alt- und Neustadt, ein Führer erklärt historische Bauwerke auf dem Weg.

Schiffe

Biało Flota/Weiße Flotte. Ausflüge (ca. 1 ½ Std.) auf der Weichsel starten an der Brücke Śląsko Dąbrowski unterhalb des Schlosses (15. Mai–Sept. tgl. ab 9.30 Uhr)

Taxi

MPT Taxi, 022/919, www.taximpt.com.pl

Veranstaltungen

Chopin-Klavierwettbewerb. Das internationale Virtuosentreffen findet seit 1927 alle fünf Jahre im Oktober statt (2010, 2015 ...).

Warszawska Jesień. Im September genießen Interessierte beim ›Herbst von Warschau‹ zeitgenössische Musik.

Warszawski Festiwal Filmowy. Im Oktober werden beim Internationalen Filmfestival kleine und große Filme gezeigt.

Międzynarodowy Festiwal Jazzowy. Jazz Jamboree internationaler Jazz-Größen im Kulturpalast (Okt.).

Beim Bummel in der Altstadt sorgt ein Drehorgelspieler für musikalische Untermalung

Międzynarodowe Biennale Plakatuzawa. Zur Plakat-Biennale zeigt das Plakatmuseum [s. S. 29] Juni–Sept. Werke internationaler Grafiker (2006, 2008 ...).

Nachtleben

Dekada, Grójecka 19, Warschau, Tel. 022/8 23 55 58. Jazz, Rock und Pop.

Ground Zero, Ul. Wspóla 62, Warschau, tel. 022/6 25 39 76. Mi–Sa Techno, Hip-hop und R&B.

Harenda, Ul. Krakoskie Przedmieście 4/6, Warschau, Tel. 022/8 26 29 00. Soul, Jazz, Funky –und Cocktails.

Proxima, Ul. Żwirki i Wigury 99a, Warschau, 022/8 22 87 02. Angesagte Studentendisco, oft Livemusik.

Tygmont, Ul. Mazowiecka 6/8, Warschau, Tel. 022/8 28 34 09. Im Jazz-Club gibt es tgl. wechselnde Livemusik.

Hotels

*****__Bristol__, Krakowski Przedmieście 42/44, Warschau, Tel. 022/5 51 10 00, Fax 022/8 26 14 07, www.lemeridien-bristol.com. Luxushotel mit 205 Zimmern in einem Jugendstilhaus. Wer nicht hier wohnt, kann im Café die elegante Inneneinrichtung bewundern.

*****__Sofitel Victoria__, Ul. Królewska 11, Warschau, Tel. 022/6 57 80 11, Fax 022/6 57 80 57, www.orbis.pl. Das Flaggschiff der Accor-Hotelgruppe an den Sächsischen Gärten bietet mit Restaurants, Bar, Fitnessräumen und in 350 Zimmern allen erdenklichen Komfort.

***Novotel Warszawa Centrum, Ul. Nowogrodzka 24/26, Warschau, Tel. 022/6 21 02 71, Fax 022/6 29 79 03, www.orbis.pl. 250 Zimmer, hoher Standard, gutes Restaurant und vom 31 Stockwerk einen ausgezeichneten Blick über Warschau und den nahen Kulturpalast.

***Lord, Aleje Krakowska 218, Warschau, Tel. 022/5 74 20 00, Fax 022/5 74 20 01, www.hotellord.com.pl. Modernes Haus mit 168 Zimmern nahe dem Flughafen.

**Harenda, Ul. Krakowskie Przedmieście 4/6, Warschau, Tel. 022/8 26 00 71, Fax 022/8 26 26 25, www.hotelharenda.com.pl. Gepflegtes Hotel mit 43 Zimmern und Parkplatz, zentral am Königsweg.

*Atos, Portos, Aramis, Ul. Mangalia 1–3, Warschau, Tel. 022/4 63 63 36, Fax 022/8 41 10 43, www.puhit.pl. Drei nebeneinanderliegende, zweckmäßig eingerichtete Plattenbauten, 2,5 km von Schloss Wilanów Richtung Zentrum.

Old Town Apartments, Rynek Starego Miasta 12/14, Warschau, Tel. 022/8 87 98 00, Fax 022/8 31 49 56, www.warsawshotel.com. Elegante Apartments am Alten Markt.

Przy Rynku, Rynek Nowego Miasta 4, Warschau, Tel./Fax 022/8 31 50 33. Jugendhotel am Marktplatz der Neustadt, nur im Sommer offen.

Saturday Night Fever – in Warschaus Discos und Clubs tanzen die Schönen der Nacht

Restaurants

Belvedere, Ul. Agrykoli 1, Warschau, Tel. 0 22/8 41 48 06. In der Orangerie des Łazienki Park trifft sich zu Austern und Hummer alles, was in Politik und Wirtschaft Rang und Namen hat. Die exklusive Lage und die delikate, internationale Küche spiegeln sich in den Preisen.

Gessler Dom Restauracyjny, Rynek Starego Miasta 21/21a, Warschau, Tel. 022/8 31 44 27. In den zweistöckigen Gewölben der Traditionsgaststätte am Alten Markt serviert das Personal französisch verfeinerte polnische Gerichte.

Kompania Piwna, Ul. Podwale 25, Warschau, Tel. 022/6 35 63 14. Großzügige Portionen günstiger polnischer und bayrischer Gerichte nahe dem Barbakane.

Kuźna Królewska, Ul. S. Kostki Potockiego 24, Warschau, Tel. 022/8 42 31 71. Polnische Küche in elegant-rustikaler Einrichtung beim Schloss von Wilanów.

TOP TIPP **U Fukiera**, Rynek Starego Miasta 27, Warschau, Tel. 022/8 31 10 13. Das bei Stars und Sternchen beliebte Lokal reicht sehr gute landestypische Speisen und jüdische Gerichte in einem mit Antiquitäten und Kunst gemütlich ausgestatteten Lokal. In dem Haus lebte ab 1590 jahrhundertelang die Familie Fukier, Nachfahren der Fugger, worauf das Emblem der berühmten Augsburger am Hauptportal verweist.

U Szwejka, Pl. Konstytucji 1, Warschau, Tel. 022/6 21 62 11. ›Bei Schwejk‹ gibt's Pils und Becherowka-Schnaps zu tschechischen Grillgerichten, weißen Würsten und Krautrouladen.

Warszawa Jerozolima, Ul. Smocza 27, Warschau, Tel. 022/8 38 32 17. Sehr gute koschere Küche mit Falafel und Kebab.

2 Kazimierz Dolny

TOP TIPP *Malerisches Renaissancestädtchen mit einem wunderschönen Marktplatz und uralten Getreidespeichern.*

Dank der grünen Umgebung am Ufer der Weichsel (Wisła) und dem intakten historischen Ortskern ist das **Künstlerstädtchen** Kazimierz Dolny (5000 Einw.) ein beliebter Ausflugsort. Bereits 1325 bestand hier eine Pfarrei, der Ort selbst ist wahrscheinlich noch 150 Jahre älter. Über die Weichsel wurden von hier aus Holz

Am Marktplatz von Kazimierz Dolny ziehen die beiden über und über mit Steinmetzarbeiten dekorierten Bürgerhäuser Kamienice Przybyłów alle Blicke auf sich

und Korn verschifft, sodass sich Kazimierz Dolny bald zu einem bedeutenden Handelsplatz mauserte. Dazu trugen auch die jüdischen Kaufleute bei, die sich mit ihren Familien zahlreich hier niederließen. Der damalige Wohlstand spiegelt sich in etlichen stattlichen Renaissancebauten sowie in massiven, Trutzburgen ähnelnden Getreidespeicher aus dem 15. und 16. Jh. Die Schwedenkriege beendeten im 17. Jh. die wirtschaftliche Blüte, ein erneuter Aufschwung blieb aus. So präsentiert sich die Altstadt von Kazimierz Dolny heute verträumt und etwas provinziell als idyllische Kulisse zwischen Südufer der Weichsel und Dreikreuzeberg im Osten des Städtchens.

Besichtigung Ortszentrum ist der kopfsteingepflasterte **Rynek**. Zwei Brunnen akzentuieren den länglich rechteckigen Marktplatz, an dessen nordöstlichem Ende sich die helle, einschiffige Pfarrkirche **Kościół Św. Jana** erhebt. Sie wurde 1589 erbaut und den Heiligen Bartholomäus und Johannes dem Täufer geweiht. 1625–53 erhielt sie innen wie außen reiche, im Stil der Lubliner Renaissance leicht und verspielt wirkende Stuckverzierungen. Innen setzt sich dunkel und majestätisch die üppig geschnitzte Orgel von 1609, übrigens die älteste Polens, gegen den weißen Kirchenraum ab, der von mehreren Kapellen umgeben ist.

Prunkstücke unter den Bürgerhäusern am Rynek sind die **Kamienice Przybyłów**, die beiden vollständig mit manieristischen Steinmetzarbeiten überzogenen Häuser der Brüder Przybyło. Durchlaufende Arkadengänge im Erdgeschoss und eine nicht weniger elaborierte Attika über beide Fassaden vereinen das *Nikolaus-Haus* (1613) und das *Christoph-Haus* (1615) optisch zu einem Bau.

Vom Rynek folgt man der Ul. Klasztorna über den Stadtbach *Grodarz* westwärts. An ihrem Ende führt eine 60-stufige Treppe hinauf zum Reformatenkloster und der zugehörigen Wallfahrtskirche, **Klasztor i Kościół Reformatorów**. Das Gotteshaus wurde an Stelle einer Kapelle von 1590 zu Beginn des 18. Jh. im Renaissancestil errichtet. Hier wirkt nach Überzeugung der Gläubigen ein hoch verehrtes Bild von Mariä Verkündigung seit dem Jahr 1600 Wunder.

Entlang des Stadtbaches verläuft die stimmungsvolle Straße Uliza Senatorska, in der sich das **Kamienica Celejowska** der Familie Celejs befindet, eines der schönsten Renaissance-Gebäude von Kazimierz Dolny. Die Attika dieses 1635 errichteten Hauses ist fast halb so hoch wie der Bau selbst und mit fantastischen Gestalten wie Drachen, Basilisken und Greifen Furcht aufregend gestaltet. Das Haus ist Sitz des heimatkundlichen *Muzeum Kazimierza Dolnego* (Mai-Sept. Di–So 10–17, sonst 10–15 Uhr) und des Goldkunstmuseums *Muzeum Sztuki Złotniczej* (Di–So 10–16 Uhr), das wunderschöne Exponate der lokalen Silber- und Goldschmiedekunst zeigt.

Von den Getreidespeichern sind nur noch wenige erhalten, die meisten in der Przedmieście Gdańskie, der ›Danziger Vorstadt‹ nordöstlich des Zentrums. Mit ihren steilen Satteldächern und den geschwungenen Giebeln wirken sie fast wohnlich und eigentlich gar nicht wie Lagerhäuser. In einem von ihnen, dem **Spichlerz Ulanowskich** am Fuß des Dreikreuzberges, ist das naturkundliche *Muzeum Przyrodnice* (Ul. Puławska 54, Tel. 0 81/8 81 03 26, Di–So 10–16 Uhr) zu Geologie, Paläontologie, Botanik und Zoologie eingerichtet.

Einen schönen Panoramablick über Stadt und Umland genießt man vom Dreikreuzeberg **Góra Trzech Krzyży** aus, zu dem vom Rynek ein Treppenweg hinaufführt. Etwa auf halber Höhe sieht man die Ruinen eines Schlosses aus dem frühen 14. Jh. sowie einen 20 m hohen gotischen Turm.

In solch hübschen Gebäuden lagerte anno dazumal in Kazimierz Dolny das Getreide

i Praktische Hinweise

Information

IT/PTTK, Rynek 27, Kazimierz Dolny, Tel./Fax 081/8 81 00 46, www.kazimierzdolny.pl

Fähre

Im Sommer verbindet die kleine Autofähre ›Gelderland‹ Kazimierz Dolny mit Janowiec am anderen Ufer der Weichsel. Tickets bei der Touristeninformation.

Veranstaltungen

Ogólnopolski Festiwal Kapel i Śpiewaków Ludowych. Ende Juni findet das ›Allpolnische Folklorefest‹ mit Gesangswettbewerben und Folkloremesse statt.

Hotel

*****Exploris**, Ul. Puławska 100, Kazimierz Dolny, Tel. 081/8 81 02 73, Fax 081/881 04 14, www.exploris.pl. Ehem. Speicher, der 2003 in ein komfortables Hotel mit 18 Zimmern, Sauna und Billardraum verwandelt wurde.

Restaurant

Staropolska, Ul. Nadrzeczna 14, Kazimierz Dolny, Tel. 081/8 81 02 36. Im Sommer speist man im schönen Garten, wenn es kälter wird drinnen bei Kerzenlicht. Spezialitäten des Hauses sind Süßwasserfische wie Forelle oder Aal.

3 Lublin

Mittelalterliche Atmosphäre zwischen Markt und Burgberg.

160 km südöstlich von Warschau liegt Lublin zwischen den Flüssen Weichsel und Bug, wirtschaftliches und kulturelles Zentrum der Region und das ›**Oxford des Ostens**‹. Zu 350 000 Einwohnern gesellen sich während des Semesters 100 000 Studenten und verleihen der ehrwürdigen Altstadt ein jugendliches Flair.

Geschichte Lublins Ursprünge gehen auf das 10. Jh. zurück, im Mittelalter kreuzten sich hier drei wichtige Handelswege,

Einst schützte das Krakauer Tor die Lubliner Altstadt, heute steht es einladend offen

beste Voraussetzungen für **Wirtschaft** und **Kultur**. 1317 erhielt Lublin Stadtrechte, Mitte des 14. Jh. wurden Wehrmauern errichtet, um den wiederholten Einfällen der Mongolen zu begegnen. Mit der Herrschaft der Jagiellonen im 15. Jh. erlebte die Stadt ihre Blüte. Sie wurde Königsresidenz und 1569 einte die hier unterzeichnete ›Lubliner Union‹ Polen und Litauen zu einem Staat. 1574 vernichtete ein Großbrand die Stadt, die anschließend im Stil der Renaissance wieder aufgebaut wurde. Schon früh gewann die jüdische Gemeinde von Lublin europaweite Bedeutung.

Bis 1939 war die Stadt ein wichtiges Zentrum des **chassidischen Glaubens** mit mehreren bekannten *Yeshivas*, Talmudschulen, und 38 Synagogen – von denen eine einzige erhalten ist. 1944 befreite die Rote Armee das stark zerstörte Lublin. Heute umgibt ein unansehnlicher, aber geschäftiger Industriegürtel die nach dem Krieg originalgetreu wieder aufgebaute Innenstadt. Außerdem ziehen eine Staatliche und eine Katholische Universität, an welcher übrigens in den 1950er-Jahren auch Papst Johannes Paul II. lehrte, sowie weitere Hochschulen reichlich junge Leute nach Lublin.

Besichtigung Bewachte Parkplätze finden sich an der Ringstraße *Królewska Podwale*. Sie führt in einer weiten Schleife um die Fußgängern vorbehaltene Altstadt, die mit engen Gassen und Teilen der früheren Stadtmauer aufwartet. Am stilvollsten betritt man diese *Stare Miasto* durch das **Brama Krakowska**, das Krakauer Tor im Westen. Das mächtige Bollwerk aus rotem Ziegel war Mitte des 14. Jh. Teil der Befestigungsanlagen, wurde während der Renaissance erweitert und im Barock mit einem Turmaufbau gekrönt. Von seiner Höhe genießt man einen schönen Blick über die Stadt. Im restlichen Bau zeigt das Stadtmuseum **Muzeum Historii Miasta Lublina** (Pl. Łokietka 3, Tel. 0 81/5 33 60 01, Mi–Sa 9–16, So 9–17 Uhr) Fotos und Dokumente zur Lubliner Geschichte.

Durch die Ul. Bramowa geht es zum trapezförmigen *Rynek*. Geradezu bescheiden wirken die Renaissance-Häuser rings um den Markt im Vergleich zu dem imposanten Alten Rathaus, dem **Stary Ratusz** in seiner Mitte. Es wurde 1309 errichtet und mehrfach umgebaut, zuletzt im

Ein Päuschen in Ehren genießen Studenten der Katholischen Universität von Lublin

18. Jh. durch den Hofarchitekten Domenico Merlini. In den Gewölben saß ab 1579 das Königliche Krontribunal zu Gericht, die höchste juristische Instanz für den Adel. Das *Muzeum Historii Ratusza i Trybunału Koronnego* (Ul. Rynek 1, Tel. 081/ 5 32 68 66, Mi–Sa 9–16, So 9–17 Uhr) im Kellergewölbe beleuchtet die Geschichte dieses Gerichts.

Unweit südlich des Rynek, doch eigentlich außerhalb der ursprünglichen Altstadt, kann man die Kathedrale **Archikatedra** aus dem späten 16. Jh. besuchen, eine der ersten Barockkirchen Polens. Die Jesuiten ließen sie 1586–1604 errichten, 1820 erhielt die Fassade ihr sechssäuliges Portal. Das Innere besticht durch meisterhafte *Trompe l'œil-Fresken* von Joseph Mayer, am Seitenaltar am Durchgang zum linken Seitenschiff sieht man eine von Bolesław Rutkowski geschaffene Kopie der wundertätigen ›*Weinenden Maria*‹ von Jasna Góra. Eine Besonderheit ist die *Flüsterhalle* in der ehem. Sakristei, deren Wände auch das leiseste Geräusch zurückwerfen.

Die Ul. Domenikańska führt über den neogotischen Turm *Wieża Trynitarska* mit Aussichtsplattform weiter zum Dominikanerkloster **Klasztor Dominikanów** und der angrenzenden Klosterkirche **Kościoł Dominikanów**. Das dem hl. Stanislaus geweihte Gotteshaus stammt aus dem 14. Jh., im 16. Jh. wurde das Kloster angefügt und die gesamte Anlage im 17. Jh. im Stil der Spätrenaissance umgebaut. Die Barock- und Rokoko-Inneneinrichtung der dreischiffigen Kirche geht auf das 18. Jh. zurück. Als besonders gelungenes Beispiel der Lubliner Spät-Renaissance gilt die *Firlej-Kapelle* am Ende des rechten Kirchenschiffs. Beachtenswert sind hier insbesondere die feinen Stuckarbeiten an der hohen Kuppeldecke. Die *Tyszkiewiczowska-Kapelle* schließt das Presbyterium ab und zeigt eine mit Fresken geschmückte Decke. Darauf malte der venezianische Maler Tommaso Dolabella, wie die Ketzer der Reformation im Feuer des Jüngsten Gerichts verbrennen.

Für den weiteren Weg bergan sollte man vom Rynek aus die **Ul. Grodzka** wählen, die viele, teils in Kellergewölben untergebrachte, gemütliche Gaststätten säumen. Im Haus Nr. 5a dokumentiert das Apothekenmuseum **Muzeum Zakładu**

Ein Bilderbuch für die Gläubigen vom Anfang des 15. Jh. – die Burgkapelle zur Dreifaltigkeit von Lublin ist innen reich mit kostbaren Fresken geschmückt

Historii Farmacji (Tel. 081/5 32 88 20, Di–Fr 11–16 Uhr) anhand historischer Tiegel und Glaskolben die Geschichte der Pharmazie.

Das Ende der Straße markiert das im 18. Jh. umgebaute nördliche Stadttor **Brama Grodzka**. Von hier aus steigt man zu dem erhöht über der Stadt gelegenen halbkreisförmigen Schlossplatz empor. Er wird im Osten von der Burg, **Zamek** genannt, dominiert, die bis 1954 als Gefängnis diente. Ihr neogotisches Äußeres geht auf einen Umbau zu Beginn des 19. Jh. zurück. Der Bau selbst wurde im 14. Jh. begonnen, aus dieser Zeit stammen noch der massig wirkende Rundturm mit 4 m dicken Mauern im Süden und die *Kaplica Św. Trójcy*, die Burgkapelle zur Dreifaltigkeit im Osten der Anlage. König Władysław Jagiełło stiftete sie 1395, ein einziger Pfeiler trägt ihr zierliches gotisches Gewölbe. Zu Beginn des 15. Jh. schmückte sie Meister Andrzej mit farbenfrohen Fresken von Engeln, Heiligen und einem Bild des Christus Pantokrator in byzantinischem Stil. Die restliche Burg um den länglichen Innenhof nimmt das Schlossmuseum *Muzeum Lubelskie na Zamku* (Tel. 081/5 32 50 01, www.zameklublin.pl, Mi–Sa 9–16, So 9–17 Uhr) ein. Hier sind u. a. Ornamentkunst, Skulpturen und Gemälde des 17.–19. Jh. sowie ethnographische, archäologische und numismatische Stücke ausgestellt.

Majdanek

6 km südöstlich von Lublin lag an der Straße nach Zamość Majdanek, eines der berüchtigtsten Konzentrations- und Vernichtungslager des Dritten Reiches. 1941 errichtet, ließen hier bis zur Befreiung 1944 nach Schätzungen 250 000–360 000 Internierte ihr Leben, unter den Opfern die gesamte jüdische Bevölkerung Lublins. Ein Teil des Lagers dient als **Muzeum Martyrologii na Majdanku** (Ul. Droga Męczenników Majdanka 67, Tel./Fax 081/7 44 05 26, www.majdanek.pl, Mai–Sept. Di–So 8–18, sonst nach Voranmeldung 9–15 Uhr). Fotos und Filme vergegenwärtigen die schreckliche Vergangenheit zwischen Stacheldraht, Wachtürmen und Schornstein des Krematoriums.

Mahnmale einer düsteren Zeit – die Wachtürme des Konzentrationslagers Majdanek

Praktische Hinweise

Information

IT, Ul. Jezuika 1/3, Lublin, Tel. 081/5 32 44 12, Fax 081/4 42 35 56, www.um.lublin.pl

Verkehr

Dworzec PKP (Bahnhof), Ul. Gazowa (2,5 km südlich des Zentrums), Lublin, Tel. 081/94 36

Dworzec PKS (Busbahnhof), Bahnhofsvorplatz, Tel. 081/7 47 66 49, sowie Dworzec PKS Lublin Główny, unterhalb des Burgbergs, nördlich der Altstadt

Taxi, Tel. 081/96 21 oder 081/96 28

Nachtleben

Art Bis Club, Ul. Radziszewskiego 16, Lublin, Tel. 081/5 33 15 64. Bei Studenten beliebte Diskothek mit Themenparties.

Graffiti, Ul. Piłsudskiego 13, Lublin, Tel. 081/5 32 45 87. Tanzen zu Hiphop, Funk, Reggae und Latin.

Kotłownia Klub, Aleje Racławickie 2a, Lublin, Tel. 081/5 32 28 46. Meist bevölkern hier Studenten den Dancefloor.

Hotels

*****Europa**, Ul. Krakowskie Przedmieście 29, Lublin, Tel. 081/5 35 03 03, Fax 081/5 35 03 04, www.hoteleuropa.pl. Elegantes Hotel in einem Patrizierhaus von 1865 nahe der Altstadt, die 63 Zimmer sind etwas plüschig. Mit gutem polnischen Spezialitätenrestaurant.

*****Mercure Unia Lublin**, Aleje Racławickie 12, Lublin, Tel. 081/5 33 20 67, Fax 081/5 33 20 68, www.mercure.com. An der Katholischen Universität im Wes-

ten der Altstadt liegt das gut geführte, renovierte Haus mit 110 geschmackvoll eingerichteten Zimmern und einem ausgezeichneten Restaurant. Parkplatz.

Restaurants

Old Pub, Ul. Grodzka 8, Lublin, Tel. 081/7437127. Zwischen Musikinstrumenten und Art Deco wird in dem gemütlichen Pub sehr gutes asiatisches, italienisches, französisches und polnisches Essen serviert.

Panorama, im Hotel Unia Lublin, Al. Racławickie 12, Lublin. Der Küchenchef kreiert polnische Gerichte mit französischem Touch, die Barszcz-Suppe (Borschtsch) etwa ist ein Gedicht. Im Hintergrund spielt dezent ein Pianist.

Piwnica u Biesów, Rynek 18, Lublin, Tel. 081/5321648. Tief steigt man in die Gewölbe hinab und genießt zwischen Ritterrüstungen und weiterer mittelalterlicher Dekoration polnische Spezialitäten wie Ente mit Äpfeln.

Trakt Królewski, Ul. Grodzka 7, Lublin, Tel. 081/5321708. In der Studentenkneipe gibt's deftige Kleinigkeiten zu essen, viele Gäste kommen auch auf ein Bier.

Złoty Osioł, Ul. Grodzka 5a, Lublin, Tel. 081/5329042. Ein weidengeschmückter Durchgang führt in die mit Kerzen erhellten Speiseräume. Spezialität ist Bigos.

4 Zamość

Architektonisches Gesamtkunstwerk unter UNESCO-Schutz und Geburtsstadt von Rosa Luxemburg.

Die Altstadt von Zamość, knapp 100 km südöstlich von Lublin, ist Wirklichkeit gewordene stadtplanerische Utopie: 1578 beauftragte der polnische Großkanzler Hetman Jan Zamoyski (1542–1605) den Italiener Bernardo Morando (1540–1600) mit dem Entwurf einer uneinnehmbaren **Residenzstadt**. Dieser konzipierte ein unregelmäßiges Vieleck mit schachbrettartigem Straßenraster und sternförmigen Wehranlagen ringsum, die durch Wassergräben zusätzlich gesichert waren. Drei Tore führten in die von massiven Bastionen gesicherte Stadt. Kurz vor dem Tod Fürst Zamoyskis waren die Pläne umgesetzt und tatsächlich widerstand Zamość allen Eroberungsversuchen: 1648 der Kosaken, 1656 der Schweden und 1813/1831 der Russen. Auch die Entscheidungsschlacht des Polnisch-Russischen Krieges 1919/20 wurde vor Zamość geschlagen – und endete siegreich für die Polen.

Die Umbenennung während des Zweiten Weltkrieges in ›Himmlerstadt‹ war nur vorübergehend. Baulich überstand der Ort die schlimme Zeit fast unbeschadet, aber auch hier wurde die einst starke jüdische Gemeinde vollständig vernichtet. Heute leben 85 000 Men-

schen in Zamość, dessen sorgfältig restaurierte Altstadt seit 1992 zum **Weltkulturerbe** der UNESCO zählt.

Besichtigung Parkmöglichkeiten gibt es am westlichen Altstadtrand hinter dem neuen Tor Lwowska Brama oder beim alten Stara Brama Lwoskwa und der Bastion VII. Mittelpunkt der Altstadt ist der 100 m x 100 m messende **Rynek Wielki**, der Große Markt, den prachtvolle Fassaden und schattige Arkaden umgeben und über den mittags das Turmlied des Stadttrompeters schallt. Obwohl viele Häuser vor allem im 19. Jh. umgebaut wurden, ist die einheitlich gestaltende Hand Morandos im Ensemble noch gut zu erkennen. Aus dem Bild fällt das mäch-

Links: *Das Rathaus dominiert den weiten Rynek Wielki im Zentrum der Altstadt von Zamość*
Unten: *Farbenfrohe Arkadenhäuser des 16. Jh. verleihen dem Großen Markt südliches Flair*

tige dreigeschossige Rathaus **Ratusz** mit 52 m hohem achteckigem Turm und weit in den Platz ragender zweiarmiger barocker Freitreppe. Letztere wirkt unangemessen wuchtig und wurde tatsächlich erst 1768 angefügt. Ehemals waren alle Bauten mit Attiken geschmückt, heute tragen nur noch die Häuser an der Nordseite diese Giebelverblendung. Sie gehörten armenischen Händlern, was in der kunstvollen, orientalisch anmutenden Dekoration zum Ausdruck kommt. Das in den Häusern Nr. 26 und Nr. 30 untergebrachte Kreismuseum **Muzeum Okręgowe** (Ul. Ormiańska 30, Tel. 084/6 38 64 94, Di–So 9–16 Uhr) stellt u. a. ein Modell der Stadt von 1700 einem von heute gegenüber. Am **Haus Nr. 37** erinnert eine Plakette daran, dass hier am 5. März 1871 **Rosa Luxemburg** geboren wurde. Die kämpferische Sozialistin und Feministin war Mitbegründerin der Sozialdemokratischen Arbeiterpartei Polens, der Kommunistischen Partei Deutschlands sowie des Internationalen Spartakusbundes. Am 15. Januar 1919 wurde sie, eine der führenden Theoretikerinnen der Linken ihrer Zeit, in Berlin ermordet.

Nordwestlich des Rynek liegt der **Rynek Solny**, der Salzmarkt, mit ebenfalls beachtenswerten Bürgerhäusern. Südlich des Tores *Stara Brama Lubelska* dokumentiert in dem um 1580 erbauten **Arsenal** (Ul. Zamkowa 2, Tel. 084/6 38 40 76, Di–So 9–16 Uhr) ein Militärmuseum mit Waffen, Uniformen und alten Stichen die Wehrhaftigkeit der Stadt. Südöstlich des Arsenals befindet sich die 1992 zur Kathedrale erhobene Stiftskirche **Kollegiata** mit ihrem frei stehenden Glockenturm aus dem 18. Jh. Das Gotteshaus wurde 1593 von Bernardo Morando dreischiffig mit *Seitenkapellen* in venezianischem Manierismus konzipiert und war 1628 fertig gestellt. Innen verleihen hohe Pfeiler, schmale Bogengänge und die gliedernden Stuckarbeiten des Gewölbes der Kirche eine besondere Leichtigkeit. Vom Florentiner Meister Carlo Dolci (1616–1686) stammt das Bild ›Mariä Verkündung‹, das manchmal auch Domenico Tintoretto zugeschrieben wird, sowie ein *Gemäldezyklus* über das Leben des hl. Thomas, des Kirchenpatrons. In der mit Marmor und Stuck prächtig ausgestatteten *Zamoyski-Kapelle* ruhen die Gebeine des Stadtgründers Jan Zamoyski und seiner Nachkommen. Vom *Glockenturm* (Mai-Okt. 10–16 Uhr) hat man einen fantastischen Blick über die Altstadt.

i Praktische Hinweise

Information

Zamojski Ośrodek Informacji Turystyczney (ZOIT), Rynek Wielki 13 (Rathausarkaden), Zamość, Tel. 084/6 39 22 92, Fax 084/6 27 08 13, www.zamosc.pl

Veranstaltungen

Jazz Na Kresach. April–Mai spielen nationale und internationale Musikergrößen beim ›Jazz an der Grenze‹ auf.

Zamojskie Dni Muzyki. Klassische Musik bei den ›Musiktagen‹ im Sept./Okt.

Zamojskie Lato Teatralne. Zum ›Sommertheater‹ (Juni/Juli) kommen wichtige Theaterensembles Polens und nutzen die historische Altstadt als Kulisse.

Hotel

***__Zamojski__, Ul. Kołłątaja 2/4/6, Zamość, Tel. 084/6 39 25 16, Fax 084/6 39 28 86, www.orbis.pl. Exclusiv neben dem Rathaus gelegen, in sechs miteinander verbundenen historischen Häusern. 54 modern eingerichtete, komfortable Zimmer, kleiner Fitnessbereich. Im Restaurant werden polnische und internationale Gerichte serviert, auch vegetarisch.

Restaurant

Muzealna, Ul. Ormiańska 30, Zamość, Tel. 084/6 38 73 00. In den Arkaden vor dem Kreismuseum führt eine Wendeltreppe tief hinab in die Gewölbe. Dort unten speist man günstig Polnisches wie Huhn mit Speck, Knoblauch und Pflaumen.

5 Puszcza Białowieska

Naturparadies im Osten: Wisente und Tarpane im letzten Urwald Europas.

Im nordöstlichen Polen und jenseits der dortigen Grenze zu Weißrussland erstrecken sich auf 1500 km^2 dichte, von zahlreichen Flüssen und Bächen durchzogene Eichen-, Linden- und Hainbuchenwälder, dazwischen Eschen-, Erlen- und Fichtenbestände. Der Landstrich war bis ins 20. Jh. hinein Jagdgebiet der polnischen Könige und der russischen Zaren. Heute ist er naturbelassen und gilt als letzter Urwald Europas.

TOP TIPP Auf polnischer Seite bilden 625 km^2 den **Białowieski Park Narodowy**, den ältesten *Nationalpark* Polens.

Zu Anfang des 20. Jh. waren Wisente in freier Wildbahn ausgerottet, doch streifen im Białowieski-Nationalpark wieder kleine Herden der mächtigen Tiere durch Wälder und Grasland

Einzelne Teile werden in unterschiedlichem Maße genutzt, das streng geschützte Kerngebiet umfasst etwas mehr als 47 km² und steht seit 1979 als Naturerbe unter *UNESCO-Schutz*. Dazu kommt eine ›Pufferzone‹ von 58 km². Der Park wurde 1921 gegründet und bereits 1929 siedelten hier wieder die im Ersten Weltkrieg in freier Wildbahn ausgerotteten Wisente, *Bison bonasus*. Heute durchstreifen rund 300 dieser majestätischen Tiere die Wälder und Wiesen auf polnischem Gebiet. Auch die Ende des 19. Jh. ausgestorbenen *Tarpane*, die ›polnischen Waldpferde‹, wurden erfolgreich rückgezüchtet und wieder angesiedelt. Zum Wildbestand gehören außerdem Elche, Wölfe, Bären, Luchse und *Żubrońs*, eine Kreuzung aus Wisent und Rind, ebenso Otter, Biber, Eule und Auerhahn. Die reiche Flora besteht aus 26 Baum-, 70 Strauch- und 37 Farnarten, Frauenschuh, Anemonen und Maiglöckchen bedecken die Böden mit bunten Blütenteppichen.

Ausgangspunkt für den Besuch des Parks ist das Dorf **Białowieża**, rund 110 km südöstlich von Białystok. Das Kerngebiet nördlich des Ortes kann nur mit Führer besucht werden, den die Nationalparkverwaltung oder das PTTK-Büro (s. u.) vermittelt. Das übrige Gebiet steht Besuchern und Wanderern offen, die Wege dürfen jedoch nicht verlassen werden. Waldpferde, Wisente und anderes Wild kann man aber auch im Schaureservat **Rezerwat Żubrów** (Mai–Aug. tgl. 9–18, Sept./Okt. bis 17, Nov.–April bis 16 Uhr) zwischen Białowieża und Hajnówka betrachten.

Zu Białowieża gehört der 48 ha große **Park Pałacowy**, der Ende des 19., Anfang des 20. Jh. auf Geheiß des russischen Zaren Alexander III. mitsamt *Jagdschloss* in seiner Mitte gestaltet wurde. Ein Spaziergang durch das wald- und wasserreiche Revier führt vorbei am **Muzeum Przyrodniczo-Leśne** (Park Pałowcy 5, tgl. 9–16 Uhr). Es besitzt eine große Vogelsammlung und beschreibt detailliert die Flora und Fauna des Waldes.

i Praktische Hinweise

Information

Białowieski Park Narodowy, Park Pałacowy 11 (am Osteingang vom Schlosspark), Białowieża, Tel./Fax 085/6 81 23 06, www.bpn.com.pl.

PTTK, Ul. Kolejowa 17, Białowieża, Tel. 085/6 81 22 95

IT, Park Pałacowy, Białowieża, Tel. 085/6 81 29 01

Hotel

*****Białowieski**, Ul. Waszkiewicza 218 B, Białowieża, Tel. 085/7 44 43 80, Fax 085/7 44 45 34, www.hotel.bialowieza.pl. Angenehmes Hotel mit 65 hübsch eingerichteten Zimmern, gutem Restaurant, Sauna und Fitness-Center. Das Haus organisiert auch Reit- und Kutschausflüge und verleiht Fahrräder.

Krakau und Südpolen – Handelsstädtchen, Hochgebirge und Polens heimliche Hauptstadt

Malapolska, ›Kleinpolen‹, heißt die fruchtbare Region im Südosten des Landes. Unbestrittene Königin ist **Kraków/Krakau**, lange Jahre Hauptstadt Polens. Hier versammeln sich einzigartige Architektur und Kunstschätze, sie gilt aber auch als Stadt des kulturellen Aufbruchs, der Musik und der Literatur. Gleich drei von der UNESCO geschützte Stätten befinden sich in der Nähe Krakaus: das **Salzbergwerk** von **Wielicka** und die **Kalwaria Zebrzydowska**, ein in einer bäuerlichen Hügellandschaft aufgebauter Kalvarienweg, sowie ein Zeugnis des Nazi-Terrors: Im Konzentrations- und Vernichtungslager **Auschwitz** wurden 1,6 Mio. Menschen von den Nationalsozialisten ermordet.

Südöstlich von Krakau umrahmen die Zweitausender-Gipfel der **Hohen Tatra** die landwirtschaftlich geprägte Region. Hier sind die *Góralen* zuhause, traditionsbewusste ›Bergbewohner‹, die u. a. für ihre kunstvoll bestickten Trachten bekannt sind. Alte bäuerliche Holzarchitektur und verspielter Jugendstil finden in den Häusern des Wintersportortes **Zakopane** am Fuß der Hohen Tatra harmonisch zusammen. Von hier erschließen Seilbahnen und Wanderwege die herrliche *Bergwelt*, die sich in verkehrsgünstig verlaufenden Tälern wie dem grenznahen **Dolina Chochołowska** besonders gut erkunden lässt.

Im Flachland um Krakau schenkt die Wisła, die Weichsel, und ihre Zuflüsse der Region von jeher große Fruchtbarkeit. Außerdem dienten die Flussläufe seit alters her als Handelswege, an denen reiche Renaissancestädtchen wie **Sandomierz** mit mächtigen Getreidespeichern gediehen.

6 Kraków/Krakau

Lebhafte Atmosphäre, vielseitiges Kulturangebot und eine einzigartige Häufung von Kunstschätzen.

Krakau (740 000 Einw.) ist eine moderne, geschäftige **Metropole** an der Weichsel, außerdem nach Warschau das zweitgrößte kulturelle und wissenschaftliche Zentrum Polens mit traditionsreicher Universität und Forschungsinstituten. Am östlichen Stadtrand liegt die in den 1950er-Jahren gegründete Stahlhütte **Nova Huta** (›Neue Hütte‹), einer der wichtigsten Industriebetriebe des Landes, in dem 3000 Menschen Arbeit finden. Nicht zu vergessen **Kunst und Kreativität**, die in Krakau seit Jahrhunderten Tradition haben. Auch heute tummeln sich Theaterleute, Schriftsteller und Maler aus aller Welt neben Touristen in den Altstadtgassen, bummeln durch die Museen, bewundern die Kirchen und erklimmen den berühmten Schlossberg *Wawel*.

◁ **Oben:** *Auf dem Wawel erheben sich die dreitürmige Kathedrale der hll. Wenzel und Stanislaus und gleich nebenan das Schloss*
Unten: *Im Süden Polens lockt die waldreiche Hohe Tatra Wanderer mit Gebirgsromantik*

Geschichte Der Legende nach verdankt die Stadt ihren Namen dem slawischen Wislanenfürsten *Krakus*, der um das Jahr 600 nahe einer Furt über die Weichsel eine Siedlung gründete. Sicher ist, dass im 10. Jh. *Bolesław Chrobry* dort auf einer Anhöhe eine Burg und eine Kathedrale errichten ließ. Damit wurde der Ort Kraków zur Hauptstadt eines Herzogtums, zum Bischofssitz und unter Kazimierz dem Erneuerer im 11. Jh. auch offiziell zur **Hauptstadt** Polens. Bolesław der Schamhafte verlieh 1257 das ›Magdeburger Stadtrecht‹, doch die eigentliche Blütezeit Krakaus begann, als Kazimierz der

Große 1364 die Akademie gründete, die spätere Universität der Jagiellonen, erste Hochschule des Landes. Im 16. Jh. lebten 30 000 Menschen in Krakau, doch dann zerstörte ein Brand 1594 den Großteil der Stadt, darunter auch den Königssitz des Krakauer Schlosses. König Zygmunt III. Waza wählte daraufhin Warschau als neue Hauptstadt, das zudem dem neuen Landesteil Litauen näher lag. Mit der Ersten Teilung Polens 1772 wurde Krakau zur russischen Grenzstadt und verlor endgültig seine frühere Bedeutung. Die Dritte Teilung 1795 brachte die Stadt zu Österreich. 1815 gründete der Wiener Kongress eine **Republik Krakau**, die abhängig von

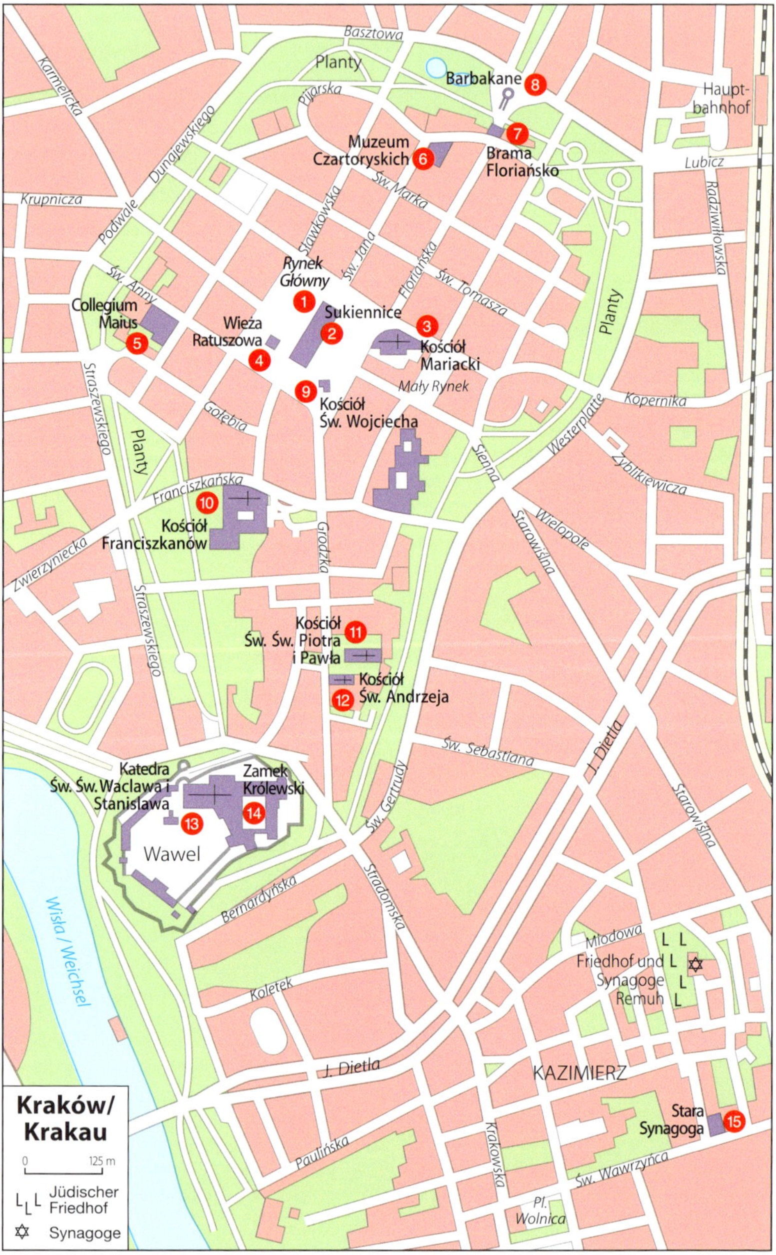

den damaligen Großmächten Österreich, Russland, Preußen, Großbritannien und Frankreich für etwa 30 Jahre existierte. Nach einem Aufstand 1846 wurde sie aber wieder der Habsburger Monarchie zugeschlagen, zu der die Stadt bis 1918 gehörte. Trotz der konservativen Herrschaft verbarg sich 1912–14 im traditionell katholischen, aber auch polnisch-national gesinnten Krakau der russische Revolutionär Vladimir Iljič Lenin.

Nach Einmarsch der Deutschen 1939 wurde Kraków zur Hauptstadt des Generalgouvernements Polen. Der berüchtigte deutsche Statthalter Hans Frank nahm seinen Sitz auf dem Wawel und betrieb von dort aus mit grauenvoller Gründlichkeit die Ausrottung der jüdischen Bevölkerung u. a. Als die Deutschen 1945 abzogen, zerstörten sie die Stadt nicht, sodass Krakau die einzige große polnische Stadt ist, die originale mittelalterliche Bausubstanz besitzt. 1978 zeichnete die UNESCO die sorgfältig bewahrte Krakauer Altstadt als **Weltkulturerbe** aus. Überdies erhielt die traditionell kunst- und kulturbeflissene Stadt im Jahr 2000 den Titel einer der Kulturhauptstädte Europas.

Besichtigung Das historische Zentrum liegt am Nordufer der Weichsel. Die dortige Altstadt ist von einem 3 km langen Ring grüner Parks, dem **Planty**, umgeben, der dem Verlauf der im 19. Jh. abgerissenen Stadtmauern folgt. Um diesen

Im 14. Jh. lagerte in diesen Hallen Tuch, heute bieten in den Sukienice am Großen Markt von Krakau unzählige Stände Kunsthandwerkliches, aber auch allerlei Tand und Trödel an

verläuft der Altstadtring, der im Süden auf den *Wawel* (mit ausreichender Parkfläche zu seinen Füßen) trifft. In dessen Südosten, vor den ehem. Befestigungsanlagen, liegt der Stadtteil *Kazimierz*, das ehem. Judenviertel.

Ansprechend präsentieren zwei Musiker in traditioneller Tracht Folkloristisches

Kaufmannsstolz – die groß und großartig angelegten Tuchhallen auf dem Rynek lassen auf den Wohlstand der mittelalterlichen Händler schließen ▷

Rund um den Rynek

Bedeutende Ereignisse feiern die Krakauer immer auf dem **Rynek Główny** 1, dem Großen Marktplatz inmitten der Altstadt *Stare Miasto*. Paraden, Straßentheater, Volksfeste – fast immer ist hier etwas los und die einladenden Straßencafés ringsum machen gute Umsätze. Schöne historische Häuser säumen den quadratischen, 4 ha großen Platz, darunter das *Boner-Haus* (Nr. 9) mit einer Attika von 1560, das *Hetman-Haus* (Nr. 17) gotischen Ursprungs und der *Pałac Potocki* (Nr. 20) aus dem 14. Jh. mit Umbauten im klassizistischen Stil. Blickfang ist aber der Bau in der Mitte des Rynek, die **Sukiennice** 2, die lang gestreckten Tuchhallen mit ihren markanten Spitzbogenarkaden im Erdgeschoss. Der repräsentative Backsteinbau wurde 1358 im gotischen Stil als Lager für die Tuchhändler errichtet, 1558 durch Giovanni Maria Mosca der Renaissancemode folgend mit Attiken verblendet und 1875–79 durch neugotische An- und Umbauten ergänzt. Heute beherbergen sie kleine Stände mit Kunsthandwerk, Bernstein, Kitsch und Trödel – ein wahres Shopping-Paradies. Im 1. Stock zeigt das Polnische Nationalmuseum in der *Galeria Sztuki Polskiej XIX Wieku* (Di/Mi/Fr–So 10–15, Do 10–18 Uhr) Gemälde und Plastiken polnischer Meister des 18. und 19. Jh.

Ungleich hoch sind die Türme der Marienkirche – der niedrigere dient als Glockenturm

Die Ostseite des Rynek nimmt die dreischiffige Basilika der Marienkirche **Kościół Mariacki** 3 ein, die 1226 an Stelle eines Vorgängerbaus aus dem 11. Jh. begonnen und im 14./15. Jh. vollendet wurde. Ungewöhnlich sind ihre zwei mit 69 und 81 m unterschiedlich hohen Türme. Zu jeder vollen Stunde klingt die Fanfare des Stadttrompeters vom höheren Turm über den Platz. Sie endet noch heute so jäh, wie einst, als ein Pfeil angreifender Mongolen in die Kehle des Wachmannes das Warnsignal unterband. Das Kircheninnere beherrscht ein Glanzstück spätgotischer Holzschnitzkunst: der 1477–89 von Veit Stoß geschaffene, 13 m aufragende, 11 m breite, fünfflügelige **Hauptaltar** aus Lindenholz. Man sollte unbedingt zur Mittagszeit in die Kirche gehen, wenn die inneren zwei Flügel des Altars feierlich geöffnet werden und sich die anrührende Szene vom Tod Mariens zeigt. Die vergoldeten und bemalten Figuren von Aposteln und Heiligen sind bis zu 3 m hoch.

Top Tipp

An der Südwestecke des Rynek ist der gotische Rathausturm **Wieża Ratuszowa** 4 aus dunklem Backstein mit dem barocken Helmdach der einzig verbliebene Teil des 1820 abgerissenen Rathauses. Von einer Aussichtsgalerie (Mi–Fr 10–17, Sa/So bis 16 Uhr) hoch oben blickt man über die Stadt. Ansonsten birgt der Turm eine kleine *stadtgeschichtliche Sammlung* (Mi/Do/Fr 10–17, Sa/So bis 16 Uhr, 2. Sa/So

Im Zweiten Weltkrieg ausgelagert und als Kriegsbeute verschleppt, kehrte der überaus kunstvolle Hauptaltar von Veit Stoß in den 1950er-Jahren in die Marienkirche zurück

im Monat geschl., stattdessen Mo/Di geöffnet). Von hier aus lohnt es sich, einen Straßenzug weiter westlich das **Collegium Maius** 5 (Ul. Jagiellońska 15) aufzusuchen. Es entstand Ende des 15. Jh. durch die Zusammenlegung mehrerer Bürgerhäuser zu einem Karree mit zentralem Arkadenhof. Das Universitätsmuseum **Muzeum Uniwersytetu Jagiełłońskiego** (Tel. 012/4 22 05 49, Mo–Fr 11–15, Sa bis 14 Uhr) dokumentiert die Geschichte der Hochschule und zeigt u. a. einen Globus von 1510, auf dem bereits Amerika kartografiert ist. Unter den Studenten dieser Alma Mater waren u. a. *Nikolaus Kopernikus*, dessen Instrumente ebenfalls hier zu sehen sind, und *Papst Johannes Paul II.* Um 11 und um 13 Uhr öffnen sich im Innenhof auf dem Balkon unter der Uhr zwei Pforten, aus denen zu Fanfarenklängen eine Prozession von Gelehrten und Studenten, allerdings aus Holz, wandelt.

Nördlich des Rynek beherbergt ein Palast aus dem 19. Jh. an der Ul. Św. Jana 19 das **Muzeum Czartoryskich** 6 (Tel. 012/4 22 55 66, www.muzeum-czartoryskich.krakow.pl, Di/Do/Sa/So 10–15.30, Mi/Fr 10–18 Uhr, 3. So im Monat geschl.), das zum Krakauer Nationalmuseum *Muzeum Narodowe w Krakowie*

›Die Dame mit dem Hermelin‹, eines der wenigen Gemälde Leonardo da Vincis, ist heute im Muzeum Czartoryskich zu bewundern

Die Krakauer Alma mater ist eine der ältesten Universitäten Europas und noch heute wird in den nobel ausgestatteten Räumen des Collegium Maius gelehrt, studiert und getagt

gehört. Hier und im angrenzenden Piaristenkloster ist eine fantastische Gemäldesammlung zu sehen, darunter Werke Rembrandts und ›Die Dame mit dem Hermelin‹ (1483–86) von Leonardo da Vinci. Ganz in der Nähe befindet sich das im frühen 14. Jh. entstandene **Brama Floriańsko** 7. Dieses wappengeschmückte Florianstor ist der letzte Rest der einstigen nördlichen Stadtbefestigungen, zu denen auch der massige Rundturm der **Barbakane** 8 aus dem 15. Jh. gehörte.

Trakt Królewski/Königsweg

›Königsweg‹ hieß die Straße vom Rynek zum Schlossberg Wawel, heute die Ul. Grodzka, gesäumt von schönen Stadtpalästen und sehenswerten Kirchen. Den Auftakt macht auf der südlichen Seite des Rynek die frei stehende Adalbertkirche **Kościół Św. Wojciecha** 9. Sie ist das älteste Gotteshaus von Krakau, wurde im 11./12. Jh. auf den steinernen Fundamenten eines Vorgängerbaus aus dem 10. Jh. errichtet und im 17. Jh. in barockem Stil und unter Anfügung einer Sakristei ausgebaut. Vor der Kirche erinnert eine *Gedenktafel* im Pflaster an den Treueschwur, den 1525 der Hohenzollernfürst Albrecht von Brandenburg dem polnischen König Zygmunt I. Stary leistete.

Nach wenigen Schritten weitet sich die Straße zum *Plac Wszystkich Świętych*. An dessen Westseite erhebt sich die **Kościół Franciszkanów** 10, eine Franz von Assisi geweihte frühgotische Basilika. Sie wurde 1269 errichtet, danach jedoch mehrmals umgebaut und beherbergt u. a. die Grablege von Fürst Bolesław dem Schamhaften. Das Kircheninnere ist mit polychromer Malerei hauptsächlich von Jugendstil-Meister Stanisław Wyspiański (1869–1907) ausgemalt. Das dazugehörige *Franziskanerkloster* lockt mit einem stillen gotischen Kreuzgang.

Skulpturen der zwölf Apostel säumen den Eingang der barocken **Kościół Św. Św. Piotra i Pawła** 11, der Peter-und-Paul-Kirche, die 1619 für die Jesuiten errichtet wurde. Die benachbarte Andreaskirche **Kościół Św. Andrzeja** 12 von 1079 besticht mit den klaren Linien ihrer romanischen Fassade, die die barocken Kappen der beiden Türme von 1639 erstaunlich gut ergänzen. Das Innere hingegen wirkt mit seiner spätbarocken Ausstattung etwas überladen.

Wawel

Im Süden endet der Königsweg am Wawel, dem **Krakauer Schlossberg** (April–Sept. tgl. 6–20, sonst bis 18 Uhr) am Ufer

Die romanische Andreaskirche ist eines der zahlreichen Gotteshäuser entlang des Königswegs, links zieren Figuren der zwölf Apostel die Einfriedung der Peter-und-Paul-Kirche

der Weichsel mit Schloss, Kathedrale und Wirtschaftsgebäuden. Von der Altstadt aus führt ein breiter Fußweg, der bis Ende April 2006 umgebaut wird, auf den Kalksteinhügel, an starken Mauern vorbei durch das ›Wappentor‹. Gleich links erhebt sich die TOP TIPP **Katedra Św. Św. Waclawa i Stanislawa** ⑬ (Mo–Sa 9–16, So 12.15–16 Uhr), die Kathedrale der hll. Wenzel und Stanislaus. In ihr wurden im 14.–17. Jh. fast alle polnischen Könige gekrönt und hier fanden sie auch ihre letzte Ruhe neben Nationalhelden, Kirchenfürsten und Heiligen. Der dreischiffige Kathedralbau geht auf zwei Vorgängerkirchen des 11. und 12. Jh. zurück, von denen noch Fundamente am Uhrenturm und eine Krypta erhalten sind. Er entstand 1320–64, später kamen mehrere Kapellen hinzu. Innen weist die dreischiffige, an sich gotische Basilika mit Querschiff und Presbyterium eine Vielzahl von Altären und Grabmälern auf, darunter der barocke Silbersarkophag des hl. Stanislaus in der Vierung. Gleich rechts vom Eingang ist das Grabmal des Kazimierz IV. (1427–1492) und seiner Gattin Elisabeth in der *Kaplica Świętokrzyska* beachtenswert. Die Kapelle ist mit byzantinischen Fresken ausgemalt, die liegende Statue des Königs schlug 1492 Veit Stoß in Marmor. Die Sigismund-Kapelle, *Kaplica Zygmuntowska*, hinter dem Querschiff rechts ist übrigens auch von außen an ihrer goldbesetzten Kuppel zu erkennen. Sie dient als Grabstätte Zygmunts des Alten (1467–1548) und seiner beiden Kinder. Der Renaissance-Architekt Bartolomeo Berrecci setzte hier auf den Kontrast von Weiß und Gold der Wände zum braunroten Marmor der Grabmäler. Daneben befindet sich die barocke *Kaplica Wazów*, die Wasa-Kapelle, davor im Hauptschiff das Grabmal der *Sv. Jadwiga*, der hl. Hedwig von Anjou (1374–1399). Den weißen Marmorsarkophag schuf Antoni Madeyski zu Beginn des 20. Jh. Die einzige Frau auf dem polnischen Königsthron wurde bereits zu Lebzeiten als Heilige verehrt und 1997 heilig gesprochen.

Im Viertel Kazimierz laden an der Ul. Szeroka Straßencafés zum gemütlichen Verweilen ein

Östlich des Zugangs zur *Sigismundglocke* zeigt das 1978 auf Initiative von Krakaus Kardinal Karol Wojtyla, dem späteren Papst Johannes Paul II., eingerichtete Dommuseum *Skarbiec Katedralny* (Tel. 012/4 22 51 55, Di–So 10–15 Uhr) die Schätze des Bistums. Prunkstück ist ein Messgewand von 1504 mit Szenen aus dem Leben des hl. Stanislaus.

Jahrhundertelang regierten Piasten, Jagiellonen und Wasa das Land von TOP TIPP Schloss **Zamek Królewski** ⑭ (Di–Sa 9.30–15 Uhr, limitierte Anzahl Eintrittskarten: Touristenbüro, Wawel 5, Tel./Fax 012/4 22 16 97, www.wawel.krakow.pl) aus. Ein Schmuckstück der Renaissance ist der asymmetrische Innenhof der hufeisenförmigen Anlage mit doppelstöckigen Loggien, in denen Fresken des 16. Jh. zu sehen sind. Der umlaufende Fries stellt polnische Könige in eine Linie mit antiken Helden und Herrschern.

Ein Gang durch das Schloss führt durch mehrere Abteilungen: Königliche Gemächer, Schatzkammer mit den Herrscherinsignien, Zeughaus mit mittelalterlichen Waffen, Archäologische Ausstellung, Renaissance-Sammlung und eine Abteilung für Kunst aus dem Orient. Keinesfalls versäumen sollte man die Wohn- und Repräsentationsräume im zweiten Stock. Glanzstücke sind im *Turniersaal* die Ritterspielszenen auf einem Renaissancefries und im *Saal der Gesandten* eine herrliche Kassettendecke. Sie war ursprünglich mit 192 geschnitzten Köpfen geschmückt, von denen 30 erhalten sind. Weltberühmt ist die Sammlung von 136 *Gobelins*, die im 16. Jh. in Brüssel und Arras gewebt wurden und die deshalb ›Arassy‹ genannt werden. Sie dekorieren mehrere Gemächer, darunter den *Tierkreissaal* mit Abbildungen zur biblischen Geschichte. Der größte Gobelin namens ›Paradies‹ schmückt eine Wand im *Senatoren-* oder *Ballsaal*.

Kazimierz

Östlich des Wawel liegt der Stadtteil Kazimierz, der 1335 als eigene Stadt gegründet und 1791 Krakau eingemeindet wurde. 1495 mussten alle Juden von Krakau ins ummauerte Kazimierz umziehen. Erst 1815, zur Zeit der Krakauer Republik, durften sie ihren Wohnort wieder frei wählen. Damals zogen viele der Wohlhabenden fort, doch Kazimierz blieb ein typisch osteuropäisches ›Schtetl‹ mit überwiegend jüdischer Bevölkerung. 1939 lebten dort 70 000 Juden, nur etwa 12 000 von ihnen überlebten das Dritte Reich. Die Nazis wollten Kazimierz in eine Museumsstadt verwandeln, um den ›Untergang einer Rasse‹ zu dokumentieren, deshalb ließen sie vergleichsweise viele Gebäude unzerstört. Steven Spielberg drehte hier 1993 Szenen für den Spielfilm ›Schindlers Liste‹. Unter den sieben Synagogen verdient besonders die im 16. Jh. errichtete **Stara Synagoga** 15 (Ul. Szeroka 24, Tel. 0 12/4 22 09 62, Mi/Do/Sa/So 9–15.30, Fr 11–18 Uhr, 1. Sa/So im Monat geschl.) mit ihrem schönen Kreuzrippengewölbe einen Besuch. Das angeschlossene *Muzeum Judaistyczne* erläutert Kultur und Geschichte der Krakauer Juden.

Kalwaria Zebrzydowska

Kalwaria Zebrzydowska gut 30 km südwestlich von Krakau ist eine bedeutende christliche Wallfahrtstätte und zugleich ein einzigartiger Architekturpark aus dem 17. Jh. Im Zentrum steht auf einer Anhöhe die barocke Bernhardinerkirche *Bazylika Matki Bożey*. Sie ist der hl. Jungfrau Maria geweiht und birgt als größten Schatz ein angeblich wundertätiges Gemälde der Muttergottes mit Jesukind. Auf den Hügeln ringsum bilden 42 Kapellen einen *Kreuzweg*, der Christi Passion im imaginären Jerusalem folgt. Stationen sind z. B. das ›Haus des Pilatus‹ oder der ›Herodespalast‹, oft den Originalgebäuden im Heiligen Land nachempfunden. Ein 6 km langer Weg erschließt das einmalige Ensemble, das seit 1999 zum *UNESCO-Weltkulturerbe* zählt. Besonders groß ist der Andrang der Gläubigen in der Karwoche, wenn in einem Passionsspiel die Leiden Christi nachgestellt werden.

Praktische Hinweise

Information

IT, Ul. Szpitalna 25, Krakau, Tel. 012/4 32 01 10, Fax 012/4 32 00 62, www.krakow.pl.

Die Alte Synagoge aus dem 16. Jh. erinnert an die jüdische Vergangenheit von Kazimierz

IT, Ul. Józefa 7, Krakau (Kazimierz), Tel. 012/4 22 04 71, Fax 012/4 21 77 31

Hier kann man auch die **Krakowska Karta Turystyczna** kaufen. Sie ist 2 oder 3 Tage gültig und bietet freie Fahrt mit den öffentlichen Nahverkehrsmitteln der Stadt, freien Eintritt zu Museen sowie Vergünstigungen bei Stadtführungen, Taxifahrten, in vielen Hotels und Geschäften. Reduzierte Eintrittspreise auch für das KZ Auschwitz-Birkenau [Nr. 7] und das Salzbergwerk Kopalnia Soli [s. S. 50].

Flughafen

Kraków-Balice Jana Pawła II (KRK), knapp 20 km westlich von Krakau, Tel. 012/2 85 51 20, www.lotnisko-balice.pl. Nationale und internationale Flüge. Buslinien X08, 192 und 208 nach Krakau.

Stadtführungen

Stowarzyszenie Przewodników Turystycznych/Vereinigung der Touristenführer, Ul. Floriańska 19, Krakau, Tel./Fax 012/4 22 28 51, www.guide-cracow.pl

PTTK, Ul. Westerplatte 5, Krakau, Tel. 012/4 22 26 76, Fax 012/4 11 55 17

Im Salzbergwerk von Wielicka gibt es eine dem hl. Antonius geweihte Kapelle

Ein Universum aus Salz

Beim Örtchen **Wielicka** 10 km südöstlich von Kraków lädt die Salzgrube **Kopalnia Soli** (Ul. Daniłowicza 10, Wielicka, Tel. 012/2 78 73 33, www.kopalnie.pl, Führungen in Deutsch Mai/Juni/Sept. tgl. 16, Juli/Aug. tgl. 10.45, 14.15 und 16 Uhr) zu einem spannenden Ausflug in die Unterwelt ein. Seit den Zeiten König Kazimierz des Großen im 14. Jh. war der Salzabbau hier ein einträgliches Geschäft. Kopalnia Soli ist eine der ältesten Salzminen der Welt und steht seit 1978 als **Weltkulturerbe** auf der UNESCO-Liste. Seit einer großen Flut im September 1992 wird allerdings nur noch in geringem Umfang Salz abgebaut. Dafür kommen heute jährlich fast 1 Mio. Besucher, um die heilsame Wirkung der trockenen salzhaltigen Luft auf ihre *Atemwege* zu nutzen oder einfach, um die riesenhafte Bergwerksanlage zu bewundern, die sich über neun Stockwerke bis zu 327 m tief erstreckt. Zwei Stunden dauert eine geführte **Wanderung** in über 100 m Tiefe, 2 km des unterirdischen, insgesamt 300 km langen Labyrinths werden dabei besichtigt. Es geht durch Stollen und Kammern, vorbei an *Salzseen*, einem *Restaurant* in 125 m Tiefe und sogar einem *Postamt*. Auf dem Weg sieht man aus Salz gehauene Skulpturen, Wände aus bizarr geformten Salzkristallen und sogar eine mit Salzreliefs ausgeschmückte Höhlenkapelle.

TOP TIPP

Öffentliche Verkehrsmittel

Dworzec Główny (Hauptbahnhof), Pl. Dworcowy 1 (Nordosten der Altstadt), Krakau, Tel. 012/6 24 54 39 oder 012/94 36

PKS (Busbahnhof, nahe dem Bahnhof), Ul. Worcella, Krakau, Tel. 012/93 16, www.pks.krakow.pl

Taxi, Tel. 012/96 64 oder 012/96 25

Veranstaltungen

Wieczór Wawelski. Zu den Wawel-Abenden im Januar spielen die Philharmoniker.

Dni Muzyki Organowej. Im April finden in Krakaus Kirchen die Festtage der Orgelmusik statt.

Juvenalia. Fröhliches Fest im Mai, bei dem die Studenten symbolisch den Stadtschlüssel erhalten.

Festiwal Kultury Żydowskiej. Zum Jüdischen Kulturfestival im Juni/Juli treffen sich die internationalen Größen der Klezmer-Szene, außerdem gibt es Filme, Theater, Lesungen u.v.m. (www.jewishfestival.pl).

Wianki. Traditionelles Volksfest zur Johannisnacht am 23. Juni, bei dem man u. a. Kränze mit brennenden Kerzen auf der Weichsel schwimmen lässt.

Festiwal Teatrów Ulicznych. Im Juli verwandelt sich vor allem die Altstadt zu einer Bühne für Straßentheater.

Festiwal Muzyki Dawnej. Festival der Alten Musik im Oktober.

Etiuda. Internationales Filmfest im November.

Informationen und Tipps für weitere Veranstaltungen:

Centrum Informacji Kulturalnej/ Kulturinformationsstelle, Ul. Św. Jana 2, Krakau, Tel. 012/4 21 77 87

Einkaufen

Souvenirs wie hübsche geschnitzte Puppen und bunte Krakauer Krippen, werden in den Tuchhallen verkauft. Musik-Stände bieten eine gute Auswahl an CDs. Und in den Gassen ist manche Boutique zu entdecken, in denen man sich von den Ideen der jungen Krakauer Modemacher überzeugen lassen kann.

Nachtleben

Café Jama Michalika, Florianska 45, Krakau, Tel. 012/4 22 15 61. Pflegt eine lange Kabarett-Tradition.

Harris Piano Jazz Bar, Rynek Główny 28, Krakau. Dem Jazz verpflichtet.

Index, Ul. Slawkowska 6a, Krakau, Tel. 012/4 22 20 59. Studenten tanzen zu House.

Klub Kulturalny, Ul. Szewska 25, Krakau, Tel. 012/4 29 67 39. Oft dröhnt hier Techno durch ›die Hallen‹.

Paparazzi, Ul. Mikołajska 9, Krakau, Tel. 012/4 29 45 97. Hier kann man ausgezeichnet Cocktails schlürfen und gesehen werden.

Hotels

****__Francuski__, Ul. Pijarska 13, Krakau, Tel. 012/4 22 51 22, Fax 012/4 22 52 70, www.orbis.pl. In einem klassizistischen Bau nördlich des Rynek bietet das Luxushotel höchsten Komfort in 42, elegant möblierten Zimmern.

***__Novotel Kraków Bronowice__, Al. Armii Krajowej 11, Krakau, Tel. 012/6 37 50 44, Fax 012/6 37 59 38, www.novotel.com. 4 km nordwestlich vom Zentrum in ruhiger Umgebung bietet das große moderne Haus mit 300 Zimmern Annehmlichkeiten wie Hallenbad mit Fitnessbereich und Sauna sowie ein gutes Restaurant.

***__Pod Różą__, Ul. Floriańska 14, Krakau, Tel. 012/4 24 33 00, Fax 012/4 24 33 51, www.hotel.com.pl/podroz/. Den hier gebotenen Luxus in der Altstadt schätzte schon Honoré Balzac. Heute ist das 54-Zimmer-Haus modernisiert und komfortabel mit Stilmöbeln eingerichtet.

Beileibe kein alter Zopf – poppig bunt gibt sich dieses Krakauer Schnellrestaurant

Gutes Restaurant mit ausgezeichnetem Weinkeller im Haus.

**__Pollera__, Ul. Szpitalna 30, Krakau, Tel. 012/4 22 10 44, Fax 012/4 22 13 89, www.pollera.com.pl. Das Haus in der Altstadt beherbergt seit 1830 Gäste und ist unter Bewahrung seines Jugendstilcharakters geschmackssicher saniert. Die 42 Zimmer sind nostalgisch eingerichtet.

Restaurants

Ariel, Ul. Szeroka 17/18, Krakau (Kazimierz), Tel. 012/4 21 79 20. Gute jüdische Küche, begleitet von Klezmer-Musik. Im ›Alef‹ nebenan wird jüdisch-galizisch aufgetischt.

Chłopskie Jadło, Ul. Św. Jana 3, Krakau, Tel. 012/4 29 51 57. Der Name ›Bauernküche‹ ist Programm: die herzhafte Kost wie Rauchfleisch mit Knödeln wird mit Bier hinunter gespült. Es gilt Selbstbedienung.

Jama Michalika, Ul. Floriańska 45, Krakau, Tel. 012/4 22 15 61. Die schummrige ›Michaelhöhle‹ ist Restaurant und Kaffeehaus in einem. Man fühlt sich an das Wien der Habsburger erinnert: Jugendstil, Studenten, Schauspieler und sonstige Bohéme.

TOP TIPP **Pod Gruszka**, Ul. Szczepańska 1 (beim Rynek), Krakau, Tel. 012/4 22 88 96. Im ersten Stock speist man polnische, speziell Krakauer Küche in eleganter Atmosphäre, sehenswert ist das mit barockem Stuck von Fontana verzierte Nebengelass. Besonders zu empfehlen sind die Pierogi mit Gemüse- oder Fleischfüllung.

Tetmajerowska, Rynek Główny 34, Krakau, Tel. 012/4 22 06 31. Urtümliche Speisen wie Suppe in Brotteig oder Hühnchen nach Krakauer Art werden hier zubereitet. Im Saal verläuft unterhalb der Kassettendecke ein Fries, das eine Gaststättenszene aus vergangenen Tagen zeigt.

Wierzynek, Rynek Główny 15, Krakau, Tel. 012/4 22 10 35. Traditionshaus seit über 700 Jahren, polnische Gerichte auf das Beste zubereitet und zu sehr gehobenen Preisen. Bereits die Kennedys, Ehepaar Gorbatschow und Fidel Castro speisten hier – vielleicht Hecht auf Spinat mit Tomatenblättern und Wachtelei oder Reh mit Kohl- und Pilzpierogi.

Einst waren Tausende Menschen in den Baracken von Auschwitz zusammengepfercht

7 Oświęcim/Auschwitz

Das Konzentrationslager Auschwitz und das Außenlager Birkenau sind erschütternde Zeugnisse der Menschenverachtung.

53 km westlich von Kraków liegt Oświęcim (46 000 Einw.), deutsch Auschwitz. Der Name der eher verschlafenen **Industriestadt** an der Mündung der Soła in die Weichsel ist auf immer eng verbunden mit dem **Konzentrations- und Vernichtungslager**, das die Nazis hier einrichteten und zum Zentrum ihrer Menschenvernichtungsmaschinerie machten. Damit die hier verübten Gräuel nie in Vergessenheit geraten, nahm die UNESCO die Mahn- und Gedenkstätte Auschwitz-Birkenau 1979 in die Liste des **Welterbes der Menschheit** auf.

Auf dem Gelände einer polnischen Militäreinrichtung bei Auschwitz eröffnete auf Befehl des Reichsführers SS Heinrich Himmler im Mai 1940 das **Arbeitslager Auschwitz I**, Kommandant war Rudolf Höss. Vor allem Juden, aber auch Sinti und Roma, Polen und sowjetische Kriegsgefangene wurden hier interniert und getötet. 1941 erprobte die SS an Häftlingen erstmals die letale Wirkung von Zyklon B, dem zukünftigen Todesgas. In der Folge wurden Gaskammern und Krematorien gebaut und das Töten der in unzähligen Eisenbahn-Transporten eintreffenden Menschen systematisiert. Im Herbst 1941 wurde das Außen- und Vernichtungslager Auschwitz II/Birkenau mit vier weiteren Gaskammern und Krematorien gebaut. Innerhalb von 24 Stunden konnten dort bis zu 5000 Menschen vergast und verbrannt werden. Doch auch Auschwitz III/Monowitz war noch nicht die letzte Erweiterung. Insgesamt zählte man bei der Befreiung von Auschwitz durch die sowjetische Armee im Januar 1945 39 Außen- und Nebenlager. 60 000 Insassen hatten überlebt, die Toten werden auf 1,6 Mio. geschätzt, Männer, Frauen und Kinder, die überwiegende Mehrheit von ihnen Juden. Die blanken Zahlen entziehen sich der Vorstellungskraft. Nur wer die Anlagen gesehen hat, die aufgetürmten Habseligkeiten der Menschen, die hier in den Tod getrieben wurden, mag ein wenig von dem erahnen, was in Auschwitz geschah.

Einige der Anlagen, Baracken und Gaskammern werden für die Nachwelt erhalten, manche Gebäuden beherbergen Ausstellungen, die mit Fotografien und originalen Stücken von damals die Geschichte erzählen. Gemeinsam bilden sie das Museum Auschwitz, das **Państwowe Muzeum Auschwitz-Birkenau** (Ul. Więźniów Oświęcim 20, Auschwitz, Tel. 0 33/ 8 44 81 02, www.auschwitz.org.pl, Juni–Aug. 8–19, Mai/Sept. bis 18, April/Okt. bis 17, März/Nov.–15. Dez. bis 16, 16. Dez.– Febr. bis 15 Uhr, Gruppenführung tgl. 11 Uhr, bei Bedarf öfter).

In den steinernen Gebäuden von **Auschwitz I** bewahrt das 1947 gegründete Hauptmuseum die Erinnerung an das größte Vernichtungslager des Dritten Reiches. Die umfangreiche Ausstellung in den Häftlingsräumen dokumentiert das Leiden und Sterben u.a. mit Stoffen aus Menschenhaar, riesigen Bergen von Koffern, Brillen oder Bürsten, mit Fotos und Briefen. Auf 28 Baracken verteilt vegetierten hier durchschnittlich 18 000 Gefangene dahin, sobald sie das Eingangstor mit dem eisernen Schriftzug ›Arbeit macht frei‹ durchschritten hatten.

Ein Shuttlebus verkehrt ins 3 km entfernte **Auschwitz II/Birkenau**, das einen weiteren erschreckenden Einblick in die Vergangenheit eröffnet. Erhalten sind Eingangsgebäude und Bahnsteig, auf dem gleich nach Ankunft selektiert wurde – in Arbeitsfähige und jene, die direkt in die Gaskammern getrieben wurden. Die wenigen rekonstruierten Holzbaracken und vor allem die Schornsteine der nicht mehr bestehenden Unterkünfte ziehen sich scheinbar endlos bis zum Horizont hin und vermitteln ein kaum

Im Sommer heißt der inmitten herrlicher Bergwelt gelegene Luftkurort Zakopane Wanderer willkommen, im Winter bevölkern Skifahrer die umliegenden Hänge der Hohen Tatra

fassbares Bild von der monströsen Größe der Tötungsmaschinerie.

8 Zakopane

TOP TIPP *Sommer- und Wintersportort mit langer Tradition in einem Talkessel zu Füßen der Hohen Tatra.*

800–1000 m hoch liegt das hübsch herausgeputzte Bergstädtchen Zakopane (30 000 Einw.) rund 115 km südlich von Krakau in einem weiten Talkessel am Rand der Hohen Tatra, der *Tatry Wysokie*. Es hat einen guten Ruf als idyllischer Treffpunkt intellektueller Kreise und seit dem 19. Jh. kommen sportliche Städter gern hierher, um in gesunder Bergluft im Sommer zu Wandern, im Winter Ski zu fahren. Nicht zuletzt die *Skisprungwettbewerbe* im Rahmen des Weltcups ziehen auch internationale Besucher an.

Aus dem Balkan zugewanderte Góralen gründeten den Ort im 16. Jh. als **Hirtensiedlung**. Nachdem Ärzte, allen voran Tytus Chałubiński (1820–1889), Mitte des 19. Jh. die heilsame Wirkung der **Höhenluft** propagierten, wurde hier 1885 das erste Hotel gebaut, die Stadtrechte erhielt Zakopane 1935. Durch den heute so regen Fremdenverkehrsort führt die Hauptstraße Al. 3. Maja, von der nach Westen die *Fußgängerzone* Ul. Krupówki zum alten Stadtkern und zur Talstation der **Zahnradbahn** abzweigt. Letztere führt auf den 1120 m hohen **Gubałówka** im Westen der Stadt, von wo aus man bei klarem Wetter eine herrliche Rundsicht genießt.

Einen Überblick kann man sich auch im Ort selbst bei einer *Pferdekutschen-* bzw. *Schlittenfahrt* verschaffen, wobei der in Tracht gewandete Kutscher die Sehenswürdigkeiten erläutert. Im Viertel um die Fußgängerzone von Zakopane sieht man noch einige alte Holzhäuser in der typischen **Góralen-Architektur** mit Wänden aus starken Bohlen und steilen

Morskie Oko, Meeresauge, heißt der zauberhafte See inmitten des Tatra-Nationalparks

Dächern. Um die Wende zum 20. Jh. verfremdete der Architekt Stanislaw Witkiewicz diese überlieferte Bauweise mit modernen Elementen wie steinernen Sockeln, Balkonen und Jugendstildekor und begründete damit den so genannten **Zakopane-Stil**. In einem solchen Haus widmet sich am Ende einer kurzen Stichstraße das Tatra-Museum **Muzeum Tatrzańskie** (Ul. Krupówki 10, Tel. 018/ 2 01 52 05, Di–So 9–16 Uhr) den Góralen sowie der Geschichte, Flora und Fauna des Hochgebirges. Nicht weit davon erhebt sich in der Ul. Kościeliska die hölzerne Alte Pfarrkriche **Stary Kościół Parafialny**. Sie entstand 1847, ihr Inneres ist trotz der drei Altäre schlicht gehalten. Kleine Meis-terwerke der Schnitzkunst sind die rund 250 Holzkreuze auf dem *Alten Friedhof* östlich der Kirche. Die zum Architekturmuseum umgestaltete **Willa Koliba** (Ul. Kościeliska 18, Tel. 018/2 01 36 02, Mi–So 10–14 Uhr) liegt ein Stück die Straße entlang nach Südwesten. Das Haus wurde 1893 mit einer hübschen, hölzernen Loggia erbaut und gilt als erstes Beispiel des Zakopane-Stils.

Im Südosten der Stadt informiert das Tatra-Naturmuseum **Ośrodek Muzealny Tatrzańskiego Parku Narodwego** (Ul. Chałubińskiego 42a, Tel. 018/2 06 32 03, Mo–Sa 9–14 Uhr) über Flora, Fauna und Wanderwege im Tatra-Nationalpark (s. u.).

Tatrzański Park Narodowy

Gleich südlich der Stadt beginnt der Tatra-Nationalpark. Er umfasst ein 215 km^2 großes Gebiet an der polnisch-slowakischen Grenze mit Wäldern, Wiesen und Felsen. Mit Höhenunterschieden von bis zu 1700 m, zahlreichen Höhlen, rauschenden Wasserfällen, sprudelnden Quellen und mehr als 30 glasklaren Seen hat das alpine Naturschutzgebiet Wanderern zahlreiche Attraktionen zu bieten.

Den einfachsten Zugang bietet die Seilbahn (Sommer/Winter ganztägig) im Süden von Zakopane, die in zwei Stufen auf den 1985 m hohen **Kasprowy Wierch** führt. Hier oben beginnen viele, gut ausgezeichnete Wander- und einige Radwege. Lohnenswerte Ziele sind der bis zu 50 m tiefe dunkelblaue See **Morskie Oko**, ›Meeresauge‹, der Felsgipfel des höchsten polnischen Berges **Rysy** (2499m) oder die Täler **Dolina Kościeliska** und **Dolina Chochołowska** mit ihren schönen Holzhäusern im alten Baustil der Góralen. Die beiden Täler sind übrigens von Zakopane aus auch gut per Auto oder Bus erreichbar.

Podhale

Sehr empfehlenswert ist in der malerischen Region Podhale am Fuß der Hohen Tatra eine zwei- bis dreistündige **Floßfahrt** auf der *Dunajec* (Tel. 018/2 62 97 21,

Die ungewöhnliche, da Mitte des 19. Jh. ganz aus Holz erbaute Alte Pfarrkirche Stary Kościoł Parafialny ist der Schwarzen Madonna von Tschenstochau und dem hl. Clemens geweiht

Seit alters her befahren Góralen mit ihren Flößen den wildromantischen Fluss Dunajec

www.flisacy.com.pl, April-Aug. 8.30–17, Sept. bis 16, Okt. bis 15 Uhr), die durch den **Pienński Park Narodowy**, den Nationalpark von Pieniny, fließt. Startpunkt ist der Ort *Kąty*, 50 km nordöstlich von Zakopane, vom Parkplatz am Ostufer des Czorsztyn-Sees staken Flößer in der Tracht der Góralen ihre Passagiere vorbei an bewaldeten Hügeln und durch eine spektakuläre Gebirgsschlucht den Fluss hinab.

Auf dem Rückweg sollte man unbedingt in **Dębno** östlich von Nowy Targ die zum Ende des 15. Jh. entstandene hölzerne Erzengel-Michael-Kirche **Kościółek Św. Michała Archa Nioła** (tgl. 8–12 und 14–17 Uhr) anschauen. Bis fast zum Boden ziehen sich die Holzschindeln des steilen Daches, nur eine leichte Aufwölbung markiert die niedrige Pforte. Die Kirche ist innen bunt ausgemalt und mit Schnitzwerk aus Gotik und Renaissance geschmückt. Die Malereien des Betraumes sind mit einer Ledermatrix auf Holz ausgeführt und stehen wie die ganze Kirche seit 2003 auf der UNESCO-Liste des **Weltkulturerbes**.

i Praktische Hinweise

Information

IT, Ul. Kościuszki 17, Zakopane, Tel. 018/2 01 22 11, Fax 018/2 06 60 51, www.zakopane.pl.

Tatrzański Park Narodowy, Ul. Chałubińskiego 42a, Zakopane, Tel. 018/ 2 06 32 03, www.cyf-kr.edu.pl/tpn

Bergrettung

Tatrzańskie Ochotnicze Pogotowie Ratunkowe, Tel. 018/2 01 44 09

Bergführer

Centrum Przewodnicta Tatrzaęnkiego, Ul. Chałubińskiego 44, Zakopane, Tel. 018/2 06 37 99

Hotels

TOP TIPP ******Kasprowy**, Ul. Szymaszkowa 1, Zakopane, Tel. 018/2 01 40 11, Fax 018/2 01 57 00, www.orbis.pl. Das bestens renovierte große Hotel liegt etwas außerhalb nahe den Skiliften am Berghang der Gubałówka vor einem kleinen künstlichen See. Es bietet 288 elegante Zimmer und Fernsicht über das Tal, dazu Restaurants sowie Hallenbad, Fitnessbereich und Tennisplatz.

*****Sabała**, Ul. Krupówki, Zakopane, Tel. 018/2 01 50 92, Fax 018/2 01 50 93, www.sabala.zakopane.pl. Kleineres, aus Holz im Zakopane-Stil erbautes Hotel mit 100-jähriger Tradition. Rustikale Einrichtung, 32 gemütliche Zimmer, teils mit Dachschräge.

Restaurant

Redykołka, Ul. Kościeliska 1, Zakopane, Tel. 018/2 06 63 32. Urige Gaststätte mit Regionalküche. Gegessen wird an Holztischen, die Kellner tragen die Tracht der Góralen.

9 Sandomierz

1000 Jahre altes, charmantes Städtchen auf dem Hochufer der Weichsel.

Historisch, doch von Leben erfüllt, so präsentiert sich Sandomierz (21 000 Einw.) an den östlichen Ausläufern der *Góry Świętokrzyskie*, der ›Heilig-Kreuz-Berge‹, seinen Besuchern. Die ›Chroniken von Gallus Anonymus‹ erwähnen den Ort an den Ufern der Weichsel im Jahr 1097 als bedeutendes Handelszentrum, doch die fruchtbare Lößlandschaft ringsum war schon in der Steinzeit besiedelt. Als eigentlicher Stadtgründer darf Kazimierz der Große (1333–1370) gelten, der das nach Tatarenüberfällen zerstörte Sandomierz systematisch wieder aufbauen und befestigen ließ. Danach brachten Händler Wohlstand in die Stadt, indem sie über den Fluss Wisła, die Weichsel, Getreide und Holz nach Kiew, Krakau und Prag verschifften. 1655 fielen plündernd die

Schweden ein und damit war die Blütezeit vorbei. Den Zweiten Weltkrieg überstand Sandomierz jedoch vergleichsweise unbeschadet, sodass die größtenteils intakte und renovierte mittelalterliche Altstadt heute zunehmend als Touristenziel entdeckt wird.

Terrassenförmig klettern die historischen Wohnhäuser den Hang am Nordwestufer der Weichsel hinauf. Am Altstadtrand ist das Opatowska-Tor **Brama Opatowska** Überbleibsel der einstigen Wehranlagen und westlicher Zugang zur Altstadt. Es entstand im 14. Jh. in gotischem Stil aus Ziegelsteinen und mit quadratischem Grundriss. Später kam die weiß getünchte Renaissance-Attika hinzu. Geradeaus geht es zum **Ratusz**, dem Rathaus, das wehrhaft die Mitte des Marktes beherrscht und als eines der schönsten Renaissance-Rathäuser in Polen gilt. Zwar wurde es 1349 ursprünglich mit quadratischem Grundriss errichtet, Mitte des 16. Jh. jedoch durch Anbauten in die heutige, lang gestreckte Form gebracht und mit einer Attika versehen. Im 17. Jh. kam der Glockenturm in der Mitte der Hauptfassade hinzu. Im Inneren zeigt das historische **Muzeum Miasta** (Rynek, Di–So 10–17 Uhr) Dokumente zur Stadtgeschichte. Am Rynek beginnt beim Haus Nr. 10 der Abstieg in die weit verzweigten **Speicherkeller** aus dem Spätmittelalter unterhalb der Stadt. Führungen durch diese sog. *Podzemna Trasa*, die ›Untergrund-Route‹, organisiert das PTTK in der Touristeninformation IT.

Im Süden der Altstadt erhebt sich die **Katedralna** von 1360, der Dom der Stadt. Sein gotisches Inneres kontrastiert reizvoll mit der barocken Gestaltung seiner Altäre und Gemälde. Ein ungewöhnlicher Schmuck sind die 1421 an den Wänden des Presbyteriums aufgebrachten Fresken im byzantinischen Stil.

Die **Zamek**, ›Schloss‹, genannte Burg liegt auf einem Hügel südlich der Altstadt jenseits der früheren Stadtbefestigung. Sie wurde anstelle einer um das Jahr 1000 entstandenen Festung im 14. Jh. begonnen und 1525 im Stil der Renaissance abgeschlossen. Drei der ursprünglich vier Flügel wurden in den Nordischen Kriegen im 17. Jh. gesprengt. Der verbleibende Trakt beherbergt das Regionalmuseum *Muzeum Okęgowe* (Ul. Zamkowa 14, Di–Sa 9–15, So 10–14 Uhr) mit einer interessanten ethnografischen Ausstellung über das Leben der Roma und Juden in der Stadt.

Westwärts befindet sich auf dem Gelände des Dominikanerklosters die spätromanische Jakobskirche **Kościół Św. Jakuba**. Der an sich schlichte einschiffige Bau ist eine der ältesten Backsteinkirchen Polens. Er entstand Mitte des 13. Jh. und beeindruckt u. a. durch sein kunstvoll gestaltetes Eingangsportal und drastische

Mitten auf dem plattengedeckten Rynek erhebt sich das backsteinrote Renaissance-Rathaus

Luftig-leichte Arkadengänge umgeben den Innenhof von Zamek Baranów

Innenwandmalereien. Sie zeigen u. a. wie hiesige Mönche von einfallenden Tataren gequält werden.

Baranów Sandomierski

25 km südwestlich von Sandomierz in Richtung Krakau liegt in dem kleinen Ort Baranów Sandomierski das prächtige Renaissance-Schloss **Zamek Baranów**. Der parkumgebene Viereckbau ist an den Ecken mit vier Rundtürmen bewehrt und umschließt einen Arkadeninnenhof. Die Familie Leszczyński ließ ihn 1559–1608 von Santi Gucci errichten, den Innenausbau übernahm Giovanni Battista Falconi, Tylman van Gameren schuf die später an der westlichen Fassade angebrachte Galerie. Ein Teil des Schlosses wurde in ein luxuriöses Hotel umgewandelt, doch können auch Besucher von außerhalb im Rahmen einer Führung die stilgerecht eingerichteten Innenräume und ein ›Alchemisten-Labor‹ in den Kellergewölben besichtigen (Tel. 015/8 11 80 40, Di–So 9–16 Uhr).

Praktische Hinweise

Information

IT, Rynek 12, Sandomierz, Tel./Fax 015/ 8 32 26 82, www.pttk-sandomierz.pl

Hotels

*****Basztowy**, Pl. Poniatowskiego 2, Sandomierz, Tel. 015/8 33 34 50, Fax 015/8 33 34 70, www.opiwpr.org.pl. Das 100 m vom Rynek entfernte elegante neue Haus bietet 28 Zimmer und Konferenzmöglichkeiten.

TOP TIPP *****Zamek Baranów**, Ul. Zamkowa, Baranów Sandomierski, Tel./Fax 015/8 11 80 40, www.hotele.zamkowe.pl. Der Gast nächtigt standesgemäß in den mit edlem Inventar möblierten Schlossräumen oder etwas günstiger in einem kleinen modernen Anbau im Park. Das gute Restaurant lädt einmal die Woche zum fünfstündigen, altpolnischen Abend mit Volksmusik und polnischer Küche – im Sommer im Schlosshof, im Winter in den Gewölben.

Restaurant

Pod Ciżemką, Rynek 27, Sandomierz, Tel. 015/8 32 05 50. Das Lokal im ›Zum Schnabelschuh‹ im ersten Stock des über 400 Jahre alten Haus eines ungarischen Bierbrauers am Markt serviert Bodenständiges, etwa vorzüglichen Bugos, Sauerkrauteintopf. Neun stilvolle Gästezimmer sind angeschlossen.

Breslau und der Südwesten – Natur- und Architekturschätze zu Füßen der Sudeten

Das **Dreiländereck** Polen, Deutschland und Tschechien lockt mit außerordentlichen landschaftlichen Reizen. Die mit dichten Wäldern bestandene Gebirgskette der **Sudeten** bildet auf polnischer Seite den schönen Rahmen für die Region *Nyzina Śląska*, das niederschlesische Hügelland, das von Flüssen wie Neisse/Nysa und Oder/Odra durchflossen wird. Daneben ist die traditionsreiche fruchtbare Kulturregion seit jeher für *Bergbau* und *Industrie* bekannt.

Nach Jahrzehnten, in denen besonders im ehemals deutschen Niederschlesien alles Deutsche nur ungern gesehen war, wächst seit einigen Jahren das Interesse an der deutschen Vergangenheit. **Wrocław**, das frühere **Breslau**, ist ein gutes Beispiel für die Öffnung der neuen polnischen Gesellschaft. In der nach dem Zweiten Weltkrieg schwer zerstörten Hauptstadt Niederschlesiens wurden Polen angesiedelt, die aus dem heute ukrainischem Lwiw, dem vormals polnischen Lwów/Lemberg vertrieben worden waren. Heute versteht sich die lebhafte Universitätsstadt an der Odra vor allem als Ort der Begegnung und der gegenseitigen Befruchtung *europäischer Kultur*.

Im Umland ragen über den malerischen alten Städtchen wie **Opole** und **Świdnica** teils noch mächtige Burgen auf. In der ruhig-idyllischen Landschaft liegt auch Polens bedeutendster Wallfahrtsort, **Częstochowa**. Das dortige Gnadenbild der Schwarzen Madonna zieht jedes Jahr Hunderttausende von Pilgern an. Protestantische Gläubige hatten es im katholischen Polen dagegen nicht immer leicht. Zwei ihrer Gotteshäuser, die im 18. Jh. erbauten ›Friedenskirchen‹ in **Świdnica** und **Jawor**, stehen seit 2001 unter dem Schutz der UNESCO.

Wanderer und Skifahrer zieht es dagegen vielfach ins *Riesengebirge*, der Heimat des legendären Berggeistes Rübezahl. Vom bedeutenden Fremdenverkehrsort **Karpacz** aus sind Gipfel wie *Śnieżka/Schneekoppe* (1602 m) oder *Szrenica/Reifträger* (1362 m) leicht zu erreichen.

10 Wrocław/Breslau

Sympathische, weltoffene Stadt voll bedeutender Denkmäler der Gotik, der Renaissance und des Barock.

Fast 650 000 Menschen leben in Wrocław an der Odra, dem früheren Breslau an der Oder, der **Hauptstadt** Niederschlesiens bzw. der Woiwodschaft *Dolny Śląsk*. Mehr als 100 Brücken überqueren die vielen Arme der verzweigten Odra im Stadtgebiet. Besonders pittoresk wirken sie im historischen **Zentrum**, das sowohl den *Altstadtkern* südlich des Flusses wie die *Sand- und Dominsel* nördlich davon umfasst. Hier finden sich einzigartige Zeugnisse romanischer und gotischer Architektur. In seinen Randbezirken gibt sich Breslau dagegen modern und von sozialistischer Plattenbauten geprägt. Hier haben sich viele Industrieunternehmen (Maschinenbau, Textilindustrie) angesiedelt.

Bis in die 90er-Jahre des 20. Jh. wurde das deutsche Erbe der Stadt gern negiert. Das ist heute anders: Die **›Stadt der Begegnung‹** ist sich ihrer vielfältigen Wurzeln bewusst und blickt als europäische Metropole hoffnungsfroh in die Zukunft.

◁ **Oben:** *Seit 1580 zeigt die astronomische Rathausuhr den Breslauern die Zeit an*
Unten: *Liebliche Landschaft bei Krummhübel, überragt von der Schneekoppe*

Geschichte Bereits 4000 v. Chr. entstanden auf Inseln in der Oder Wehrdörfer der sog. ›Lausitzer Kultur‹, die im 6 Jh. v. Chr. vom Volk der Ślężanie, der Schlesier, übernommen wurden. Ab dem 10. Jh.

herrschten Piasten über die Siedlung auf der Oderinsel und errichten zu ihrem Schutz eine Burg, im Jahr 1000 wird sie zum Bischofssitz ganz Schlesiens. Ende des 11. Jh. erklärte König Władysław Hermann Wrocław zur **Hauptstadt** des neu gegründeten Herzogtums seines Sohnes Bolesław III. Krzywousty Schiefmund. Die Stadt entwickelte sich rasch und zog immer mehr Siedler und meist deutsche Kaufleute an.

1241 brandschatzten die Mongolen große Teile Breslaus, das daraufhin mit dem noch heute erhaltenen schachbrettartigen Straßenmuster wieder aufgebaut wurde. 1526 übernahm Österreich-Ungarn die Macht, wodurch die Stadt wirtschaftlich profitierte. Den Ersten Schlesischen Krieg zwischen Österreich und Preußen beendet 1742 der ›Präliminar-Frieden von Breslau‹, Friedrich der Große erhält dabei Niederschlesien. Bis auf das kurze Intermezzo Napoleon Bonapartes 1807/08 blieb Breslau mit Schlesien preußisch und wurde nach 1871 Teil des Deutschen Reiches. Gegen Ende des Zweiten Weltkriegs erklärte die Wehrmachtsführung die Stadt zur Festung, nach Ende der Kämpfe 1945 waren rund 70 % von Breslau zerstört. Die meisten der deutschen Einwohner waren geflohen oder wurden nach dem Krieg vertrieben, statt ihrer fanden hier Flüchtlinge aus der vormals polnischen Ukraine um die Stadt Lwów/Lemberg eine neue Heimat. Heute ist Breslau in der Innenstadt wieder ein städtebauliches Juwel und zudem mit 120 000 eingeschriebenen Studenten Polens drittgrößte Universitätsstadt.

Besichtigung Die ständig verstopften Hauptdurchgangsstraßen führen geradewegs durch Breslaus Zentrum. Am besten stellt man seinen Wagen am Pl. Nowy Targ oder im Parkhaus beim Hotel Mercure (s. u.) ab, denn die von *Górna Odra* in Norden und dem Flussarm *Fosa Miejska* im Süden eingerahmte **Altstadt** ist verkehrsberuhigt. Sie wurde nach dem Krieg originalgetreu wieder errichtet. Zentraler Platz ist der hier *Ring* genannte **Rynek** ❶, mit 173 m x 208 m einer der größten altstädtischen Märkte in Europa. Das stolz die Mitte einnehmende **Ratusz** ❷, das gotische Rathaus mit seiner ziegelroten Fassade, geht auf das 14. und 15. Jh. zurück. Mächtig ragt an der *Ostseite* der dreieckige im 16. Jh. angebaute Frontgiebel empor, geschmückt mit Türmchen, Skulpturen und einer riesigen astronomischen Uhr von 1580. An der Ecke links davon kragt ein mit Figuren und floralen Elementen dekorierter viereckiger Erker weit vor. Spätgotisch zeigt sich die *Südseite*, an der Bilderfriese Einblick in das damalige Leben des Volkes geben. Ein Paar mit Bierkrug markiert den Eingang zu den Gasträumen des uralten

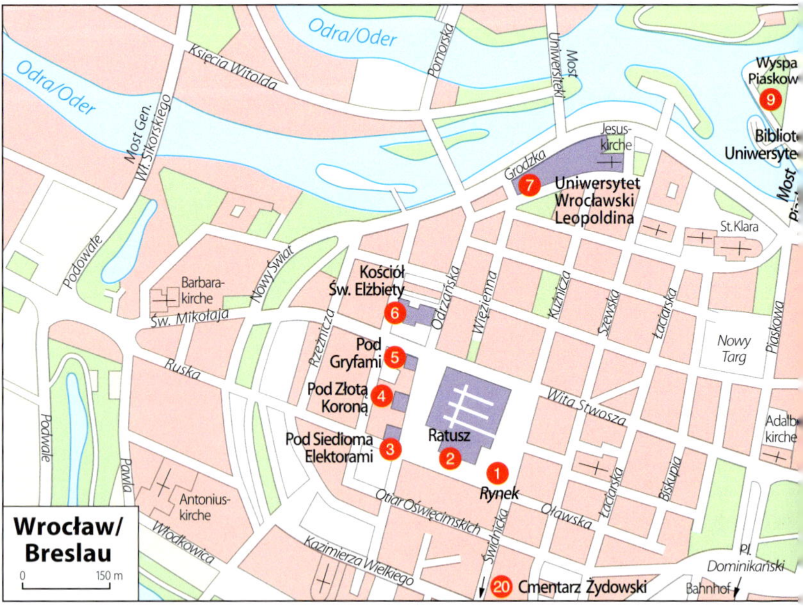

Bis ins kleinste Detail wurden die historischen Bürgerhäuser aus dem Mittelalter, der Barock- oder Renaissancezeit rings um den Altstädtischen Marktplatz von Breslau liebevoll renoviert

Schweidnizer Bierkellers *Piwnica Świdnicka*. Der 66 m hohe Rathausturm stammt aus dem 13. Jh. Das Stadtwappen (1534) am Turm zeigt u. a. Adler, Löwe und Johannes den Täufer. Im Rathaus selbst ist das Museum für Bürgerliche Kunst, **Muzeum Sztuki Mieszczańskiej** (Sukiennice 14/15, Tel. 071/3 47 16 91, www.muzeum.miejskie.wroclaw.pl, Mi–Sa 11–17, So 10–18 Uhr), untergebracht. Innen erinnern Skulpturen und Gemälde an berühmte mit der Stadt verbundene Persönlichkeiten, unter ihnen der Schriftsteller Gerhart Hauptmann (1862–1946). Eine Ausstellung zeigt Breslauer Feinschmiedearbeiten aus Silber und Gold über die Jahrhunderte. Zu besuchen sind außerdem Ratssaal, Fürstensaal, Refektorium und der dreischiffige Große Saal mit Kreuzrippengewölbe.

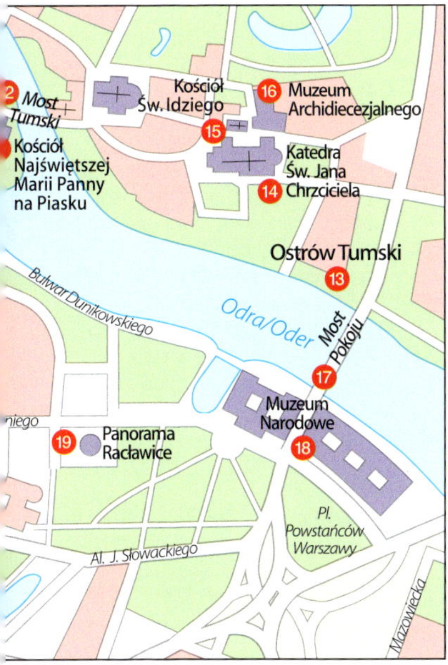

Die prächtigen Fassaden der Bürgerhäuser am Rynek sind meist Ergebnisse des Wiederaufbaus nach dem Krieg. Das **Pod Siedioma Elektorami** 3 etwa, das ›Haus zu den sieben Kurfürsten‹ am Rynek 8 hat ein barockes Äußeres, im Erdgeschoss wurde das gotische Innere mit farbenreichen Malereien renoviert. Das benachbarte Gebäude, das **Pod Złotą Koroną** 4, das Haus ›Unter der Goldenen Sonne‹ am Rynek 6, zählt zu den schönsten erhaltenen Häusern am Platz. Es war ursprünglich gotisch, wurde aber mehrfach umgebaut und zeigt sich heute barock. Das Eckhaus Nr. 2 **Pod Gryfami** 5 (›Unter den Greifen‹) ist mit der imposanten Höhe von acht Stockwerken und seinem Ziergiebel voll abgebildeter Greifen und Pelikane ein schönes Beispiel für die Bauten niederländischer Einwanderer des 16. Jh.

Im Nordwesten des Rynek ragt der Turm der Elisabethkirche **Kościół Św. Elżbiety** 6 auf, die 1976 durch einen Brand zerstört und bis 1988 wieder vollständig aufgebaut wurde. Die dreischiffige gotische Backsteinbasilika gilt als hervorragendes Beispiel für die Sakralarchitektur des 14. Jh. Im ruhigen, nach oben strebenden Innenraum sind kostbare Altäre sowie Grabmäler und Gedenktafeln aus dem 16. Jh. für die Ratsherren der Stadt zu sehen. Auch das gotische Sakramentshäuschen von 1455 von Joducus Tauchen und das Chorgestühl aus der gleichen Zeit laden zur Betrachtung ein. 300 Stufen führen den 90 m hohen *Turm* (tgl. 9–13 und 15–17 Uhr, der Kirchendiener in der Sakristei öffnet die Außenpforte) hinauf, oben belohnt eine herrliche Aussicht über Rynek und Odra die Anstrengung.

Universität

Nordöstlich der Elisabethkirche bietet der lang gestreckte Bau der **Uniwersytet Wrocławski Leopoldina** 7 am Ufer der Oder einen weiteren architektonischen Höhepunkt. Am 21. Oktober 1702 hatte Kaiser Leopold I. die Stiftungsbulle zur Gründung der Hochschule unterzeichnet. Bereits das Vestibül und die Kaiser-Treppe der *Leopoldina* umfangen mit barocker Pracht, die Portale im Treppenhaus und in den Korridoren schmücken Wappen von Kanzlern und Fürsten Schlesiens. Doch das eigentliche Glanzstück ist die *Aula Leopoldina* (Pl. Uniwersytecki 1, Tel. 071/ 3752245, Do–Di 10–15.30 Uhr). Wände und Decken sind vollständig mit illusionistischen Fresken bemalt, die den langen Saal über den Bankreihen optisch in den Himmel erweitern und eine Brücke zwischen der realen und der metaphysischen Welt schlagen. Der Blick fokussiert vorne am Podium, das eine steinerne Büste des kaiserlichen Universitätsgründers schmückt.

TOP TIPP

Inseln in der Oder

Ein Stück auf der Ul. Grodzka am Fluss entlang nach Osten trifft man auf die Brücke **Most Piaskowy** 8. Diese ›Brücke der Verliebten‹ verbindet das südliche Oder-Ufer mit der Sandinsel **Wyspa Piaskowa** 9. Gleich rechts erhebt sich dort die neogotische Universitätsbibliothek **Biblioteka Uniwersytecka** 10 aus dem 18. Jh. Daneben steht die von den Breslauern nur kurz *NMP* genannte **Kościół Najświętszej Marii Panny na Piasku** 11, die Kirche Maria auf dem Sande. Sie ersetzte 1380 nach fünfzigjähriger Bauzeit eine romanische Vorgängerkirche. 1945 fielen Ausstattung und Teile des Tragwerkes den Flammen zum Opfer, heute stehen zwischen den schlanken Ziegelsäulen der drei 41 m hohen Schiffe Altäre aus Museumssammlungen. Im Original er-

›Naschmarkt‹ wird die farbenfrohe Nordseite des Breslauer Rings auch genannt

halten ist ein romanisches *Tympanon* von 1175, auf dem die Stifterfamilie Vlast der Muttergottes ein Modell der Kirche reicht. Das *Taufbecken* und mehrere *Grabsteine* stammen aus Renaissance und Barock.

Die elegant geschwungene gusseiserne Dombrücke **Most Tumski** 12 führt nach Osten in den **Ostrów Tumski** 13, ›Dominsel‹, genannten Stadtbereich am Nordufer, in dem sich mehrere Kirchen drängen. Über die Ul. Katedralna gelangt man zur **Katedra Św. Jana Chrzciciela** 14, der Kathedrale Johannes des Täufers. Die Bauarbeiten an dem majestätischen Gotteshaus begannen 1242 und waren erst Mitte des 14. Jh. abgeschlossen. 1945 zerstörte eingelagerte Munition den Dom weitgehend, lediglich zwei Kapellen blieben erhalten, doch wurde das Gotteshaus 1971 rekonstruiert. Die beiden massigen *Spitztürme* erreichen eine Höhe von knapp 100 m. Kapellen an der Ostseite lassen den schmalen, lang gezogenen Ziegelbau breiter erscheinen. Das Kuppelfresko in der üppig-barocken *Elisabethkapelle* hinter dem Chor rechts aus dem Jahr 1680 stammt von Giacomo Scianzi, die ebenfalls barocke, mit weißem und grauen Marmor geschmückte *Kurfürstenkapelle* links ist ein Werk von Fischer von Erlach aus den Jahren 1716–21.

In solcher Umgebung studiert man gerne – die Aula Leopoldina der Breslauer Universität

Den Hauptaltar von 1522 schuf einer der Schüler von Veit Stoß.

Nördlich gegenüber dem Dom fügt sich die niedrige Ägidiuskirche **Kościół Św. Idziego** 15 in die Flucht der umgebenden Häuser ein. Das einschiffige Kirchlein ist das älteste Ziegelbauwerk Breslaus. Das Bogen des Klößeltors verbindet es mit dem *Domkapitel*, in dem das Erzdiözesanmuseum, das **Muzeum Archidiecezjalnego** 16 (Pl. Katedralny 16, Tel. 071/3 27 11 78, Di–So 9–15 Uhr), untergebracht ist. Schwerpunkt seiner Ausstellung ist die Gotik in der schlesischen Sakralkunst. Kostbarster Besitz ist das ›Heinrich-Buch‹ aus dem 13. Jh., in dem der erste bekannte geschriebene Satz auf polnisch steht. Beachtenswert sind neben den liturgischen Geräten auch eine Skulptur des ›Johannes des Täufers‹ (1170), ein Christusbild von 1486 und um 1590 entstandene Altarflügel aus dem Dom.

Jenseits der Oder

Vom Ostende des *Pl. Katedralny* führt die Ul. Św. Józefa zum Fluss und in einem Bogen auf die Brücke **Most Pokoju** 17. Am gegenüberliegenden südlichen Ufer spiegelt sich die breite Fassade des Nationalmuseums **Muzeum Narodowe** 18 (Pl. Powstańców Waszawy 5, Tel. 071/3 72 51 50, Mi/Fr 10–16, Do 9–16, Sa/So 10–18 Uhr) im Wasser der Odra. Der Renaissancebau entstand 1886 in neoklassizistischem Stil als Sitz der Provinzialregierung. Das Museum besitzt mehr als 100 000 Exponate, u. a. eine großartige *Mittelalterabteilung* mit dem Tumba-Sarkophag Heinrichs IV. von 1290 und eine der wertvollsten Sammlungen *schlesischer Kunst* des 14.–19. Jh. Hier sind Gemälde von Michael Leopold Willmann, barocke Skulpturen von Johann Georg Urbanski und eine Werkschau zeitgenössischer Künstler Polens zu bewundern.

Wenige Schritte nach Westen in Richtung Rynek steht im Park linkerhand eine Rotunde aus den 1960er-Jahren, in deren Innerem das Panoramabild TOP TIPP **Panorama Racławice** 19 (Ul. Purkyniego 11, Tel. 071/3 44 23 44, Di–So 9–16 Uhr, Einlass im Halbstundentakt) ausgestellt ist. Über einen spiralförmig ansteigenden Gang gelangt man in einen Kuppelsaal mit 360-Grad-Blick auf das an den Wänden rundum verlaufende Kolossalgemälde der Racławice-Schlacht. In der Schlacht kämpften am 4. April 1794 polnische Aufständische unter dem Nationalhelden Tadeusz Kościuszko (1746–1817) gegen russische Truppen. Geschickt werden die gemalten Szenen durch aufgebaute Karren, Zäune, Schützengräben und Strauchwerk nach innen hin in die Dreidimensionalität fortgesetzt, der Betrachter kann den Unterschied zwischen Bild und Inszenierung kaum erkennen. Eine Stimme vom Band (auch in Deutsch) zieht die Zuschauer für 30 Minuten in

Über die Dombrücke gelangt man an der Heiligkreuzkirche vorbei zum Dom

ihren Bann und beschreibt die einzelnen Szenen: Angreifende Bauernhaufen, betende Frauen, mit Lanze reitende Kosaken, Sterbende und Siegende. Das Gemälde gestalteten Jan Styka und Wojciech Kossak zur Hundertjahrfeier des polnischen Sieges 1894 in Lwów/Lemberg. Sie benötigten dafür eine 114 m lange, 15 m hohe Leinwandbahn, die extra in Brüssel bestellt wurde, und verbrauchten während ihrer neunmonatigen Arbeit 750 kg Grundierung und noch mehr Farbe. Nach dem Zweiten Weltkrieg 1946 wurde das Gemälde von Lemberg nach Breslau gebracht, aber erst seit 1985 ist das rundum restaurierte Panorama in der eigens dafür errichteten Rotunde wieder zu besichtigen.

Auf dem **Cmentarz Żydowski** 20 (Ul. Ślężna 37/39, Tel. 071/7 91 59 04, tgl. 8–18 Uhr), dem Alten Jüdischen Friedhof 2 km südlich des Zentrums, hatte die jüdische Gemeinde Breslaus seit 1856 ihre Toten in die Erde gebettet, mehr als 10 000 Gräber befinden sich hier. Efeu und Moos überwuchern Marmorplatten unter schattigen Bäumen, Arabesken und hebräische Schriftzüge schmücken Tempel und Grabsteine. Der Begründer der deutschen Arbeiterpartei Ferdinand Lassalle (1825–1864) ruht hier, ebenso der Biologe Leopold Auerbach (1828–1897) oder der Historiker Heinrich Graetz (1817–1891). Auch einige Mitglieder der Familie der Kaufhaus-Besitzer Wertheim fanden hier ihre letzte Ruhestätte. Eine Ausstellung am Eingang gibt Auskunft über die jüdische Gemeinde von Breslau, die 1933 mit 20 000 Mitgliedern die drittgrößte Deutschlands war.

Trzebnica/Trebnitz

Das kleine 9000-Seelen-Städtchen liegt 24 km nördlich von Breslau am Fuße der Trzebnieckie-Berge. 1202 stiftete der Piastenherzog Heinrich I. Brodaty der Bärtige (1165/70–1238) hier das Zisterzienserinnen-Kloster **Klasztor Cystersów**. Als seine Frau Hedwig von Andechs (1174–1243) in Trebnitz starb, wurde sie in der Klosterkirche des Ortes beigesetzt. Schon 1267 sprach die Kurie die Königin heilig und Hedwig, polnisch Jadwiga, wurde zur **Schutzpatronin Schlesiens**. Künftig übernahmen die Herzoginnen der Piasten im Kloster die Äbtissinnen-Funktion und die Abtei entwickelte sich weit über die Landesgrenzen hinaus zu einem bekannten **Wallfahrtsort**. Die an sich romanisch-gotische Basilika wurde im 18. Jh.

Kostbar ist das Innere der Wallfahrtskirche im Kloster von Trebnitz ausgeschmückt

barock verändert. An ihre Ursprünge erinnert nur noch das Tympanon an der Westfassade (1230) und sein Pendant im Osten (1240). Noch heute strömen an Wochenenden und an hohen kirchlichen Feiertagen die Menschen zu Tausenden in die Kirche, um am schwarzmarmornen Sarkophag der hl. Hedwig nieder zu knien und zu beten.

i Praktische Hinweise

Information

IT, Rynek 14, Breslau, Tel. 071/3 44 31 11, Fax 071/3 44 29 62, www.wroclaw.pl

Flughafen

Port Lotniczy Wrocław-Strachowice (WRO), 13 km nordwestlich des Zentrums, Tel. 071/3 57 47 88. Die Buslinie 406 verkehrt zwischen Flughafen und dem Hauptbahnhof.

Verkehr

Dworzec Glówny (Hauptbahnhof), Ul. Piłsudskiego 105, Breslau, Tel. 071/3 69 33 33

Dworzek Centralny PKS (Busbahnhof), Ul. Sucha 1/11, Breslau, Tel. 071/3 61 81 22

Taxi, Tel. 071/96 62 oder 071/9 19

Edles Ambiente umgibt den Gast im Restaurant des Dwór Polski, des Polnischen Hofes – und die vorzügliche Küche hält ebenfalls, was das geschmackvolle Äußere verspricht

Veranstaltungen

Festiwal Muzyki Organowej. Breslauer Orgelsommer jedes Jahr im Juni (www.impart.art.pl).

Wratislavia Cantans. Herbstliches Oratorien- und Kantantenfestival im September (www.wratislavia.art.pl).

Nachtleben

Guinness, Pl. Solny 5, Breslau, Tel. 071/3 44 60 15. Studenten trinken irisches Bier zu Musik von der Grünen Insel, ab und an auch Livemusik.

Jatki-Biergarten, Ul. Stare Jatki, Breslau. Wer im Sommer ein Bier im Freien trinken will, mischt sich hier unter die Studenten.

Strefa Radia Kolor, Pl. Nowy Targ, Breslau, Tel. 071/3 44 81 52. Bietet des öfteren Jazz-Konzerte, sonst wird zu Latin und Soul getanzt.

Wagon Club, Pl. Orląt Lwowskich 20a, Breslau, Tel. 071/3 41 29 48. Technomusik aus riesigen Boxen bringt die Wände zum Wackeln.

Hotels

******Dwór Polski**, Ul. Kiełbaścicza 2, Breslau, Tel. 071/3 72 34 15, Fax 071/3 72 34 19, www.dworpolski.wroclaw.pl. Direkt am Rynek nächtigt man in einem der 25 stilvollen Zimmer im Himmelbett.

*****Mercure Panorama**, Pl. Dominikański 1, Breslau, Tel. 071/3 23 27 00, Fax 071/3 44 36 81, www.orbis.pl. 500 m von Rynek und Sandinsel entfernt ist der moderne Glaspalast eine gute Basis für die Entdeckung der Stadt. 150 mit allem Komfort ausgestattete Zimmer. Parkgarage und angeschlossenes Einkaufszentrum.

*****Novotel Wrocław**, Ul. Wyścigowa 35, Breslau, Tel. 071/3 39 80 51, Fax 071/3 39 80 75, www.orbis.pl, 6 km südlich vom Zentrum bei der E40 wohnt man ruhig in 145 Zimmern. Swimming Pool, gutes Restaurant mit polnischen und internationalen Gerichten.

****Tumski**, Wyspa Słodowa 10, Breslau, Tel. 071/3 22 60 88, Fax 071/3 22 60 99, www.hotel-tumski.com.pl. Das angenehm modernistische Hotel residiert in einem renovierten Gebäude von 1926 auf der Insel Wyspa Słodowa neben der Sandinsel und hat 42 gut ausgestattete Zimmer.

Restaurants

TOP TIPP **Dwór Polski**, Rynek 5, Breslau, Tel. 071/3 72 48 96. Origineller Gaststättenkomplex aus bonbonfarbenem Café, urigem Wirtshaus, elegantem Restaurant und einer Met-Siederei in den Kellern. Dort reichen Kellner den gewürzten Met auf Stövchen. Im Wirtshaus gibt es polnisch-schlesische Küche, im Restaurant auch internationale Gerichte, bei schönem Wetter stehen Tische in der Passage nebenan. Viele der Gäste waren – und sind – Adlige oder Politiker, König Zygmunt III. Waza dinierte hier mit seiner zukünftigen Gattin Anna von Habsburg, Helmut Kohl traf hier Lech Wałęsa.

Karczma Lwowska, Rynek 4, Breslau, Tel. 071/3 43 98 87. Spezialitäten aus Lwów, z. B. Kohlrouladen mit Waldpilzsauce. Gemütliche Atmosphäre, rustikale Ausstattung, große Portionen.

Piwnica Świdnicka, Rynek 1, Breslau, Tel. 071/3 69 95 00. In den Gewölben des Rathauses lädt eines der ältesten Restaurants Europas (1273) zu Speis und Trank an kleinen, intimen Tischen oder langen Tafeln. Köstlich die kross gebratene Gans!

Spiž, Rynek 9, Breslau, Tel. 071/3 44 72 25. Restaurant und Kleinbrauerei, zum Bier gibt es Schmalzbrote oder deftige polnische Spezialitäten.

11 Opole/Oppeln

Multikulturelle Vielfalt trägt zum Flair der traditionsreichen Stadt ›am Wasser‹ bei.

Mit 130 000 Einwohnern ist Opole, 81 km südöstlich von Breslau, das **Verwaltungszentrum** der gleichnamigen Woiwodschaft im ehem. Oppelner Land. Die Stadt an der Oder ist von Kanälen durchzogen, Buchen und Weiden säumen die Wasserstraßen und verleihen Opole besonderen Charme. Die **Universitätsstadt** verstand sich von jeher als ein Ort, an dem die verschiedensten Nationalitäten zusammen leben. So ist auch heute in den Cafés neben der Landessprache Slowakisch und Tschechisch zu hören, und viele deutsche Touristen bummeln auf den Spuren ihrer schlesischen Vorfahren durch die Stadt.

Geschichte 8./9. Jh. lebten in der Region slawische Opolanen, deren Siedlungen 990 unter Mieszko I. zum polnischen Reich kamen. 1202 gründet Mieszko Plątonogi mit dem Anschluss Opoles an sein Herzogtum Ratibor die **Oppelner Linie** der Piasten. Kazimierz I. verlieh dem Ort zu Beginn des 13. Jh. die Stadtrechte und verlegte den Herzogssitz von Ratibor nach Oppeln. Nach dem Tod des letzten Oppelner Herzogs 1532 übernahmen die Habsburger die Macht. 1742 kam Oppeln zu Preußen und wurde 1816 zur Bezirkshauptstadt Oberschlesiens.

Nach 1945 blieben relativ viele Deutsche in dieser Region. Ihre Kinder und Enkel empfinden sich als Polen deutscher Abstammung und tragen als solche zum regen kulturellen Leben in Opole bei, das seit 1999 Hauptstadt der Woiwodschaft Opolskie ist.

Besichtigung Bei Opole verzweigt sich die Oder und bildet mehrere Inseln, das Stadtzentrum erstreckt sich am östlichen Ufer des östlichen Kanals. Zentraler Platz inmitten seiner schachbrettartig angelegten Gassen ist der kopfsteingepflasterte **Rynek**. Ihn umgibt ein Ring barocker Fassaden in zarten Pastellfarben, die im Ergeschoss zahlreiche Straßencafés und Biergärten beherbergen. In der Platzmitte steht das Rathaus **Ratusz**. Sein nördlicher Flügel entstand 1818–22, der südliche Flügel und der Turm wurden 1863 nach dem Vorbild des florentinischen Rathauses Palazzo Vecchio angefügt. Den quadratischen Grundbau krönen umlaufende Arkaden, darüber strebt der *Turm* (April–Okt. 10–13 und 14–18 Uhr) auf achteckigem Grundriss und sich in zwei Stufen verjüngend 65 m in die Höhe. Von diesem Wahrzeichen Oppelns reicht der Blick weit über Stadt und Fluss.

Die schmale Ul. Św. Wojciecha führt vom Rynek nach Osten und endet nach 200 m vor einer bergan führenden Treppenflucht. Hier steht linker Hand das älteste Bürgerhaus der Stadt aus dem 15. Jh. mit barocker Fassade und seitlichen runden Erkern. Sie sind typisch für die Stadt und werden deshalb auch ›Oppelner Erker‹ genannt. Hier ist das **Muzeum Śląska Opolskiego** (Ul. Św. Wojciecha 13, Tel. 077/4 53 66 77, Di–Fr 9–15.30, Sa/So 12–17 Uhr), das Museum Oppelner Schlesien,

Allenthalben zieren die typischen runden ›Oppelner Erker‹ die Häuser der Altstadt

Besonders pittoresk wirken die historischen Bürgerhäuser von Oppeln am Mühlgraben

untergebracht. Es gliedert sich in Archäologie, Ethnographie, Geschichte, Kunst und Natur und besitzt u. a. eine entrückte, 1380 geschnitzte ›Madonna von Sadów‹. Am oberen Ende der breiten Freitreppe befindet sich die **Kościół Marii Panny**, die Kirche zur Jungfrau Maria, auch Kirche auf dem Berg genannt. Ihre neoromanische Fassade entstand im 20. Jh., an die Entstehung des Gotteshauses im 14. Jh. erinnert noch das lang gestreckte, vierjochige Presbyterium. Im Inneren harmonieren gotische Stilelemente mit barocken Ausbauten von 1750.

Etwa 10 Minuten dauert von hier aus der Spaziergang nach Nordwesten zur **Katedra Św. Krzyża**, dem Dom vom Heiligen Kreuz. Zwei backsteinrote, 73 m hohe Türme flankieren die neogotische Fassade der im Kern auf das 13. Jh. zurückgehenden dreischiffigen Kirche. Innen lohnt das *Kreuzgratgewölbe* genauere Betrachtung, ebenso der Hauptaltar und die beiden ersten Nebenaltäre, die 1773 entstanden. Das Bild der hoch verehrten ›Oppelner Gottesmutter‹ rechts vom Hauptaltar wurde 1480 auf ein Lindenbrett gemalt.

Wendet man sich nördlich des Doms nach Westen, führt eine Brücke auf die Oderinsel *Wyspa Pasieka*. Über sie wacht der runde Piastenturm **Wieża Piastowska** (Mai-Okt. Di – So 10–13 und 14–17, sonst 10–13 und 13.30–16 Uhr), einziges Überbleibsel der einstigen Piastenburg. Ursprünglich wiesen seine dicken Mauern keine Pforte auf, die Besatzung musste mit Leitern über Öffnungen in den oberen Stockwerken in den Turm klettern. Im 19. Jh. wurde aber ein Besuchereingang herausgebrochen. Auch hier ist der Blick von der Turmspitze fantastisch.

i Praktische Hinweise

Information

IT, Ul. Krakowska 15, Oppeln, Tel. 077/4 51 19 87, Fax 077/4 51 18 61, www.opole.pl

Veranstaltungen

Festiwal Piosenki Polskiej. Das beliebte *Festival des Polnischen Liedes* (Juni) wird sogar im Fernsehen übertragen.

Hotels

*****Festival**, Ul. Oleska 86, Oppeln, Tel. 077/4 55 60 11, Fax 077/4 55 60 17, www.festival.com.pl. 56 angenehm modern möblierte Zimmer an einer Ausfallstraße 2 km nordöstlich der Altstadt. Parkplatz, Sauna, Schwimmbad, Konferenzeinrichtungen.

*****Mercure Opole**, Ul. Krakowska 57/59, Oppeln, Tel. 077/4 51 81 00, Fax 077/4 51 81 99, www.mercure.com. In der Altstadt gelegenes, neues Haus mit Parkmöglichkeit, 100 komfortable Zimmer und Apartments, gutes Restaurant.

Restaurants

Avanti da Fernando, Ul. Piastowska, Oppeln, Tel. 077/4 53 87 87. Am äußersten Ende der Insel Wyspa Pasieka gibt es im Hotel Piast apulische Küche mit Carpaccio und Tiramisu.

Pod Pająkiem, Ul. Książąt Opolskich 2, Oppeln, Tel. 077/4 54 31 51. Am Rynek speist man in etwas plüschiger Atmosphäre gefällig angerichtete, polnische Speisen wie köstliche Kalbsrouladen mit knackigen Salaten.

12 Częstochowa/ Tschenstochau

Polens bedeutendster Marienwallfahrtsort besitzt eine wundertätige Schwarze Madonna.

Der Ort Częstochowa (250 000 Einw.), 95 km östlich von Oppeln an der Warta/Warthe gelegen, besitzt selbst wenig Reiz. Doch zu dem am westlichen Stadtrand auf dem Hügel ›Lichter Berg‹ aufragenden Pauliner-Kloster mit seinem Marienheiligtum **Jasna Góra** pilgern selbst an Werktagen Tausende Gläubige. Sie kommen zum **Gnadenbild der Muttergottes**, der Ikone der ›Schwarzen Madonna von Tschenstochau‹. Die breite Hauptverkehrsstraße des Ortes führt schnurgerade zur berühmtesten polnischen Wallfahrtsstätte. Mehrmals am Tag wird in der Abtei das angeblich wundertätige Gemälde enthüllt, dann schallen aus zahlreichen Lautsprechern Posaunenklänge durch die Stadt.

Geschichte Tschenstochau wurde gegen Ende des 11. Jh. als Handelsstützpunkt an der Bernstein- und Salzstraße gegründet. 1356–77 wurden die Stadtrechte verliehen, eine Ratsverfassung geschrieben sowie Wappen-, Siegel- und Zollrecht eingeführt. König Ludwig von Ungarn veranlasste im 14. Jh. die Gründung eines Klosters und schickte dazu **Pauliner-Mönche** aus Ungarn. Die Pfor-

Jahrein jahraus strömen Tausende von Pilgern nach Tschenstochau und erhoffen sich von der wundertätigen Schwarzen Madonna Hilfe bei Sorgen und Nöten

ten der Abtei öffneten 1382, und am 31. August 1384 spendete der polnische König Władisław das sagenhafte **Madonnenbild**. Die Herkunft der Ikone liegt im Dunkel, vielleicht wurde sie in Unteritalien geschaffen, wo griechische Mönche die byzantinische Ikonenmalerei pflegten. Dort entstand jedenfalls der graecoitalische Stil, an dessen Malweise das Madonnenbild erinnert.

Die Schwarze Madonna soll den Polen im Ersten Nordischen Krieg geholfen und 1655 den Einzug der Schweden in Tschenstochau verhindert haben. Im frühen 18. Jh. wurde die hoch verehrte Madonna zur ›Königin von Polen‹ und **Schutzheiligen des Landes** erhoben. Noch heute fokussiert sie in oft erstaunlichem Maße religiöse und nationale Gefühle der polnischen Bevölkerung. Dazu trägt sicher auch die hingebungsvolle Verehrung bei, die Papst Johannes Paul II. dem Gnadenbild erwies.

Besichtigung Auf Treppenfluchten und über weite, gepflasterte Flächen geht es von der Stadt hinauf zum Eingang von **Jasna Góra** (Sommer 9–16.30, Winter bis 16 Uhr). Man durchschreitet vier Tore, bevor man die eigentliche Kapelle der Muttergottes von Tschenstochau, die **Kaplica Matiki Boskiej Częstochowskiej**, betritt. Sie wurde im 15. Jh. errichtet, die barocken Änderungen kamen im 17. Jh. hinzu. Das Gewölbe des dreischiffigen Langhauses ist reich mit Stuck verziert, im Mittelschiff sind an der Decke Medaillons mit Malereien eingelassen. Den Hauptaltar

›Königin Polens‹ ist der Ehrenname der viel verehrten Muttergottes von Tschenstochau

schmückt schließlich die **Schwarze Madonna**, zu der sich in einem steten Zug die Menschen drängen. Ihr fast schmerzlicher Gesichtsausdruck zeigt geradezu menschlich-bewegte Züge. Ihre zahlreich gewirkten Wunder manifestieren sich in den Votivgaben, die dicht an dicht die Wände bedecken, Gemälde und Fotos, Medaillons, Kreuze, Krücken und Briefe. Unter Posaunenklängen, Glockengeläut und Orgelmusik wird die 1,22 cm x 0,82 cm messende Ikone jeden Tag um 6, 15.30 und 21 Uhr den Blicken der Gläubigen freigegeben, um 12, 19.10 und 21.15 Uhr verschwindet sie wieder hinter einem Silberblech.

i Praktische Hinweise

Information

IT, Al. Naiświętszej Marii Panny (NMP) 65, Tschenstochau, Tel. 034/3 68 22 50, Fax 034/3 68 22 60, www.czestochowa.um.gov.pl

Hotels

*****Mercure Patria**, Ul. Popiełuszki 2, Tschenstochau, Tel. 034/3 24 70 01, Fax 034/3 24 63 32, www.orbis.pl. Fünf Gehminuten von der Abtei locken 102 komfortable, moderne Zimmer, zwei gute Restaurants und eine kleine Bar.

Dom Pielgrzyma, Ul. Kard. Wyszyńskiego 1/31, Tschenstochau, Tel. 034/3 24 70 11, Fax 034/3 65 18 70. Das Pilgerhaus der Abtei bietet schlichte, günstige Unterkunft unterhalb des Klosters.

Restaurant

TOP TIPP **Bagatela**, Ul. Dąbrowskiego 6, Tschenstochau, Tel. 034/3 68 14 53. Das winzige, elegante Lokal mit Jugendstil-Dekor besticht durch liebevoll angerichtete exzellente Speisen, empfehlenswert ist z. B. die Ente.

13 Jelenia Góra/ Hirschberg

Gewerbezentrum an der Pforte zum Riesengebirge.

In den westlichen Sudeten breitet sich im Tal des Bóbr zu Füßen des Riesengebirges die lang gestreckte Stadt mit knapp 100 000 Einwohnern aus. Zunächst ließ Bolesław Chroby der Tapfere hier 1004 eine Burg errichten, 1108 gründete dann Bolesław Krzywousty Schiefmund zu ihren Füßen die Siedlung. Im 15. und 16. Jh. erlebte Jelenia Góra eine Blüte als **Handels-** und **Tuchmacherstadt**. Die Weber Schlesiens, von Gerhart Hauptmann 1892 im Drama ›Die Weber‹ literarisch verewigt, stellten bis ins 19. Jh. hinein edle Leinenstoffe her. In der zweiten Hälfte des 20. Jh. löste Keramik- und Maschinenindustrie das alte Handwerk in Jelenia Góra ab, das trotz seiner gemächlichen Atmosphäre nach wie vor das wirtschaftliche Zentrum der Region ist.

Während des Zweiten Weltkrieges blieb die Stadt von größeren Zerstörungen verschont, sodass die ausgesprochen hübsche barocke Altstadt erhalten blieb. Auch hier erhebt sich wieder inmitten des zentralen Rynek das **Ratusz**, das Rathaus von 1747, davor befindet sich der Neptunbrunnen **Studnia Neptuna** aus dem 18. Jh. Umringt ist der Platz von Bürgerhäusern mit mächtigen Arkaden, ebenfalls aus dem 18. Jh. Nur ein paar Schritte entfernt im Nordosten steht nahe der ehem. Stadtmauer die Pfarrkirche **Kościół Parafialny** der hll. Erasmus und Pankratius aus dem 14. Jh., die später mehrfach umgebaut wurde. Beispielsweise trägt der 70 m hohe Turm im Stil der Renaissance einen Barockaufsatz. Von der

Im hallenartigen Kirchenschiff und auf vier Emporen finden in dem gewaltigen Inneren der 1654/55 in Fachwerktechnik errichteten Friedenskirche von Jauer bis zu 6000 Gläubige Platz

Evangelisches Weltkulturerbe

Protestantische Christen befinden sich im katholischen Polen seit jeher in der **Minderheit**. Trotzdem schufen sie nach dem Westfälischen Frieden 1648 im habsburgischen ehem. Fürstentum Schweidnitz-Jauer so genannte **Friedenskirchen**, die die UNESCO 2001 sogar zum **Weltkulturerbe** erklärte.

1648, nach Ende des Dreißigjährigen Krieges, gestand das streng katholische Habsburg unter dem Druck Schwedens seinen protestantischen Bürgern in Schlesien außerhalb der Stadtmauern den Bau von Kirchen zu. Sie durften aber weder Türme noch Glocken besitzen, nur aus Holz, Lehm, Sand und Stroh gebaut sein und mussten innerhalb eines Jahres errichtet werden. Als Lösung schufen die evangelischen Gemeinden in Schweidnitz, Jauer und Glogau erstaunliche, große **Fachwerkkonstruktionen**, von denen die ersten beiden bis auf den heutigen Tag erhalten sind.

TOP TIPP In **Świdnica/Schweidnitz** befindet sich die **Kościół Pokoju Św. Trójcy** (Pl. Pokoju 6, Tel. 074/8 52 28 14, April–Okt. Mo–Sa 9–13 und 15–17, So 15–17 Uhr, sonst nach tel. Anmeldung), die *Friedenskirche zur Heiligen Dreifaltigkeit*. Als Kirche ist der weiße Fachwerkbau erst auf den zweiten Blick zu erkennen, der mit 1090 m^2 Grundfläche Platz für 7500 Menschen bietet. Der Grundstein wurde am 23. August 1656 gelegt, am 24. Juni 1657 fand der erste Gottesdienst statt. Da für die Ausgestaltung des Inneren keine Auflagen galten, gaben die Barockholzschnitzer hier ihr Bestes. Mehrgeschossige Emporen rahmen den Betsaal, die Brüstungen sind mit reichem Schnitzwerk gestaltet, der Hauptaltar verlängert sich mit Säulen nach oben und leitet zur Orgel unter der Decke über.

35 km nordwestlich von Świdnica steht am Rande von **Jawor/Jauer** mit der **Kościół Pokoju Św. Ducha** (Park Pokoju 2, Tel. 076/8 70 32 73, April–Okt. Mo–Sa 10–13 und 14–16 Uhr), dem *Gotteshaus zum Hl. Geist*, die zweite Friedenskirche. Sie entstand 1654/55, allerdings fügte man 1707 einen kleinen, das dreischiffige Bauwerk kaum überragenden Turm an, nachdem die ›Konvention von Altranstädt‹ dies erlaubte. Im Inneren finden 6000 Menschen Platz, die Emporen staffeln sich vierfach bis unter die Decke und sind dicht mit Szenen aus dem Alten und Neuen Testament bemalt. Auffällig sind die Kassettendecke und die weiß-blauen Täfelungen um den Altar mit floralen Ornamenten. Die kostbare Kanzel aus dem Jahr 1670 stammt von Matthäus Knote, der 9 m hohe und 5 m breite Altar (1672) von Michael Schneider.

Ins 18. Jh. versetzt fühlt man sich auf dem zentralen Marktplatz in Hirschberg: Rathaus, Neptunbrunnen und Bürgerhäuser atmen den Charme vergangener Tage

Ausstattung ist der 22 m hohe Altar mit Skulpturen aus der Werkstatt des Thomas Weißfeldt aus dem 18. Jh. berühmt, Holzgestühl und Kanzel entstammen dem 16. Jh. 800 m südöstlich des Rynek zeigt das Riesengebirgsmuseum **Muzeum Karkonoskie** (Ul. Jana Matejki 28, Tel. 075/7 52 34 65, www.muzeum karkonoskie.pbox.pl, Di–Fr 9–15.30, Sa/So bis 16.30 Uhr) in den Mauern eines Jugendstilhauses Dokumente zur Stadtgeschichte, eine der größten Glasausstellungen Polens sowie das Innere eines traditionellen Bauernhauses.

Im Osten außerhalb der Stadtmauern bauten schlesische Protestanten 1709–18 die Heiligkreuz-Kirche **Kościół Garnizonowy Parafia Św. Krzyża**, eine der wenigen von den Habsburgern genehmigten *Gnadenkirchen*, die nach den ersten Friedenskirchen entstanden [s. S. 71]. Baumeister Martin Frantz orientierte sich an der Stockholmer Katharinen-Kirche mit ihrem Grundriss in Form eines griechischen Kreuzes. Die Emporen sind mit Szenen aus dem Alten und dem Neuen Testament bemalt und die mächtige Orgel aus dem 18. Jh. ist eine der größten Schlesiens.

Kotlina Jeleniogórska/ Hirschberger Tal

Vor den Toren von Jelenia Góra, im Südosten des Städtchens laden sanfte Hügel und bewaldete Täler zu Entdeckungsreisen ein. In der Nähe von *Łomnica* kommt man dabei etwa am **Gut von Lomnitz** vorbei, dessen bezauberndes Hauptschlösschen auf das 14. Jh. zurückgeht. 1835 veränderte es der preußische Legationsrat Carl Gustav Ernst von Küster im Biedermeierstil und ließ um das Flüsschen Bóbr einen Park anlegen, den der renommierte Landschaftarchitekt *Peter Joseph Lenné* (1789–1866) mitgestaltete. Nach 1991 richteten Nachfahren Küsters in dem umfangreich sanierten Schloss ein *Zentrum für schlesische Kultur, Kunst und Denkmalspflege* sowie ein *Hotel* (s. u.) ein.

Ein Sträßchen führt von hier um die sanften Hügel der bis zu 654 m hohen Falkenberge, der **Góry Sokole**. Sie inspirierten den Maler Caspar David Friedrich (1774–1840) zu mehreren Bildern.

i Praktische Hinweise

Information

IT, Ul. Grodzka 16, Hirschberg, Tel./Fax 075/7 67 69 35, www.karkonosze.it.pl

Veranstaltungen

Międzynarodowy Festiwal Teatrów Ulicznych. Internationales Festival der Straßentheater im Juni/Juli in Hirschberg.

Hotels

*****Mercure,** Ul. Sudecka 63, Hirschberg, Tel. 075/7 64 64 80, Fax 075/7 52 62 69, www.mercure.com. Modernes Haus mit 200 gut ausgestatteten Komfortzimmern. Schöner Poolbereich.

TOP TIPP *****Schlosshotel Łomnica**, U. Karpnicka 3, Łomnica, Tel. 075/7 13 04 60, Fax 075/7 13 05 33, www.palac-lomnica.pl. Vorzüglich sanierte Schlossanlage, in deren Park das Witwenschlösschen sowie Gärtner-, Kutscher- und Försterhäuschen die Gäste aufs Angenehmste beherbergen. Es stehen liebe- und geschmackvoll mit Antiquitäten eingerichtete, behagliche 12 Zimmer und 5 Apartments zur Verfügung. Im Restaurant steht gute ländliche Hausmannskost wie Kohlrouladen, selbst gemachtes Sauerkraut oder auch Rumtopf auf dem Speiseplan.

Restaurants

Dom Tyrolsky, Ul. Starowieska 14, Mysłakowice (südl. von Łomnica), Tel. 075/7 53 55 47. In der ehem. Scheune wird rustikale deutsch-polnische Küche in gemütlicher Atmosphäre serviert.

Karczma Grodzka, Ul. Grodzka 4, Hirschberg. Schlesische Gerichte und Pizza in rustikaler Einrichtung.

14 Karpacz/Krummhübel

Sommer- und Winterfrische im Riesengebirge.

Hotels, Wohn- und Geschäftshäuser des beliebten **Fremdenverkehrsortes** (6000 Einw.) säumen auf 6 km die bergan führende Straße zum Pass *Karpacz Górny*, dem Brückenberg im Riesengebirge. Etwa 200 m Höhenunterschied sind es zwi-

Eine skandinavische Stabkirche in Polen? Tatsächlich, die im 12. Jh. im norwegischen Ort Wang errichtete Holzkirche fand im 19. Jh. in Krummhübel eine neue Heimat

Auf felsigem Zickzackweg arbeiten sich Wanderer die 1602 m hohe Schneekoppe hinauf, der höchsten Erhebung des Riesengebirges. Im Hintergrund grüßt der Brunnberg

Von Gipfelhöhen und Berggeistern

Karkonosze, das **Riesengebirge**, verläuft auf gut 20 km Breite und etwa 37 km Länge beidseits der polnisch-tschechischen Grenze. Es ist der höchste Bergzug der Sudeten, 1602 m ragt südlich von Karpacz/Krummhübel die *Śnieżka/Schneekoppe* auf, gefolgt von *Wielki Szyszaki/Hohes Rad* (1506 m) und *Szrenica/Reifträger* (1362 m). Im Jahr 1959 stellte die polnische Regierung ein gut 5500 ha großes Gebiet als Nationalpark Riesengebirge, **Karkonoski Park Narodowy**, unter Schutz (Parkverwaltung, Ul. Chałubińskiego 23, Jelenia Góra, Tel. 075/7 55 37 26). Hier wechseln sich sanfte, mit Mischwald bestandene Hänge mit bizarren Felskesseln ab, Quellwasser sprudelt in Kaskaden zu Tal, es gibt Torfmoor ebenso wie Gesteinshalden, die Felsgrate bewohnen Mufflons und Rotwild – ein rechtes Umfeld für Sagen und Legenden.

So nimmt es denn nicht Wunder, dass das Riesengebirge die Heimat **Rübezahls** ist, einem der bekanntesten Berggeister der deutschen Sagenwelt. Seine Erscheinungsformen sind zahllos, mal erscheint er einsamen Köhlern als bärtiger Riese mit knorrigem Stock, mal zügellosen Burschen als Gottseibeiuns mit Huf und Schwanz, dann wieder hilft er verirrten Wanderern in Gestalt eines buckligen alten Männleins. Er tut den Menschen ebenso oft Gutes wie er zu rauen Scherzen aufgelegt oder geradezu bösartig sein kann. Entsprechend vielfältig sind die Geschichten, die vom **›Herrn der Berge‹** erzählt werden. Jedenfalls hat er unbegrenzte Macht in seinem Reich, ihm gehören die Schätze der Berge, edle Metalle und Steine, er schickt Unwetter und Stürme, sein sind die Heilkräuter und alle sonstigen Gewächse des Waldes. Rübezahls Name geht übrigens ethymologisch auf das alte Wort ›Zagel‹ für ›Schwanz, Auswuchs‹ zurück. Einer anderen Erklärung nach rührt der Spottname daher, dass der mächtige Berggeist aus blinder Liebe zu einer Menschenprinzessin einmal auf einem Feld die Rüben zählte, während sie sich aus dem Staub machte.

schen Ortseingang und Passhöhe (820 m). 1817 wurde hier bereits eine Organisation der *Bergführer* gegründet, um Besucher sicher in die umliegenden Gebirge zu geleiteten. Auch heute noch gilt Karpacz als idealer Ausgangspunkt für Wanderungen und Touren in die abwechslungsreiche **Bergwelt** des umliegenden Riesengebirges, an dessen Hängen man natrülich auch ausgezeichnet **Wintersport** betreiben kann.

Wichtigste Sehenswürdigkeit im Ort ist die Wangkirche **Kóściółek Wang** (Sommer Mo–Sa 9–18, So 13–18, Winter bis 17 Uhr). Sie liegt wenige Schritte vom Pass entfernt auf 885 m Höhe. Erbaut wurde die mehrgieblige, dunkle Holzstabkirche im 12. Jh. im norwegischen Dorf Wang. Dort sollte sie in der ersten Hälfte des 19. Jh. durch eine Steinkirche ersetzt werden. Der Maler Johann Christian Dahl, ein Freund Caspar David Friedrichs, holte sie mithilfe des preußischen Königs Friedrich Wilhelm IV. 1841 nach Karpacz. Wenn man unter das schindelgedeckte Steildach tritt, um das schlichte Innere aus hellem Holz zu bewundern, sieht man, dass das ungewöhnliche Gotteshaus ohne Nägel, nur mit hölzernen Zapfenverbindungen, errichtet wurde. Etwas unpassend nimmt sich daneben der viereckige steinerne *Glockenturm* aus, der mit der Kirche hier errichtet wurde.

TOP TIPP Śnieżka/Schneekoppe

Auf die 1602 m hohe Schneekoppe, den höchsten Gipfel des Riesengebirges, gelangt man am einfachsten von Krummhübel aus. Zunächst geht es mit dem Sessellift (Sommer tgl. 8–17.30 Uhr) im westlichen Ortsbereich hinauf zur *Mala Kopa*, der Kleinen Koppe auf 1377 m, dann in 15 Min. zu Fuß zum Schlesierhaus *Śląski Dom* auf 1420 m. Von hier sind es auf gutem Weg 30 Min. zum charakteristischen Gipfel, einer kahlen Rundkuppe aus Geröll und Felstrümmern. Unter blauem Himmel reicht der Blick weit hinein nach Tschechien und über die Täler auf polnischer Seite. Eine futuristisch anmutende *Wetterstation* protokolliert das Klima, Wanderer können hier aber auch essen und übernachten.

Handgeschnitzte Holzfiguren sind beliebte Reiseandenken aus dem Riesengebirge

i Praktische Hinweise

Information

IT, Ul. Konstytucji 3 Maja 25a, Krummhübel, Tel./Fax 075/7 61 97 16, www.karpacz.pl

Bergrettung

Góskie Ochotnicze Pogotowie Ratunkkowe (GOPR), Tel. 075/7 52 47 34

Hotels

***__Bornit__**, Ul. Mickiewa 21, Krummhübel, Tel. 075/7 53 95 03, Fax 075/7 17 28 57, www.bornit.interferie.com.pl. Modernes Haus mit komfortablen Zimmern, Hallenbad und einer beeindruckenden Glasfassade zum Tal hin.

***__Ariston__**, Ul. Piastowska 2a, Krummhübel, Tel./Fax 075//7 61 95 12. Kleines, familiengeführtes Haus mit hübsch eingerichteten Zimmern, dazu Fitnessraum, Sauna, Garten, Bar und Restaurant.

***__Skalny__**, Ul. Obrońców 5, Krummhübel, Tel. 075/7 52 70 00, Fax 075/7 61 91 03, www.orbis.pl. Großes Hotel mit ansprechenden Zimmern, Hallenbad, Sauna und Solarium sowie Kongresseinrichtungen.

Restaurants

Gospoda Karpacka, Ul. Obrońców Pokoju 1, Krummhübel, Tel. 075/7 61 93 14. Gemütliche Gaststube im Zentrum im Stil einer alten Bauernhütte. Es gibt schlesische Gerichte wie saure Krautsuppe mit Rippchen, Bauernsuppe aus dem Kessel oder Bauerngulasch.

U Ducha Gór, Ul. Olimpijska 6, Krummhübel, Tel. 075//7 61 85 63. Polnische Küche mit Fleischteller ›Berggeist‹ oder Eisbein, Wild, Forellen, Karpfen oder Ente mit schlesischen Klößen, zum Essen spielen Musiker auf.

Posen und Zentralpolen – Deutschherren und Bischöfe

Wielkopolski, Großpolen, Polens zentraler Landesteil zwischen der deutsch-polnischen Grenze und Warschau, gehört zur polnischen Tiefebene. Das fruchtbare Land wird intensiv landwirtschaftlich genutzt, es ist flach, weit und relativ dicht besiedelt. Hauptstadt der Region ist das schöne, alte **Poznań/Posen**, eine Stadt mit langer Handelstradition. Wie wohlhabend ihre Kaufleute waren, zeigen die vielen Renaissance- und Barockbauten.

Auch im Umland leisteten sich Adel und Kaufleute prächtige Landsitze und prunkvolle Schlösser mit herrlichen Parks, wie etwa das Schloss von **Nieborów** mit seinen original erhaltenen Salons und der Bibliothek. Nicht weit davon erfüllte sich Gräfin Helena Radziwiłł mit dem Landschaftspark **Arkadia** ihre romantischen Träumereien in Form von Tempelchen, Grotten und gotischen Häuschen zwischen dichtem Grün.

Die Region Großpolen hat auch eine besondere historische Bedeutung, denn hier siedelte der slawische Stamm der **Polanen**, aus denen das erste polnische Herrschergeschlecht der **Piasten** hervorging. Außerdem gründete Mieszko I. hier Mitte des 10. Jh. die Stadt **Gniezno/Gnesen**, die wenig später zum ersten Bischofssitz eines polnischen Reiches avancierte, woran seine großartige Kathedrale noch heute erinnert. **Toruń/Thorn** schließlich war ein Hauptsitz der *Deutschordensritter*, die von ihrer hiesigen mächtigen Burg aus im 13. Jh. die Pruzzen bekämpften. **Łódź/Lodsch** ist nach Posen die zweite große Stadt in Wielkopolski und seit dem 19. Jh. Polens bedeutendstes Textilzentrum. Dem damit einhergehenden Wohlstand verdankt die Stadt ihre zahlreichen Baudenkmäler des Jugendstils und der frühen Industrialisierung.

15 Poznań/Posen

Quirlige, moderne Messestadt mit weit zurückreichenden Wurzeln.

Die Hauptstadt (572 000 Einw.) der Provinz Wielkopolska liegt verkehrsgünstig an der Warta/Warthe. Heute zeigt sich die im Zweiten Weltkrieg schwer zerstörte Handels- und Messestadt mit ihrem schön restaurierten historischen Zentrum und den bedeutenden Sakralbauten auf der Flussinsel *Ostrów Tumski* wieder in altem Glanz.

Geschichte Im 9. Jh. siedelten Polanen auf einer Sandinsel zwischen der *Warta* und ihrem Nebenarm Cybina. Ein Jahrhundert später standen hier schon ein wehrhaftes *Kastell* und eine *Kathedrale*. Der Piastenfürst Mieszko I. erhob Posen 968 zu einem seiner beiden Fürstensitze. Da sich hier die Handelswege zwischen Danzig und Breslau sowie zwischen der Mark Brandenburg und Warschau kreuzte, ließen sich ab dem 12. Jh. auch viele deutsche Kaufleute am Westufer der Warta nieder. 1253 verlieh Herzog Przemysław I. von Großpolen Posen die **Magdeburger Stadtrechte**. Ein ›goldenes Jahrhundert‹ erlebte die Stadt im 15./16. Jh., doch im 17. Jh. störten die Nordischen Kriege den Handel, das Lagerrecht verfiel.

Als Posen 1793 Preußen zugeschlagen wurde, begann erneut eine Zeit des Aufschwungs. Gleichzeitig widersetzten sich die Posener jedoch den Germanisierungsbemühungen und hielten polnisches Nationalbewusstsein aufrecht. Nach dem **Posener Aufstand** 1918 wurde die Stadt wieder polnisch. 1921 fand hier die erste Handelsmesse statt, ab 1925

◁ **Oben:** *Aufwendig gestalteter Barockgiebel eines Bürgerhauses in der Thorner Altstadt*
Unten: *Edles Interieur kennzeichnet auch das Gelbe Kabinett in Schloss Nieborów*

Posen ist Polens wichtigste Messestadt – das moderne Messegelände umfasst 23 ha

auch unter internationaler Beteiligung. Die schweren Zerstörungen des Zweiten Weltkrieges bremsten die Entwicklung der Handelsstadt lediglich. Im Juni 1956 erhoben sich die Posener abermals gegen Fremdbestimmung, diesmal gegen die russische – und waren **erfolgreich**, denn in der Folge wich die sowjettreue, stalinistische Ideologie in Warschau einem eigenständigen polnischen Sozialismus. Heute ist Posen Sitz bedeutender Unternehmen des Maschinenbaus und Polens wichtigste Messestadt.

Besichtigung Ein Stadtrundgang beginnt am westlichen Ufer der Warta. Dort schafft die Fußgängerzone mit winkligen Gassen und Cafés um den **Stary Rynek** 1 eine reizvolle Atmosphäre. Bequeme Parkplätze findet man im Nordosten an der Ul. Dominikanska. Von dort sind es nur wenige Meter zum **Ratusz** 2 auf dem Alten Markt, das wie ein Traumschlösschen wirkt. Der dreistöckige Rathausbau aus hellen Steinquadern ist ein Schmuckstück der Renaissance, Mitte des 16. Jh. nach einer Feuersbrunst durch den Italiener Giovanni Battista Quadro geschaffen. Das herrliche Gebäude besitzt eine mit Arkadenloggien gegliederte Fassade, die eine freskengeschmückte Attika und Türmchen krönen. Der achteckige, 61 m hohe Uhrturm erhebt sich aus der Mitte und schließt seit einem Umbau 1784 mit einer Art klassizistischem Säulentempelchen unter der Spitze ab. 1551 installierte Bartholomäus Wolf die Uhr am mittleren Türmchen der Front. Beim Mittagsläuten öffnet sich über dem Zifferblatt ein Türchen für zwei blecherne Ziegen, die 12 Mal mit den Hörnern aneinanderstoßen. Im Rathaus spannt das stadt- und regionalgeschichtliche *Muze-*

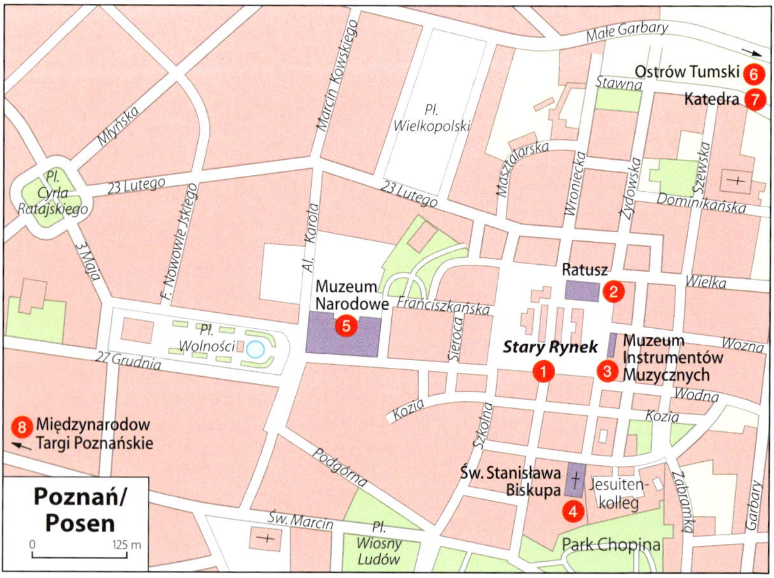

Ein bezauberndes Schlösschen für die Bürger – mit dem Bau des Renaissance-Rathauses am Alten Markt brachte Giovanni Battista Quadro italienisches Flair in die Stadt an der Warthe

um Historii Miasta Poznania (Stary Rynek 1, Tel. 061/8 52 56 13, Do–Di 10–16, Mi 12–18, So bis 15 Uhr) den Bogen vom 10. Jh. bis 1945. Es zeigt eine archäologische Sammlung, ein Modell von der mittelalterlichen Stadt, Gemälde und Kunsthandwerk. Ein Meisterwerk ist die Gewölbedecke der *Großen Halle* im Ersten Stock. Zwei Pfeiler tragen das 1555 aufs Feinste mit Stuckornamenten und Fresken ausgeschmückte Kunstwerk, an dem die Wappen der Jagiełłonen, Habsburger und jenes von Posen neben mythologischen Szenen die Arbeit der Ratsherren behüteten.

Östlich des Rathauses zeigt das Musikinstrumente-Museum **Muzeum Instrumentów Muzycznych** 3 (Stary Rynek 45/47, Tel. 061/8 52 08 57, Di–Sa 11–17, So 10–15 Uhr) 2000 Instrumente aus aller Welt. Einige Lauten stammen aus dem 15. Jh., 160 Klaviere stellen die Entwicklung des Pianos ab 1750 dar und eine Sonderausstellung zeigt persönliche Gegenstände des Musikers Frédéric Chopin.

Verlässt man den Rynek an der südöstlichen Ecke nach Süden, scheint in der Sichtachse die barock sich auftürmende Fassade der **Św. Stanisława Biskupa** 4 die enge Straße beinahe zu sprengen. Die Pfarrkirche vom hl. Stanislaus ist eines der eindrucksvollsten Gotteshäuser der Stadt und wurde 1651–1732 für die Jesuiten des nebenliegenden Kollegs errichtet. Die Innenausstattung übernahmen Künstler wie Thoma Poncino, Nataniel Wąsowski, Pompeo Ferrari und Karl Dankwart. Mächtige Säulen, üppig vergoldete Altäre und reiches Stuckwerk geben dem Inneren der dreischiffigen Basilika barocken Glanz.

Westlich des Rynek, über die Ul. Paderewskiego erreichbar, stellt das Nationalmuseum **Muzeum Narodowe** 5 (Ul. Marcinkowskiego 9, Tel. 061/8 56 80 00, Di 10–18, Mi 9–17, Do/So 10–16, Fr/Sa 10–17 Uhr) polnische Kunst mit Schwergewicht auf dem Impressionismus aus, u. a. Werke von Olga Boznanska. Ebenso sind Gemälde flämischer, holländischer, italienischer und spanischer Alter Meister zu sehen, etwa von Francisco Zurbarán (1598–1664) und Jusepe de Ribera (1591–1652).

Die vieltürmige, hoch aufragende Kathedrale ist die eigentliche Keimzelle der Stadt Posen

Nun wendet man seinen Schritt über den Rynek zurück nordöstlich auf die Dominsel **Ostrów Tumski** 6 jenseits der Warta. Schon von weitem ziehen dort die beiden Haupttürme der Kathedrale, der **Katedra** 7, den Blick auf sich. 1346–1428 ersetzte die gotische, dreischiffige Basilika eine erste romanische Kirche aus dem 10. Jh. Im Laufe der Jahrhunderte erhielten ihre Türme barocke Helme, die moderne Eingangstür aus Bronze wurden 1979 in das gotische Portal aus dem 15. Jh. eingesetzt. Im Inneren kontrastiert der gotische Flügelaltar von 1512 mit seinen anrührenden Darstellungen Mariens mit dem roten Backsteingemäuer. Die Goldene Kapelle *Złotą Kaplicę*, 1405 im Scheitelpunkt der Apsis errichtet und im 19. Jh. umgebaut, beherbergt die Grabmäler der Könige Mieczko I. (reg. 960–992) und seines Sohnes Bołeslaw I. Chroby (reg. 992–1025). Sie wurden ebenso wie die beiden Statuen der Herrscher Mitte des 19. Jh. in neobyzantinischem Stil errichtet.

Das Messegelände **Międzynarodow Targi Poznańskie** 8 befindet sich unmittelbar jenseits der Eisenbahnschienen im Westen des Zentrums. Auf dem 23 ha großen Gelände finden jährlich mehr als 30 Fachmessen und Ausstellungen statt, darunter im Juni die große Agrarmesse *Polagra*.

Praktische Hinweise

Information

IT, Stary Rynek 59/60, Posen, Tel. 061/8 52 61 56, Fax 061/8 55 33 79, www.city.poznan.pl

Flughafen

Port Lotniczy Ławica (POZ), 6 km westlich, Ul. Bukowska 285, Tel. 061/8 49 22 61. Bus Nr. 78 verkehrt halbstündlich in die Innenstadt.

Verkehr

Poznań Główny (Bahnhof), Ul. Dworcowa 1, Tel. 061/94 36

Dworzec Autobusowy (Busstation), Ul. Towarowa 17/19, Tel. 061/8 33 12 12

Taxi, Tel. 061/8 22 22 22 und 061/9 19

Veranstaltungen

Festiwal Teatralny Masken. Stets gut besetztes und besuchtes klassisches Theaterfestival im November.

Międzynarodowy Festiwal Teatralny MALTA. Im Juni findet in der Stadt das Avantgarde-Theaterfestival statt.

Universitas Cantat. Internat. Wettbewerb der Universitätschöre im April.

Nachtleben

Pod Aniolem, Ul. Wrocławska 4, Posen, Tel. 061/8 52 98 54. Der Ziegelkeller hängt voller Celli und Violinen, das gemischte Publikum trinkt Bier oder Cocktails und hört der Jazzband zu, die hier ab und zu live spielt.

Pod Minoga, Ul. Nowowiejskiego 8, Posen, Tel. 061/8 52 79 22. Ideal für unentwegte Nachtschwärmer, denn nur zum Putzen wird Morgens kurz geschlossen.

Svejk, Ul. Wieniawskiego 5/9, Posen, Tel. 061/8 53 68 05. Hier wird tschechisches Bier gezapft, man genießt es zwischen holzgetäftelten Wänden.

Hotels

******Novotel Centrum**, Pl. Wł. Andersa 1, Posen, Tel. 061/8 58 70 00, Fax 061/8 33 29 61, www.novotel.com. Südlich der Altstadt gelegen, Rynek und Messe sind bequem zu Fuß zu erreichen. Das Hochhaus mit 465 luxuriösen Zimmern bietet neben einem ausgezeichneten Restaurant sehr gute Business-Einrichtungen wie Übersetzungsdienst und Büros.

*****Meridian**, Ul. Litewska 22, Posen, Tel. 061/8 41 12 01, Fax 061/6 56 55 26, www.hotelmeridian.com.pl. Zehn hübsche und komfortable Zimmer, 2 km nordwestlich vom Zentrum im ruhigen Sołacki-Park an einem See.

Wielkopolska, Ul. Św. Marcin 67, Posen, Tel. 061/8 52 76 31, Fax 061/8 51 54 92, www.hotelwielkopolska.ta.pl. Einfaches Hotel mit teilweise renovierten Zimmern zwischen Bahnhof und Altstadt.

Restaurants

Bażanciarnia, Stary Rynek 94, Posen, Tel. 061/8 55 33 58. In den elegant in warmen Farben gehaltenen Räumen werden polnische Delikatessen wie z. B. Fasan serviert. Empfehlung: Schokoladentorte zum Dessert.

Kresowa, Stary Rynek 3, Posen, Tel. 061/8 53 12 91. Gegrillter Lachs oder Tenderloin Steak werden von versierten Kellnern serviert. Die Wände zieren Karikaturen berühmter Gäste.

Stara Ratuszowa, Stary Rynek 55, Posen, Tel. 061/8 51 53 18. In den mit Antiquitäten eingerichteten Gewölbekellern des Rathauses speist man gediegen, etwa Kalbshaxe oder Ratsherrenplatte mit fünf verschienenen Fleischsorten.

16 Gniezno/Gnesen

Hübsche Kleinstadt mit hohem nationalen Symbolgehalt.

40 km nordöstlich von Posen liegt zwischen den drei Seen Jelonek, Świętorkrzyskie und Winary die Kleinstadt Gniezno (50 000 Einw.). Sie gilt allgemein als erste Hauptstadt eines polnischen Reiches, mithin als **Wiege** des polnischen Staates.

Historisch verbrieft ist die Gründung einer kleinen Burg auf dem Gebiet des heutigen Gniezno im 8./9. Jh. durch slawische Siedler. Im 10. Jh. war sie zu einer Wehrsiedlung herangewachsen, in der der Polanenfürst Miezko I. residierte. Zu Beginn des 11. Jh. nahm auch der erste polnische **Erzbischof** hier seinen Sitz, denn die hiesige Kathedrale barg die hoch verehrten Reliquien des hl. Adalbert Woyciech († 997), eines tschechischen Bischofs, der die heidnischen Pruzzen missionieren wollte.

Ihre politische Macht verlor die Stadt aber bald wieder an Posen und Krakau, außerdem wurde Gnesen mehrfach zerstört: 1038 von den Böhmen, 1331 vom

Ein wunderbares Beispiel romanischer Schmiedekunst stellt die Bronzetür an der Südseite der Gnesener Kathedrale dar, die in 18 Feldern das Leben des hl. Adalbert erzählt

Der prachtvolle Hochaltar der Kathedrale birgt das silberne Reliquiar des hl. Adalbert

Deutschen Orden, dann während der Nordischen Kriege im 17. und 18. Jh. sowie bei einem Brand 1819. Zuletzt brachte der Zweite Weltkrieg schwere Verwüstungen. Doch immer noch ist Gniezno für die Polen der Kern, aus dem ihr Heimatland erwuchs. Entsprechend hingebungsvoll wurde es auch wieder aufgebaut, sodass die zahlreichen Besucher heute ein schmuckes geschäftiges Städtchen vorfinden.

Wichtigste Sehenswürdigkeit ist die **Katedralna**, die Kathedrale der Erzbischöfe. Nordwestlich des Rynek bzw. nordöstlich des Sees Jezioro Jelonek erheben sich auf dem Lech-Hügel ihre massigen, von barocken Kappen gekrönten Ziegeltürme 64 m hoch. Im 11. Jh. ersetzte eine romanische, dreischiffige Basilika den Vorgängerbau aus dem 9./10. Jh. Der heutige, im Kern gotische Bau begann 1342 unter Erzbischof Bogoria Skotnicki, Mitte des 14. Jh. war das Presbyterium fertig, um 1390 das 85 m lange Schiff mit dem umlaufenden Kranz von 14 Kapellen. Kompakte Ziegelsäulen tragen das 22 m hohe Gewölbe. Das Hauptschiff beherrscht der Hochaltar mit vier markanten gedrehten Säulen und dem 1662 von Peter van der Rennen aus Silber geschmiedeten Reliquiar des hl. Adalbert. Wertvollster Besitz der Kathedrale ist die großartige romanische *Bronzetür* in einem der Vestibüle an der Südseite, das nur von außen zugänglich ist. Die um 1175 von einem unbekannten Meister geschaffene Tür zeigt auf 18 Tafeln Szenen aus dem Leben des hl. Adalbert.

Wenige Schritte nördlich der Kathedrale befindet sich die Sammlung religiöser Kunst des Diözesan-Museums **Muzeum Diecezjalne** (Ul. Kolegjati 2, Tel. 061/4 26 37 78, April–Okt. Di–So 9–16, sonst Di–Sa 9–15 Uhr). Besonders bestechen der byzantinische St.-Adalbert-Kelch aus Achat (10. Jh.), der Dąbrówka-Messkelch von 1175 mit Gravuren und der mit einem Relief verzierte Königskelch von 1190.

Praktische Hinweise

Information

IT, Ul. Tomska 12, Gnesen, Tel./Fax 061/4 28 41 00, www.powiat-gniezno.pl

Hotels

*****Lech**, Ul. Jolanty 5, Gnesen, Tel. 061/4 26 23 85, Fax 061/4 24 57 33, www.hotel-lech.pl. Modernes Haus nordöstlich des Zentrums mit Hallenbad und Pool im Freien, gutes Retaurant.

*****Pałac w Krześlicach**, Krześlice 1, Podbiedziska (30 km westlich von

Legendäre Reichsgründung

Es war einmal ein Prinz namens **Lech**. Der machte sich mit seinen Brüdern Chech und Rus auf die Suche nach einem Land, in dem ihr Volk ruhig leben könne. Eines Abends erhob sich ein **weißer Adler** aus seinem Nest (poln. *Gniazdo*) auf dem Ast eines Baumes und hinter ihm ging die Sonne im Abendrot unter. Da wusste Lech, dass er einen Platz für sein Volk gefunden hatte. Den weißen Adler erkor er zu seinem Wappentier und die Siedlung, die er an diesem Ort gründete, zur Hauptstadt seines kleinen Reiches. Noch heute schmückt der weiße Adler die Fahne Polens und das Stadtwappen von Gniezno, denn dies war der Ort, an dem die Brüder den Adler gesehen hatten.

Gnesen), Tel. 061/815 33 70, Fax 061/ 817 75 38, www.palace.pl. 7 km nördlich von Pobiedziska steht das romantische, Ende des 19. Jh. gebaute Palasthotel in einem malerischen Landschaftspark. Elegantes Ambiente und 20 geschmackvoll eingerichtete, luxuriöse Zimmer. In den Schlossteichen darf geangelt werden, Gäste können sich Fahrräder für Touren durch Park und Umgebung ausleihen. Das Restaurant serviert feine polnische Küche, häufig auch Wild. Diniert wird bei Kerzenschein.

17 Toruń/Thorn

TOP TIPP *Gotische Hansestadt und Geburtsort des Nikolaus Kopernikus mit prächtigem mittelalterlichem Zentrum.*

Vielstöckige historische Lagerhäuser am Ufer der Wisła/Weichsel, die Ruinen einer Burg des Deutschherrenordens, eine Vergangenheit als Hansestadt und eine wunderschöne Altstadt sind die Pfunde, mit denen Toruń (200 000 Einw.) wuchern kann. Die UNESCO zollte dem 1997 mit der Aufnahme in die Liste der Weltkulturerbe Anerkennung.

Geschichte Die eigentliche Gründung von Thorn geht auf den Kreuzritterorden der Deutschherren zurück, der den Ort ab 1231 als unbedeutende Siedlung an einer Weichselfurt übernahm und schnell zu einem wichtigen Stützpunkt ausbaute. Mit der 1233 verfassten *Kulmer Handfeste* verlieh Hermann von Salza, Hochmeister des Ordens, Chełmno/Kulm und Thorn die Stadtrechte. 1264 entstand nördlich der ›Alten Stadt‹ eine ›Neue Stadt‹, die die Ritter mit einer Burg sicherten. Im Jahr 1280 schlossen sich Alt- und Neuthorn der **Hanse** an und entwickelten sich zügig zum bedeutendsten Handelsplatz an der Weichsel. Es folgten nicht enden wollende Kämpfe mit dem polnischen König, der den Deutschen Orden in seinem Reich nicht dulden wollte. 1454 gab der **Thorner Bürgeraufstand** gegen die Kreuzritter das Startsignal für

Die schlanken Türme der Marienkirche machen das Stadtbild von Thorn unverwechselbar

deren Rückzug, ihre Burg wurde auf Geheiß der Ratsherren zerstört. Ein dreizehnjähriger Krieg zwischen der Ordensmacht auf der einen, Preußen und dem polnischen König auf der anderen Seite, war die Folge. Er endete mit dem Zweiten Thorner Frieden 1466, gemäß dessen Vereinbarungen u.a. Thorn und Danzig zu Polen kamen.

1793 fiel Thorn im Rahmen der Zweiten polnischen Teilung an das Königreich Friedrichs II., erst 1920 gelangte die Stadt wieder zu Polen. Glückhaft überstand sie den Zweiten Weltkrieg ohne nennenswerte Schäden an der Bausubstanz. 1966 wurden zudem die Ruinen der einstigen Deutschherrenburg freigelegt.

Besichtigung Ein Streifzug durch die wunderbar erhaltene mittelalterliche Altstadt am Nordufer der Weichsel beginnt in der Fußgängerzone am **Rynek Staromiejsky** 1, dem Altmarkt. Monumental beherrscht in seiner Mitte das **Ratusz** 2 den Markt und die Stadt. Trotz zahlreicher Umbauten zeigt sich das ziegelrote Rathaus noch immer gotisch streng. Es entstand ab 1393 um den Turm des bereits bestehenden Rathauses von 1279. Im 17. Jh. ergänzte man die Fassade um die Türmchen im manieristischen Stil und stockte eine Etage auf. Im Inneren des Rathauses hat das Regionalmuseum *Muzeum Okręgowe* (Rynek Staromiejski 1, Tel. 056/6 22 70 38, April–Okt. Di–So 10–18, sonst bis 16 Uhr) seinen Sitz. Unter den gotischen Kreuzrippengewölben des Erdgeschosses versammelt es Skulpturen aus den Stadtkirchen und Schiffsmodelle. Während der Öffnungszeiten des Museums kann man die Stadtansicht von der Aussichtsplattform des Turmes in 42 m Höhe genießen. Vor dem Rathaus ehrt ein *Bronzedenkmal* (1853) von Friedrich Tieck den berühmtesten Sohn der Stadt, den 1473 hier geborenen *Mikołaj Kopernik*, den später so berühmten Astronomen **Nikolaus Kopernikus** († 1543).

Rund um den Rynek säumen die wunderbar erhaltenen Fassaden der Bürgerhäuser aus Gotik, Renaissance und Barock den Rynek. An seiner Ostseite (Rynek Nr. 35) glänzt beispielsweise das **Kamienica Pod Gwiazdą** 3, das ›Haus zum Stern‹, mit einer reich stuckierten spätbarocken Fassade. An der Südseite gibt sich der 1889–91 errichtete ›Artushof‹ **Dwór Artusa** 4 im Stil der Pseudo-Renaissance. In einem seiner Vorgängerbauten wurde 1466 der Zweite Thorner Friede geschlossen.

In einer nordwestlich wegführenden Gasse überragt die Marienkirche **Kościół Najświętszej Marii Panny** 5 die Häuser. Die dreischiffige, sechsjochige Hallenkirche war zu Beginn des 14. Jh. für ein benachbartes Franziskanerkloster begonnen worden, das 27 m hohe Hauptschiff war 1370 vollendet. Man beachte im Inneren das Mönchsgestühl von 1400, gotische Wandmalereien im rechten Seitenschiff und besonders die Grabkapelle der Ana Waza aus dem Jahr 1636. Die schwedische Prinzessin und Schwester von Zygmunt III. Waza ist in Alabaster auf ihrem Sarkophag verewigt.

Zwei Straßen südlich des Rynek befindet sich nahe der Weichsel die Johanniskathedrale **Katedra Św. Janów** 6. Mit dem Bau des Gotteshauses begann man

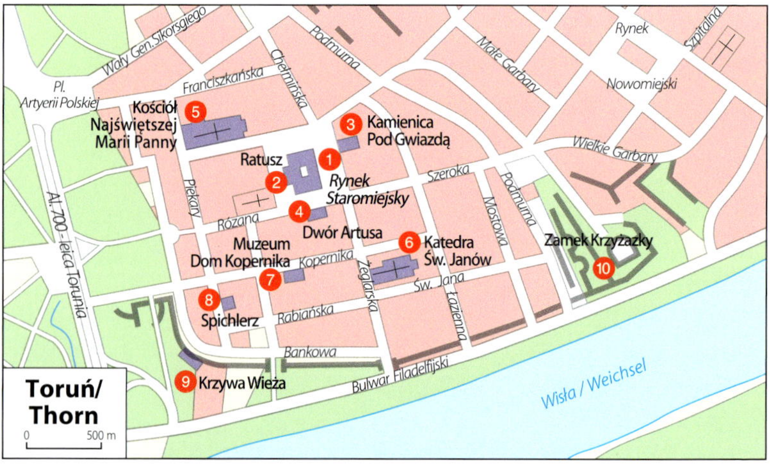

Kreuzritter in Polen

Im Jahr 1198 wurde der **Ordo Domus Sanctae Mariae Teutonicorum**, kurz Deutscher Orden, gegründet. 1225 bat der polnische Herzog *Konrad von Masowien* die Kreuzritter des Ordens um Hilfe gegen die heidnischen Pruzzen, die von ihrem Siedlungsgebiet an der Ostsee aus immer wieder seine Ländereien verheerten. Als Dank versprach der Herzog das eroberte Land. Die ersten Ordensritter überschritten 1231 die Weichsel, an deren Ufer sie **Stützpunkte** wie *Kwidzyn/Marienwerder* (1233) und **Wehrburgen** wie die Feste von *Toruń/Thorn* (1264) errichteten. Bis 1283 hatte der Orden die Pruzzen unterworfen und führte auf dem besetzten Gebiet ein straffes Regiment. Die Eroberung des von Christen besiedelten Pommerellen und Danzigs 1308 brachte ihm allerdings die Feindschaft Polens ein, das ebenfalls Ansprüche auf diese Region anmeldete. 1309 verlegte der Hochmeister des Deutschen Ordens seinen Sitz von Venedig in die prächtige **Marienburg** an der Nogat. Damit hatte der **Ordensstaat** sein Zentrum endgültig in Preußen.

Doch die Spannungen in der Region verstärkten sich zusehends. Sie entluden sich 1410 in der **Schlacht bei Grunwald/Tannenberg.** Der Hochmeister Ulrich von Jungingen und ein Großteil seines Ritterheeres fielen im Kampf gegen die vereinigten Truppen von Polen und Litauen. Zwar blieb das Land des Ordens im **Ersten Thorner Frieden** 1411 unangetastet, doch nach einem allgemeinen *Aufstand* gegen die Ritter musste der Orden nachgeben. Im **Zweiten Thorner Frieden** 1466 trat er weite Ländereien und sogar die Marienburg an Polen ab und unterstellte sich *polnischer Oberhoheit*. Im Jahr 1525 schließlich erklärte sich Hochmeister Albrecht von Brandenburg zum weltlichen Herzog und leistete als Vasall dem polnischen König den Treueeid. Als geistliche Bruderschaft besteht der Deutsche Orden aber noch heute in Deutschland, Österreich und Südtirol.

Unter dem Kreuzesbanner kämpften die Ritter des Deutschen Ordens 1231 bei Thorn gegen die Pruzzen

um 1260, der kräftige, 1407–33 errichtete Viereckturm ragt kaum über das hohe Langhaus hinaus, das Sterngewölbe im Inneren stammt von 1468–73. Der Kirchenraum wird durch mehrere Seitenkapellen erweitert, die im 14. und 15. Jh. angefügt wurden. Im Chor haben sich Wandmalereien aus dem 13. Jh. erhalten, den Hauptaltar schmückt der spätgotische Wolfgangsschrein aus dem Jahr 1506. In der Johanniskathedrale wurde übrigens Nikolaus Kopernikus getauft, woran eine Gedenktafel im nördlichen Seitenschiff erinnert.

Westlich der Kathedrale lädt das Kopernikus-Museum **Muzeum Dom Kopernika** 7 (Ul. Kopernika 15/17, Tel. 056/6 22 67 48, April–Okt. Di–So 10–18, sonst bis 16 Uhr) zum Besuch ein. In diesem Gebäude wurde der bedeutende Naturwissenschaftler (1473–1543) geboren. Im Ambiente eines Bürgerhauses des späten Mittelalters dokumentieren Schriftstücke, Forschungsinstrumente, Möbel und Gemälde sein Leben.

Weiter nach Westen, steht an der Ul. Piekary als Nr. 4 der **Spichlerz** 8, der mitsamt Giebeln am besten erhaltene Getreidespeicher aus gotischer Zeit (um 1350). Ein Katzensprung entfernt Richtung Ufer neigt sich der 1271 aus Backstein mit weißen Zierornamenten errichtete Schiefe Turm **Krzywa Wieża** 9 bedenklich zur Gasse hin.

Städtebauliches Schmuckstück der seit dem Mittelalter fast unverändert erhalten gebliebenen Altstadt von Thorn ist der Rynek mit dem formal strengen, gotisch-geradlinigen Rathaus

Nun führt ein kleiner Spaziergang am Flussufer entlang nach Osten zu den Ruinen der Deutschherren-Burg **Zamek Krzyżazky** 10. Der kriegerische Orden errichtete die Bastion auf nahezu dreieckigem Grundriss und setzte eine Vorburg davor, die wohl als Wirtschaftsgebäude diente. Beide waren von einer Wehrmauer umgeben, zu der Wachbastei, Westtor und Dansker gehörten. Die Burg nahm eine Fläche von 2300 m^2 ein. Der Dankser, ein als Abtritt dienender Turm, ist das einzige vollständig erhaltene Gebäudeteil.

Chełmno/Kulm

Das **mittelalterliche Städtchen** (22 000 Einw.) liegt 42 km nördlich von Thorn malerisch auf den einer Anhöhe der Kulmer Hochebene *Ziemia Chełmińska* am rechten Ufer der Weichsel. Die 1065 erstmals in Urkunden erwähnte Siedlung bekam 1233 Stadtrechte und entwickelte sich im 14. Jh zu einem florierenden Handelsknotenpunkt, der im Jahr 1300 der **Hanse** beitrat. Seine mittelalterliche Bausubstanz hat die Zeiten gut überstanden und präsentiert sich heute fast unverfälscht.

Mittelpunkt der schachbrettartig angelegten und beinahe vollständig von turmbewehrten Mauern umschlossenen Altstadt ist der Marktplatz **Rynek**. Dort begeistert das Ende des 16. Jh. fertig gestellte kompakte Renaissance-Rathaus **Ratusz**. Sockel und erste Etage sind fast schmucklos, darüber nimmt der Steinmetzschmuck zu und endet in einer prächtigen Attika, überragt von einem Uhrturm mit barocker Kappe. Die quer befestigte Eisenstange an der Westwand misst 4,35 m. Diese ›Kulmer Rute‹ galt im Machtbereich der Deutschherren als festes Maß. Das Museum des Kulmer Landes *Muzeum Ziemi Chełmińskiej* (Rynek 1, Tel. 056/6 86 16 41, Di–Fr 10–16, Sa bis 15, So bis 13 Uhr) im Rathaus gibt einen Einblick in die Geschichte der Region. Wichtigste Kirche des Ortes ist die Marienkirche **Kościół Fanarny Wniebowzięcia** im Geviert südwestlich des Rynek. Die Deutschherren ließen sie 1280–1320 bauen. Sehenswert im Inneren sind der monumentale Hauptaltar und die Apostelskulpturen aus dem 14. Jh. Die Orgel stammt aus dem 17. Jh.

i Praktische Hinweise

Information

IT, Rynek Staromiejski 1, Thorn,
Tel. 056/6 21 09 31, Fax 056/6 21 09 30,
www.it.torun.pl

Verkehr

Dworzec Toruń Miasto (Bahnhof),
Pl. 18 Stycznia (2 km östlich des Rynek),
Thorn, Tel. 056/94 36

PKS (Busbahnhof), Al. Solidarności (1 km westlich der Altstadt), Tel. 056/6 55 53 33

Taxi, Tel. 056/91 91 oder 056/91 94

Veranstaltungen

Kontakt. Internationales Theaterfestival im Mai mit Ensembles aus Ost und West.

Festiwalowi Muzyki Chrześcijańskiej ›Song of Songs‹. Festival christlicher zeitgenössischer Musik im Juni.

Hotels

*****Petite Fleur**, Ul. Piekary 25, Thorn, Tel. 056/6 63 44 00, Fax 056/6 63 44 02, www.hotel.torun.com.pl. Kleines Hotel inmitten der Altstadt mit 14 komfortablen Zimmern und viel Atmosphäre in zwei Renaissance-Gebäuden. Empfehlenswertes Restaurant im gotischen Gewölbekeller.

****Wodnik**, Bul. Filadelfijski 12, Thorn, Tel. 056/6 61 32 26, Fax 056/6 61 32 27, www.hotelwodnik.com.pl. Einfache Zimmer im Südwesten des Zentrums an der Weichsel. Großer Pool.

Restaurants

Karczma u Sołtysa, Ul. Mostowa 17, Thorn, Tel. 056/6 52 26 56. Auf Holzbänken sitzt man in urgemütlichem Ambiente, die Wände schmückt allerlei bäuerlicher Hausrat und die Küche serviert delikate Kohlpastete oder mit Pflaumen gefüllte Teigtäschchen.

Ratusz, Rynek 1, Thorn, Tel. 056/62 10 92. Die Gewölbe im Rathaus stammen aus dem 13. Jh., und entsprechend traditionsverbunden wird hier gekocht. Die Mehlsuppe *Żurek* oder Schweinekotelett mit Sauerkraut schmecken vorzüglich.

18 Łódź/Lodsch

Moderne Textilmetropole mit Jugendstil-Vergangenheit und Filmhochschule.

Inmitten des polnischen Tieflandes liegt die Industriestadt Łódz (810 000 Einw.), zweitgrößte Metropole des Landes und ein Zentrum der **Textilindustrie**. Lodsch wurde im Zweiten Weltkrieg nicht zerstört, daher befanden sich die Stadtväter nach 1945 im Zwiespalt zwischen Erhalt historischer Bausubstanz und Modernisierung. Sie entschieden sich für den Mittelweg: Elegantes Art Nouveau und futuristische Glaspaläste, funktionalistische Bauten, Villen und einförmige Mietskasernen geben sich nun ein Stelldichein. Dazu kommt eine rege **Kulturszene**, denn in Lodsch sind nicht weniger als sieben Universitäten angesiedelt. Die bekannteste ist wohl die Staatliche Film-, Fernseh- und Theaterhochschule *Państwowa Wyższa Szkoła Filmowa, Telewizyjna, Teatralna*, an der u. a. international renommierte Regisseure und Schauspieler wie Roman Polański, Andrzej Wajda oder Krzysztof Kieślowski studierten.

Am Kulmer Marktplatz erhebt sich das schmucke Renaissance-Rathaus (16. Jh.)

Geschichte Obwohl der Jagiellonen-König Władysław Lodsch 1423 die Stadtrechte verlieh, behielt der Ort über Jahrhunderte Dorfcharakter und erreichte kaum mehr als 700 Einwohner. Daran änderte auch die Übernahme durch Preußen 1793 nichts. 1815 wurde Lodsch dem im Machtbereich Russlands stehenden Kongresspolen zugeschlagen. Erst danach begann der Aufstieg der Stadt zum **Textilzentrum**. 1823 zogen Tuchweber aus Sachsen, Schlesien, Böhmen und Großpolen zu, 1825 folgten Leinenweber, jüdische Kaufleute gründeten Handelsniederlassungen. 1845 lebten 20 000 Menschen in Lodsch, 1914 waren es bereits 500 000, davon ein Drittel jüdischen Glaubens und etwa 50 000 Deutsche. Die Stadt erwarb sich einen Ruf als ›polni-

Das Mosaikfries am Kindermann-Palast zeigt Szenen des Baumwollhandels und nimmt so Bezug auf die Profession des ersten Besitzers ▷

sches Manchester‹, Fabrikanten und Bankiers wie Poznański, Silberstein, Rosenblatt, Stiller oder Barciński prägten das rege Wirtschaftsleben der Stadt. Mit dem Einmarsch deutscher Truppen 1939 erhielt Lodsch den Namen *Litzmannstadt*. Von den jüdischen Einwohnern überlebten etwa 5000–12 000 das Getto und die Vernichtungslager der Nazis.

Nach dem Krieg siedelten sich neue Textil und Leder verarbeitende Unternehmen an der Peripherie an, Universitäten und zahlreiche Museen förderten ein intellektuelles Ambiente. Den jungen Leuten gilt Lodsch als Zentrum innovativer Musik, der jedes Jahr im September mit der **Parada Wolności**, der Freiheitsparade nach dem Vorbild der Berliner Love Parade, gehuldigt wird.

Besichtigung In der Innenstadt parkt man zentral an der Al. A. Mickiewicza Ecke Al. T. Kosziuszki. Nur einen Block östlich davon kann man seinen Spaziergang durch die Stadt an der Ul. Piotrkowska beginnen, die sich als *Fußgängerzone* nach Norden zieht. Gleich linkerhand steht der Kindermann-Palast **Pałac Kindermanna** 1 (Ul. Piotrkowska 137), 1907 vom Österreicher Karl Seidel für einen Baumwollfabrik-Besitzer gebaut. Die Fassade ist größtenteils schlicht, die obere Fensterreihe aber mit einem schönen venezianischen Mosaik verziert, das Szenen des Baumwolltransportes darstellt. Ab der Ul. A. Struga bis zur Ul. 6 Sierpnia sind in das Straßenpflaster **Metallsterne** eingelassen, jeder mit dem Namen einer berühmten Persönlichkeit aus Film, Funk und Fernsehen. An der Ul. 6 Sierpnia rechts erreicht man an der folgenden Kreuzung die *Villa von Leopold Kindermann*, heute Sitz der Städtischen Kunstgalerie **Miejska Galeria Sztuki** 2 (Ul. Wólczańska 31/32, Tel. 042/6 33 92 39, Di–Sa 12–17, So bis 16 Uhr). Sie wurde 1903 von Gustav Landau-Gutenberg errichtet und gilt als die schönste Jugendstilvilla Polens. Unter einem hohen Dach sind die Mauern des asymetrischen Baukörpers reich mit floraler Ornamentik bedeckt, jedes Fenster besitzt eine andere Form, verschlungene Blumen und Gräser bilden die Ziergitter. Im Inneren ist der Stuck sparsam aber wirkungsvoll farblich abgesetzt, Schwertlilien, Rosen und Kieferäste ranken sich über die Decken. Im kleinen Café kann man sich nach der Bilderschau der Werke zeitgenössischer Künstler wie Boleslaw Biegas (1877–1954) stärken.

Ein Stück des Wegs nach Norden, an der zweiten Kreuzung nach links steht in der Ul. Gdańska 32 der **Pałac Poznański** 3 des Fabrikanten Karl Ponański. Adolf Seligsohn errichtete das noble Familiendomizil 1904 aus Naturstein im Stil der florentiner Renaissance. Schräg gegenüber ließ sich an der Ul. Więckowskiego 36 der Bruder Maurycy Ponański ebenfalls einen Palast errichten. Hinter dessen Fassaden

in venezianischer Renaissance mit Erkern und Balkonen hat heute das Museum für Moderne Kunst **Muzeum Sztuki** 4 (Tel. 042/6 33 97 90, Di 10–17, Mi/Fr 12–17, Do 12–19, Sa/So 11–16 Uhr) seinen Sitz. Künstler aus aller Welt sind mit Gemälden, Skulpturen und Installationen vertreten, Pablo Picasso und Marc Chagall ebenso wie etwa Władysław Strzeminski (1893–1952). Bemerkenswert sind auch die vom Kubismus beeinflussten Skulpturen von Katarzyna Kobro (1898–1951).

Zurück an der Fußgängerzone folgt weiter nach Norden der achteckige Freiheitsplatz **Plac Wolności** 5 mit dem neoklassizistischen ehem. Rathaus von 1827, heute Sitz des Staatsarchives. Unweit nordwestlich davon befindet sich das stadtgeschichtliche **Muzeum Historii Miasta** 6 (Ul. Ogrodowa 15, Tel. 042/6 54 00 82, Di 10–14 Uhr, Mi 14–18 Uhr, Do–So 10–14 Uhr) in einem mächtigen neobarocken ehem. Fabrikantenpalast. Er entstand 1872–1902 für Izrael Kamlanowicz Poznański und blieb fast unverändert erhalten. Über der Fassade mit unzähligen Schmuckdetails aus Köpfen, angedeuteten Säulen und Figuren erhebt sich in sanftem Schwung das Dach. Innen sind die mehr als 300 Räume in einem bunten Gemisch aus Jugendstil und Neobarock gestaltet. Sie beherbergen verschiedene Ausstellungen zur Stadtgeschichte, darunter Notizen und Noten-

Einer der drei Paläste, die der erfolgreiche Textilfabrikant Izrael Poznański (1833–1900) Anfang des 20. Jh. für sich und seine Söhne baute, beherbergt heute das Stadtgeschichtliche Museum

blätter aus dem Nachlass des großen Pianisten *Artur Rubinstein* (1887–1982), der in Lodsch geboren wurde.

Im Süden der Stadt findet man am Ende der Fußgängerzone die Weiße TOP TIPP Fabrik **Biała Fabryka** 7. Der klassizistische Bau aus den 1820er-Jahren ist Teil eines Gebäudekomplexes aus der Blütezeit der Textilindustrie. Heute ist darin passend das Textilmuseum *Muzeum Włokiennnictwa* (Ul. Piotrowska 282, Tel. 042/6 83 26 84, Di/Mi/Fr 9–17, Do 11–19, Sa/So 11–16 Uhr) untergebracht. Hier erfährt man alles über das Textilwesen, von der Rohstoffgewinnung, über die Verarbeitung bis zu den fertigen Produkten.

Der Jüdische Friedhof **Cmentarz Żydowski** 8 liegt etwa 4 km vom Zentrum entfernt im Nordosten an der Ul. Bracka 40 und ist über die Ul. Uniwersytecka gleich nördlich des Bahnhofes zu erreichen. Auf 41 ha reihen sich hier 160 000 Grabsteine aus den Jahren 1893–1939 aneinander, darunter viele künstlerische Kleinode des Jugendstils. Die größten Grabmale stammen von den lokalen Fabrikantenfamilien, so das Mausoleum der Ponańskis mit einem venezianischen Mosaik im Kuppelgewölbe. Am Eingang erinnert ein Denkmal an die ermordeten Juden der Stadt.

Die Geschichte der frühen Industrialisierung zeigt das Textilmuseum in der Weißen Fabrik

Praktische Hinweise

Information

IT, Al. Kościuszki 88,Lodsch, Tel./Fax 042/6 38 59 55, www.uml.lodz.pl

Flughafen

Port Lotniczy Łódź-Lublinek (LDZ), kleinerer Regionalflughafen etwa 7 km südwestlich, Tel. 042/6 88 84 14.
Bus Nr. 55 fährt zum Stadtzentrum.

Verkehr

Łódź Fabryczna (Bahnhof), Pl. Sałacińskiego 1, Tel. 042/94 36

Dworzec Centralny PKS (Busbahnhof), Pl. Sałacińskiego 1 (neben dem Bahnhof), Tel. 042/93 16

Taxi, Tel. 042/6 40 04 00

Nachtleben

Cabaret, Ul. Tuwima 1/3, Lodsch. Flotte Musik aus den 1970ern und 80ern.

Port West, Ul. Piotrkowska 102, Lodsch, Tel. 042/6 32 56 06. Hier tanzt die Jugend zu Techno und House im Ambiente einer Hafenkneipe.

Hotels

*****Grand Hotel**, Ul. Piotrkowska 72, Lodsch, Tel. 042/6 33 99 20, Fax 042/6 33 78 76, www.orbis.pl. Haus mit über 100-jähriger Tradition im Zentrum an der Fußgängerzone. 160 teils luxuriöse Zimmer mit hohem Standard, Restaurant und Business-Center.

****Alicjy**, Al. Politechniki 19a, Lodsch, Tel. 042/6 84 63 70, Fax 042/6 48 76 04, www.hotel-alicja.pl. Westlich der Fußgängerzone, doch zentral gelegen. Modernes Haus mit zehn komfortablen Zimmern nur für Nichtraucher, Restaurant, Bar.

****Daria**, Ul. Studencka 2/4 , Lodsch, Tel. 042/6 59 82 44, Fax 042/6 59 00 11, www.hoteldaria.ta.pl. Zehn Zimmer wurden in einem ehem. Jagdschlösschen aus dem 19. Jh. eingerichtet, das ruhig im stadtnahen Naturschutzgebiet Łagiewniki gelegen ist.

Restaurants

Esplanada, Ul. Piotrkowska 97, Lodsch, Tel. 042/6 30 59 89. Im Jugendstil eingerichtet. Das Essen steht immer wieder unter einem anderen Motto: vegetarisch, venezianisch oder der Koch kreiert ein Pierogi-Festival.

Die Sehnsucht nach Arkadien

Etwa 50 km nordöstlich von Łódź lohnt nahe des Kunsthandwerkerstädtchens Łowicz an der Straße nach Skierniewice der außergewöhnlich prachtvolle TOP TIPP **Pałac Nieborów** (Nieborów, Tel. 046/8385635, www.nieborow.art.pl März/April Di–So 10–16, Mai/Juni tgl. 10–18, Juli–Sept. Mo–Fr 10–16, Sa/So 10–18, Okt. Di–So 10–15.30 Uhr, Park ganzjährig tgl. 10 Uhr–Sonnenuntergang) einen Besuch. Der Herrensitz war im Zweiten Weltkrieg schwer zerstört, aber liebevoll und detailfreudig mitsamt wertvoller Innenausstattung und Park originalgetreu wieder hergestellt worden und ist heute eine Außenstelle des Warschauer Nationalmuseums. *Tylman van Gameren* baute das wunderschöne Barockanwesen 1695–97 unter Einbeziehung eines bereits bestehenden Gutshofes, 1774 kaufte es die Familie Radziwiłł. In die Wände des *Römischen Korridors* sind antike Steindenkmäler eingelassen, u.a. das Marmorgrab einer Römerin aus dem 1. Jh. v. Chr. Höhepunkt dieser Sammlung ist der ›Kopf der Niobe‹, die im 1. Jh. v. Chr. erstellte römische Kopie einer älteren griechischen Marmorbüste. Die prächtige zweiläufige Haupttreppe führt zu den Repräsentationsräumen in der ersten Etage. Plafond und Wände sind mit blauer holländischer Keramik bedeckt. Der *Spiegelsaal* erhielt 1850 Stuckaturen, z.B. zwei große Rosetten an der Decke. Das *Gelbe Kabinett* mit üppigen floralen Ornamenten und einem zierlichen Kachelofen ist frühklassizistisch gestaltet, das *Grüne Kabinett* im Turm enthält englische Antiquitätenmöbel und eine Horaz-Büste aus Wedgewood-Porzellan. 13 zweistöckige, mit Giebel ausgestatte Schränke fassen die rund 12 000 wertvollen Bände der *Bibliothek*. Die Gartenfassade des Schlosses wendet sich nach Süden einem streng geometrisch entworfenen Barock-Park zu, den ein Kanal vom wilderen englischen Landschaftspark im Westen trennt.

Diana, der römischen Göttin der Jagd, ist im Park von Arkadia ein kleiner Tempel geweiht

1778 ließ Gräfin Helena Radziwiłł unweit westlich von Pałac Nieborów den TOP TIPP Landschaftspark von **Arkadia** (tgl. 10 Uhr–Sonnenuntergang) anlegen, der heute als der besterhaltene romantische Park in ganz Europa gilt. Baumeister Szymon Bogumiłł Zug entwarf auf etwa 400 m x 1000 m ein ebenso ungewöhnliches wie hübsches Ensemble. Idyllisch von Weiden und Buchen umstanden spiegelt sich ein *Diana-Tempelchen* in einem künstlichen See, zwischen den Bäumen verstecken sich das *Gotische Häuschen* mit zwei Türmen und unterhalb davon die *Sybillen-Grotte*, deren Portal drei grob behauene Felsen bilden. Der *Tempel des Hohepriesters* ein Stück weiter entstand 1783, an seiner Front warnt eine Inschrift in französischer Sprache: ›Die Hoffnung ist trügerisch und das Leben vergeht‹.

Klub Spadkobierców, Piotrkowska 77, Lodsch, Tel. 042/6337401. Das ehem. Palais des Bankiers Maksymilian Goldfeder besitzt herrliche Säle, in denen man unter reich geschnitzten Holzdecken zwischen Täfelungen, Spiegeln und Porzellan-Kaminen speist. Auf der Karte stehen Köstlichkeiten wie Schweinelendchen mit Sauce Chanterelle, aber auch vegetarische Gerichte.

Piotrkowska Klub, Ul. Piotrkowska 97, Lodsch, Tel. 042/6306573. Im Erdgeschoss gibt es deftige Grillküche, darüber ebenso gute polnische Gerichte wie Barszcz oder Bigos.

MIZ 8
MIZ 8

Stettin und die Ostseeküste – Sandstrände und Kurbäder

Hohe Wanderdünen, mit Kiefernwäldern bewachsene Niederungen, Flüsse, Seen und Haffs prägen **Westpommern**. Die Grenzen zwischen Festland und Inseln, zwischen See und Meer sind hier nicht immer deutlich zu erkennen. Fischerei, Handel und Schiffbau sind im Nordwesten Polens seit Jahrhunderten die wichtigsten Einkommensquellen, im 20. Jh. kam der Tourismus dazu, denn die Strände entlang der Ostsee bzw. des *Baltischen Meeres*, des **Morze Bałtyckie**, gleichen vermeintlich endlosen Bändern puderfeinen Sandes.

Die Hauptstadt Westpommerns ist das traditionsreiche **Szczecin/Stettin**, Mitglied der *Hanse* und bis heute wichtige *Hafenstadt*. Die verzweigten Kanäle und Arme der Oder geben ihr eine besondere, maritime Atmosphäre, historische Prunkbauten wie das *Königsschloss* und die *Jakobskathedrale* sowie die eleganten *Oderterrassen* erinnern an die stolze Geschichte. Seefahrertradition besitzen auch **Świnoujście/Swinemünde** im polnischen Teil der Insel *Usedom* und **Wolin/Wollin** auf der gleichnamigen Nachbarinsel. Hier lockt das Kurbad **Międzyzdroje/Misdroy** mit wunderbaren Sandstränden sowie mit Jugendstilvillen und Hotelpalästen. Einen Einblick in die frühere Geschichte gewährt schließlich ein Besuch in **Kamień Pomorski/Cammin**, das im 12.–15. Jh. *Bischofssitz* und *Residenzstadt* der Pommerschen Herzöge war. Viele Städte in Westpommern wurden durch Bombardements im Zweiten Weltkrieg stark zerstört, doch gelang die Rekonstruktion der wichtigsten Architekturdenkmäler, z. B. in **Kołobrzeg/Kolberg**, dessen gotische Kathedrale wieder in altem Glanz erstrahlt.

Zu den eigenwilligsten Naturlandschaften Polens gehören die küstennahen *Seen* und die von *Wanderdünen* gebildete Nehrung im **Słowiński Park Narodowy** nahe dem Fischerort Łeba.

19 Szczecin/Stettin

Das ›Paris des Nordens‹ ist eine moderne, weltoffene Hafenstadt an der deutsch-polnischen Grenze.

Die Hauptstadt (420 000 Ew.) der Region *Pomorze Zachodnie*, Hinterpommern, präsentiert sich als grüne, wasserreiche Metropole an der hier viel verzweigten **Odra/Oder**. Das Stadtzentrum erstreckt sich westlich des Flusses, am Ostufer befinden sich Hafen und Industriegebiet. Gleich dahinter begrenzt der See **Dąbskie Jezioro** die Stadt, im Nordwesten erstreckt sich der **Głębokie Jezioro**, ein bei den Stettinern beliebter Badesee. 40 % der Stadtfläche besteht aus Parks und Gärten, knapp ein Viertel nehmen Fluss, Kanäle und Seen ein.

Stettin lebt hauptsächlich von seinem Hafen und den Werften, obwohl die Schiffe erst das **Zalew Szczeciński**, das Stettiner Haff, durchqueren müssen, um nach 65 km bei Swinemünde ins offene Meer zu gelangen. Große Teile des im Krieg stark zerstörten und lange vernachlässigten Stettin sind inzwischen aufpoliert, die breiten Alleen wirken herausgeputzt und viele der noch bestehenden Baudenkmäler erstrahlen in neuem Glanz. Für kosmopolitisches Flair sorgen die etwa 50 000 Studenten der lebendigen **Universitätsstadt**. Und außerdem besitzt Stettin mit den dichten Wäldern und den zahlreichen Wassersportmöglichkeiten in nächster Nähe natürlich einen hohen Freizeitwert.

◁ **Oben:** *Am Strand von Misdroy auf Wollin wird durchaus auch gearbeitet*
Unten: *Sonne tanken leicht gemacht! Sommerliches Freizeitvergnügen am langen Sandstrand von Swinemünde*

Geschichte Im 6./7. Jh. besiedelten slawische Wenden und Kaschuben die Region, um das Jahr 900 existierte bereits ein **Fischerdorf** namens Stitin. Im 12. Jh. wurde der mittlerweile zum Warenumschlagplatz gewachsene Ort befestigt und zog nun zunehmend auch deutsche Kaufleute an. 1243 verlieh Barnim Dobry der Gute (1217–1278) von der pommerschen Dynastie der Greifen/Gryfici die Magdeburger Stadtrechte. Die Gryfici-Herzöge waren zwar Vasallen des Deutschen Reiches, es gelang ihnen aber fast 500 Jahre lang, relativ autonom über Pommern zu herrschen. 1278 wurde Stitin Mitglied der **Hanse**, in der Folge erfuhr der Handel einen enormen Aufschwung. Im Dreißigjährigen Krieg fiel der schwedische König Gustav Adolf 1630 mit einer großen Armee ein und Stettin ging an Schweden. 1720 erwarb Preußen unter dem Soldatenkönig Friedrich Wilhelm I. für 2 Mio. Taler die schwedischen Besitztümer in Vor- und Hinterpommern.

1873 rissen die Stettiner die Wallmauern ab und setzten die weitere **Stadtentwicklung** nach Plänen Baron Georges-Eugene Haussmanns (1809–1891) um.

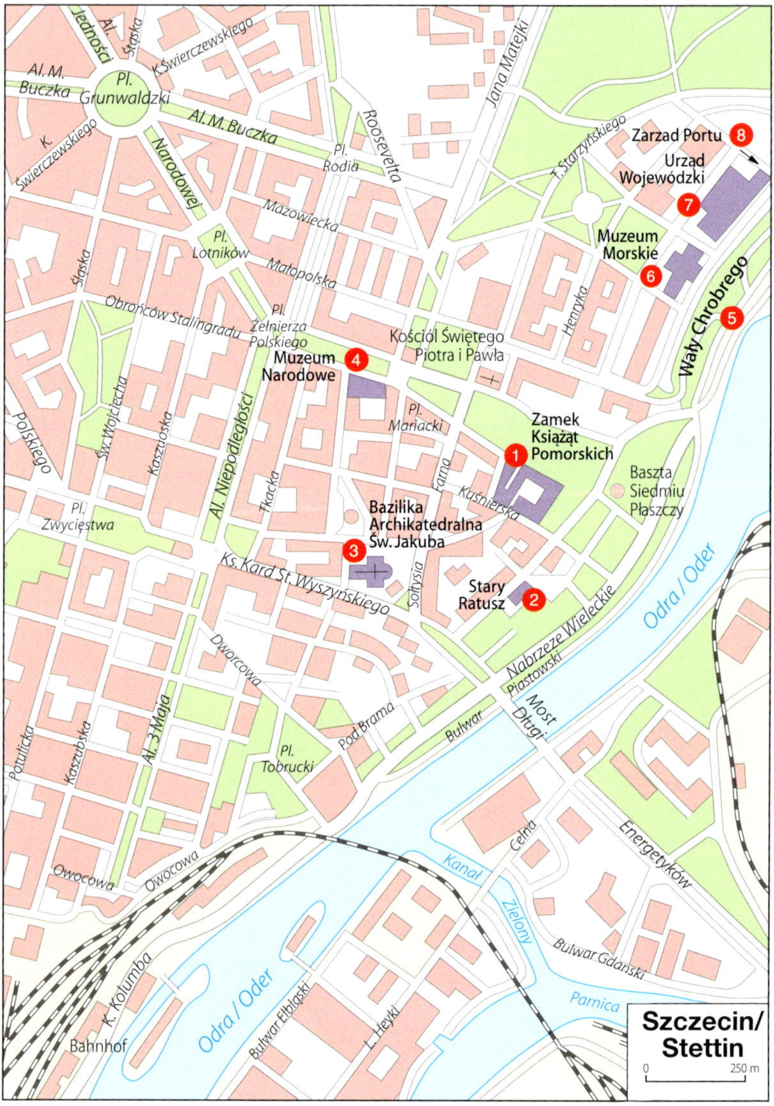

Von einer Anhöhe am Nordwestufer der Oder grüßt das nach dem Krieg im Stil der Renaissance wieder aufgebaute Zamek Książąt Pomorskich, das Schloss der Pommerschen Könige

U. a. wurde der neue Hafen an der Oder gebaut, der Handel florierte. Ende des 19. Jh. war Stettin der größte Hafen an der Ostsee, doch mit dem Versailler Vertrag verlor die Stadt 1919 ihr Hinterland und der Handel versiegte. Im Zweiten Weltkrieg war Stettin als wichtiger **Kriegshafen** Ziel verheerender alliierter Bombenangriffe sowie Schauplatz schwerer Bodenkämpfe. Erst in jüngerer Zeit wurde die Innenstadt zunehmend nach historischem Vorbild wiedererbaut. Wie in Danzig **protestierten** auch in Stettin in den 1970er- und 80er-Jahren Einwohner und vor allem Werftarbeiter gegen die kommunistische Regierung und nach wie vor gilt die Stadt als Hochburg der unabhängigen Gewerkschaft *Solidarność*.

Besichtigung Ausgangspunkt einer Stadtbesichtigung ist das imposante Schloss der Pommerschen Herzöge **Zamek Książąt Pomorskich** 1 (TOP TIPP) (www.zamek.szczecin.pl, Di–So 10–18 Uhr) westlich der 1987 eingeweihten Brücke *Most Zamkov*. Ein Stück entfernt vom nördlichen Oderufer entstand hier im 14. Jh. die erste Residenz der Gryfici, seine heutige Form erhielt das Schloss 1575–77. Die südliche Renaissance-Fassade ist weiß verputzt und mit einer herrlichen Attika gekrönt. Die Bombardements im Zweiten Weltkrieges zerstörten das Schloss völlig, es wurde 1958–80 nach einem Stich von 1652 rekonstruiert. Heute residieren hier die Woiwodschaftsverwaltung sowie Theater, Kino, Café und Touristeninformation. Durch den *Südflügel*, das ›Große Haus‹, betritt man den *Großen Hof* mit dem Uhrturm. Das originelle mittlere Zifferblatt von 1693 ist mit einem menschlichen Gesicht verziert. In den Gewölben des *Ostflügels* dokumentiert das Schlossmuseum *Muzeum Zamku Książat Pomorskich* (ul. Korsarzy 34, Tel. 091/4 33 88 41, Di–So 10–18 Uhr) die Geschichte der Greifen-Dynastie. In den Ausstellungsräumen ruhen die sterblichen Überreste von fünf Herzögen und einer Prinzessin in Zinn-Sarkophagen. Modelle und Bilder veranschaulichen die Rekonstruktion des Schlosses nach dem Zweiten Weltkrieg. Die *Krypta* darunter ist der älteste erhaltene Teil des Schlosses und gehörte zu einer im 16. Jh. abgerissenen Kirche. Vom Großen Hof aus erreicht man durch den *Westflügel* den wesentlich kleineren schmalen *Münzerhof*, der zur Straße hin vom Münzerflügel, nach Norden vom *Schlossturm* begrenzt wird. 203 Stufen sind es bis zur Aussichtsplattform (Mai–Sept. Di–So 10–18 Uhr) in 35 m Höhe mit schöner Sicht über das Geviert des Schlosses, Oder und Stadt.

Die Ul. Panieńska führt südlich zum **Stary Ratusz** 2, dem Alten Rathaus am *Rynek Sienny*, dem Heumarkt. Die farbenfrohen Häuser um den Markt sind erst ein paar Jahre alt, historische Bauten dienten als Vorbild für die Fassaden. Die barock anmutende Häuserfront gibt einen gelungenen Hintergrund für das im 15. Jh. errichtete Rathaus. Es brannte 1677 ab und wurde beim Wiederaufbau mit barocken Stilelementen bereichert. Bei der Rekonstruktion nach dem Zweiten Weltkrieg entschied man sich an der Nordseite für die gotische Ursprungsfassade mit Ziergiebel und für Barock an der Südseite. Im Inneren informiert das *Muzeum Miasta Historii* (Ul. Mściwoja II, Tel. 091/4 88 02 49, Di–So 10–16 Uhr) über die Stadtgeschichte.

Steigt man westlich des Rathauses die Stufen zur Ul. Grodzka hinauf, sieht man vor sich die in die Backstein-Apsis eingelassenen rückwärtigen Glasfenster der Jakobs-Kathedrale **Bazilika Archikatedralna Św. Jakuba** 3 in gotischem Stil. Der stumpfe Turm mit pyramidenförmiger Bedachung scheint mit 55 m für die größte Kirche von Stettin vergleichsweise niedrig, doch nach den Zerstörungen des letzten Krieges wurde er nicht mehr zur ursprünglichen Höhe von 119 m aufgemauert. Seine 6,9 t schwere Glocke mit 2,2 m Durchmesser steht nun in einem Gerüst neben dem Turm. Eine Ausstellung in der Turmhalle schildert die bewegte Geschichte des Gotteshauses, das seit seinem Bau im 14. Jh. mehrfach zerstört und wieder aufgebaut wurde.

Nun folgt man zunächst der Ul. Grodzka weiter und dann der Ul. Starońska nach Norden bis zu ihrem Ende. Im klassizistischen Gebäude rechts ist das Nationalmuseum **Muzeum Narodowe** 4 (Ul. Staromłyńska 1, Tel. 091/4 31 52 36, www.muzeum.szczecin.pl, Di–So 10–16 Uhr) mit seiner Galerie moderner Kunst Polens *Oddział Galeria Sztuki Współczesnej* untergebracht. Gezeigt werden Werke vom Ende des 19. Jh. und aus dem 20. Jh., u.a. von Jacek Malczewski, Olga Boznańska und Tadeusz Makowski.

Weiter führt die Trasa Zamkova nach Osten zum Fluss. Unter den Auffahrten zur Zamkow-Brücke hindurch nach Norden erreicht man die elegante Grünanlage **Wały Chrobrego** 5, die *Haken-Terrassen*, die in mehreren Stufen von der Oder zu einer Reihe repräsentativer Bauten an der oberen Straße emporklettert. Das Haus mit der Nr. 3 beherbergt das Seefahrtsmuseum **Muzeum Morskie** 6 (Wały Chrobrego 3, Tel. 091/4 31 52 60, www.muzeum.szczecin.pl, Di–So 10–16 Uhr), das 1913 erstmals seine Pforten für Besucher öffnete. Exponate zur Archäologie und Ethnographie, maritime Ausstellungsstücke wie Schiffsmodelle, Karten und eine Abteilung zur Geschichte Pommerns zeigen ein vielschichtiges Bild der Region. Der nächste Gebäudekomplex ist die **Urząd Wojewódzki** 7, der Sitz der Woiwodschaft. Er wurde 1904–11

Die zwei Gesichter eines Rathauses: Die hier sichtbare Nordfassade des Stary Ratusz von Stettin wurde im Stil des Barock rekonstruiert, die Südfassade ziert ein hoher gotischer Giebel

Die Haken-Terrassen am Ufer der Oder sind gesäumt von beeindruckenden Repräsentationsbauten, hier das Seefahrtsmuseum (links) und der Verwaltungssitz der Woiwodschaft (rechts)

im Neorenaissance-Stil aus Ziegeln errichtet. Zwei Türme flankieren die Fassade, der linke 72 m hohe Südturm trägt die Kupferstatue eines Matrosen.

Etwas weiter nordöstlich des Wały Chrobrego erstreckt sich der ausgedehnte Hafen **Zarzad Portu** 8. Vom Anleger *Dworzec Morski* aus können Besucher zu einer etwa einstündigen Rundfahrt (Tel. 091/4 33 28 18) durch das interessante Gewimmel aus Frachtschiffen, Barkassen, Landungsbrücken und sonstigem buntem Hafentreiben starten.

i Praktische Hinweise

Information

IT, Ul. Korsarzy 1 (Schloss), Tel. 091/4 89 16 30, Fax 091/4 34 02 86, www.zamek.szczecin.pl//turystyka

Flughafen

Port Lotniczy Szczecin Goleniów (SZZ), 40 km östlich der Stadt. Zubringerbus der LOT von und zur Al. Wyzwolenia 17, Tel. 091/4 81 75 20

Verkehr

Szczecin Glówny (Hauptbahnhof), Ul. Czarnieckiego (1 km südlich des Zentrums), Stettin, Tel. 091/94 36

Dworzec Autobusowy PKS (Busbahnhof), Ul. Czarnieckiego (gegenüber dem Bahnhof, nahe dem westlichen Oderufer), Stettin, Tel. 091/93 16

Taxi, Tel. 091/96 22

Hotels

*****Neptun**, Ul. Jana Matejki 18, Stettin, Tel. 091/4 88 38 83, Fax 091/4 88 41 17, www.orbis.pl. Etwa 500 m westlich der Haken-Terrassen ragt der Hotelturm zwölf Stockwerke in die Höhe. Die 285 Zimmer und Apartments sind komfortabel und bieten einen schönen Ausblick. Fitness, Sauna und ein Kasino sorgen für einen angenehmen Aufenthalt, das Restaurant serviert gute polnische und internationale Gerichte.

Pensjonat Pod Lipam, Osiedle Pod Lipami, Stettin (OT Mierzyn, 7 km westlich), Tel. 091/8 12 25 90, Fax 091/8 12 25 95. Mit nur acht ausgesucht edel eingerichteten Zimmern ist das Haus am Waldrand eine Oase der Ruhe. Eine Sauna und ein kleines Hallenbad stehen den Gästen zur Verfügung. Hierher kommen Jazz-Musiker und Filmschauspieler zur Entspannung.

Restaurants

Chata, Pl. Hołdu Pruskiego 8, Stettin, Tel.091/4 88 73 70. Westlich des Schlosses serviert die ›Bauernhütte‹ Polnisches wie *Pierogi* und eine reiche Auswahl an Fischgerichten.

Chief, Ul. Rayskiego 16, Stettin, Tel. 091/4 34 37 65. Der Küchenchef serviert Fische aus Fluss, See und Meer, Kaviar und Krebse. Die Einrichtung ist u. a. mit Aquarien auf die Speisekarte abgestimmt.

Na Kuncu Korytarza, Ul. Korsarzy 34 (Schloss), Stettin, Tel. 091/812155 0130. Feines Restaurant in historischen Räumen mit polnischer Küche wie dem Eintopf *Bigos* oder der Seezunge mit Kürbiskernen.

20 Świnoujście/ Swinemünde

Ostseebad mit Tradition auf zwei Inseln – Usedom und Wollin.

Etwa 3 km sind es von der deutschen Grenze beim Seebad Ahlbeck bis ins Zentrum von Swinemünde (42 000 Einw.). Die Stadt liegt zu einer Hälfte auf der Insel Usedom, zur anderen auf der Nachbarinsel Wollin. Zwischen beiden verläuft die *Świna*, ein Mündungsarm der Oder, der ab 1818 im Stadtgebiet als **Hafen** ausgebaut wurde.

Swinemünde war im 19. Jh. das größte und bedeutendste Seebad an der Ostseeküste und ist nach wie vor ein beliebter **Badeort**. Auch aus dem deutschen Teil Usedoms kommen oft Gäste, die einen wegen des breiten feinsandigen *Strandes*, die anderen aber schätzen den **Grenzmarkt** in der Ul. Wojska Polskiego mit seinem bunten, billigen Warenangebot. Den Grenzübergang darf man bislang nur zu Fuß oder mit dem Rad passieren. Es ist aber geplant, die Strecke der *Usedomer Bäderbahn* (UBB) bis nach Swinemünde zu verlängern.

Nach Einsetzen des Badebetriebes 1824 entwickelte sich Swinemünde bald zu einem Seebad mit exklusivem Klientel. Mit der Entdeckung von heilkräftigen **Mineralquellen** 1897 avancierte es sogar zur ›Perle der Ostsee‹. Um 1914 zählte man bereits 40 000 Gäste im Jahr.

Unter den Nazis wurde der **Marinestützpunkt** rund um den Hafen massiv ausgebaut, mit ein Grund, warum die Stadt 1945 einen verheerenden Bombenangriff erleiden musste, bei dem 23 000 Menschen starben. Im August des gleichen Jahres wurde der östliche Teil Usedoms mit Swinemünde polnisch. Nur allmählich vollzog sich in den folgenden Jahrzehnten die **Wiederbelebung** von Hafen und Seebad. Nüchterne Zweckarchitektur gab der Stadt ein neues, wenig attraktives Gesicht. Inzwischen aber wird die verbliebene historische Bausubstanz nach und nach renoviert. Den wichtigsten Wirtschaftsfaktor bildet der internationale Hafen, heute der viertgrößte des Landes.

Die Stadt besteht im Wesentlichen aus dem vom großen Kurpark gerahmten **Kurviertel** mit seinen Relikten der *Bäderarchitektur* und der *Strandpromenade*, die vor Wind und Wetter zur Ostsee hin

Deutsch-polnische Gemeinsamkeiten – feiner weißer Sand säumt grenzüberschreitend die Küste der Ostsee und lädt zu erholsamen Ferientagen etwa an den Strand von Swinemünde

durch einen Kiefern- und Dünengürtel geschützt ist. Das moderne Stadtzentrum befindet sich weiter südlich am Westufer der Świna. Nahe der Hafenmole, an der die Schiffe der Usedomer Bäderlinie anlegen, ist im einstigen *Rathaus* (1806) das kleine Museum für Hochseefischerei, **Muzeum Rybołówstwa Morskiego** (Pl. Rybacka 1, Tel. 091/3 21 24 26, Di–Fr 9–16 Uhr, Sa/So 11–16 Uhr) untergebracht. Die Sammlung zeigt nautische Instrumente und Schiffsmodelle und bietet Informationen zur Meeresfauna. Durch den Kurpark nach Nordosten gelangt man anschließend zum nördlichsten Punkt von Swinemünde. Hier an der weit ins Meer führenden Mole steht die weiße Mühlenbake **Stawa Młyny**, ein Leuchtturm mit angedeuteten Windmühlenflügeln, das Wahrzeichen der Stadt. Weiter südlich erheben sich die beiden Mitte des 19. Jh. zum Schutz des Hafens errichteten Festungen: die Engelsburg, **Zachodni Fort**, am diesseitigen, und das Fort Gerhard, **Fort Gerharda**, am Wolliner Ufer.

Insel Wolin/Wollin

Mit der Stadtfähre geht es über die Świna auf die **Insel** Wollin, mit 265 km² das größte polnische Eiland. Hier steht unweit des Forts Gerharda der 68 m hohe Leuchtturm **Latarnia Morska** (tgl. 10–18 Uhr) von 1858. Sein Licht ist 45 km weit zu sehen und wer die 290 Stufen zu seiner Spitze erklommen hat, kann den Blick über Meer und Inseln genießen.

Die E65 führt von der Anlegestelle der Fähren ins 15 km entfernte nostalgische Seebad **Międzyzdroje/Misdroy**. Verwinkelte Straßen, Jugendstilvillen und -pensionen, der Kurpark, die elegante Seebrücke und die breite Strandpromenade mit Blick über die Ostsee prägen das Bild des hübschen Ortes, der seit 1835 Badegäste empfängt und heute ein beliebtes Urlaubsziel der polnischen Haute Volée ist. Südlich des Zentrums dokumentiert das zum Wolliner Nationalpark gehörige Naturkundemuseum **Muzeum Przyrodnicze** (Ul. Niedpodległości, Misdroy, Tel. 091/3 28 07 37, Mai-Sept. Di–So 9–17, sonst Di–Sa 9–15 Uhr) mittels Präparaten und Schautafeln Flora und Fauna der Ostseelandschaft.

Unweit des Naturkundemuseums beginnt schon der Wolliner Nationalpark **Woliński Park Narodowy** (www.wolinpn.pl). Das wild- und waldreiche, 4700 ha umfassende Schutzgebiet erstreckt sich zwischen Ostsee

TOP TIPP

Beeindruckende Naturerlebnisse bietet der Wolliner Nationalpark seinen Besuchern

und Haff und schließt auch die Sumpfgebiete an einem alten Arm der Świna ein. Ein schöner, rot markierter Wanderweg (12 km) führt von Misdroy nach Nordosten zur 95 m hohen Steilküste am Berg *Gora Gosan* und weiter bis zum Ort Kołczewo/Kolzow. Die grüne Route (1 km) verläuft vom Parkeingang durch den Wald zum eingezäunten Wisentreservat, *Rezerwat Żubrów* (Ul. Leśna, Misdroy, Mai–Sept. Di–So 10–18, sonst Di–Sa 8–16 Uhr). Von einer Plattform kann man die urtümlichen, zotteligen, bis zu 1000 kg schweren Tiere beobachten, die einst die Wälder der Insel bevölkerten.

i Praktische Hinweise

Information

IT, Wybrzeże Władysława 4, Swinemünde, Tel. 091/3 22 49 99, Fax 091/3 27 16 29, www.swinoujscie.pl

Verkehr

Bus Nr. 8 zwischen Grenzübergang und Hafen von Swinemünde, mehrmals tgl. 8–17 Uhr

Schiffsverbindung von den deutschen Seebädern Ahlbeck, Heringsdorf und Bansin nach Swinemünde, im Sommer mehrmals täglich

Hotels

******Amber Baltic**, Promenada Gwiazdi 1, Misdroy, Tel. 091/3 28 10 00, Fax 091/3 28 10 22, www.hotel-amber-baltic.pl. Nüchterner Bau mit 190 Zimmern und Apartments direkt am Strand.

Komfortabel bis luxuriöse Ausstattung, Hallen- und Freibad, Fitnesseinrichtungen, gutes Restaurant und ein angeschlossener 18-Loch-Golfplatz (Shuttleservice).

***__Aurora__, Ul. Bohaterów Warszawy 17, Misdroy, Tel./Fax 091/3 28 12 48, www.hotelaurora.pl. Aus dem frühen 20. Jh. stammendes, modernisiertes Gebäude direkt an der Strandpromenade neben dem Kulturhaus, 36 komfortable, angenehm eingerichtete Zimmer und Apartments.

**__Polaris__, Ul. Słowackiego 33, Swinemünde, Tel. 091/3 21 54 12, Fax 091/3 21 24 37, www.hotelpolaris.pl. Zwei Häuser mit angenehmen Zimmern, außerdem mit Kurangeboten.

Restaurants

Albakora, Ul. Konstytucij 3-Maja 6, Swinemünde, Tel. 0 91/3 21 21 61. Gute Fisch- und Fleischgerichte in einem ganz kleinen Lokal mit gediegener Einrichtung.

Ambasador, Ul. Słowackiego 33, Swinemünde, Tel. 0 91/3 21 54 12. Restaurant des Hotel Polaris (s.o.) mit eleganter Einrichtung und zuvorkommendem Personal. Gäste wählen z. B. Ente auf polnische Art oder nehmen eines der vielen, vorzüglich zubereiteten Fischgerichte.

Eines der wertvollen Ausstattungsstücke der Camminer Katedralna Św. Jana ist die holzgeschnitzte Kanzel von 1682

21 Kamień Pomorski/ Cammin

Die Kathedrale des Städtchens am Bodden ist ein romanisch-gotisches Schmuckstück.

Das **Kur- und Heilbad** (10 000 Einw.) liegt der Insel Wollin gegenüber am *Zalew Kamieński*, dem Camminer Bodden, 8 km vom Meer entfernt. Im 12. bis 15. Jh. war die blühende Stadt **Bischofssitz** und **Residenz** der Gryfici-Herzöge, dann wählten diese Stettin zu ihrer Kapitale und Cammin blieb nur noch die regionale Bedeutung als Fischereihafen.

Von der historischen Bausubstanz ist im Ort nach dem Krieg wenig, dafür aber Außergewöhnliches erhalten: Unweit des Bodden erhebt sich die rote Ziegelfassade der romanisch-gotischen TOP TIPP **Katedralna Św. Jana**, deren Bau 1176 begann. Von außen gibt sich die Kathedrale mit ihrem die Dächer von Langhaus und Querschiffen kaum überragenden *Turm*, der allerdings erst 1934 aufgesetzt wurde, fast bescheiden. Von ca. 1200 datieren die ältesten Teile des nördlichen Querschiffes. Das Langhaus war um 1350 fertig, seine Südfassade besitzt eine gotische Attika von 1410 mit schlankem Säulenwerk. Innen beherrscht den lang gezogenen Kirchenraum das spätgotische *Tryptichon* vom Ende des 15. Jh. in der romanischen Apsis. Die feine Schnitzarbeit zeigt in der Mitte ›Mariä Himmelfahrt‹, auf der linken Tafel Szenen aus dem Leben Johannes des Täufers, auf der rechten das Martyrium des hl. Faustus. Links vom Altar hängen zwei herrliche *Gemälde* von Lucas Cranach d. Ä. aus dem 16. Jh.: Der ›Weg nach Golgatha‹ und ›Die Kreuzigung Christi‹. Die barocke *Kanzel* von 1682 mit dem weit ausladenden figurinenbesetzten Dach ist ein Meisterwerk der Holzschnitzkunst. Weiter beachtenswert ist die 13 m lange und 9 m hohe *Orgel* von 1669–72, die die gesamte Empore füllt. Über das Nordschiff erreicht man den gotischen *Kreuzgang* (tgl. 9–17 Uhr) aus dem 13./14. Jh., das Taufbecken in seiner Mitte stammt aus dem 12. Jh.

i Praktische Hinweise

Information

Ratusz, Ul. Stary Rynek 1, Cammin, Tel. 091/3 82 11 42, 091/3 82 50 28, www.kamienpomorskie.pl

Veranstaltungen

Festiwal Muzyki Kameralnej i Organowej, Kathedrale, Cammin, Tel. 091/3 82 05 41. Alljährliches internationales Orgelfestival im Juli und August.

Hotel

*****Staromiejski**, Ul. Rybacka 3, Cammin, Tel. 091/3 82 26 44, Fax 091/3 82 26 43, www.hotel-staromiejski.pl. 40 Komfort-Zimmer im Ortszentrum mit Blick auf den Bodden und die Insel Wollin.

Restaurant

Pod Muzami, U. Gryfitów 1, Cammin, Tel. 091/3 82 22 40. Hausspezialität ist saure Mehlsuppe auf polnische Art in Brotteig serviert, als Hauptgericht könnten gefüllter Zander oder Eisbein folgen.

22 Kołobrzeg/Kolberg

›Salzstadt‹ mit Heilwasser, Historie und herrlichen Stränden.

Ein neues Zentrum, der Hafen, eine kleine Altstadt und viele Hotels bestimmen das Bild des renommierten **Kurortes** (46 000 Einw.) an der Mündung der Parsęta/Persante in das Baltische Meer. Reichlich Parkgrün, heilkräftige Solquellen, weite Strände, Sanatorien und Kureinrichtungen locken jedes Jahr über 500 000 Besucher in das Ostseestädtchen.

Geschichte Als Kolberg im Jahr 1000 zum Bistum erhoben wurde, gab es bereits einen ordentlichen burgbeschützten Handelsstützpunkt, der im Jahr 1255 Stadtrechte erhielt. Zu dieser Zeit begann auch die Salzgewinnung aus den stark mineralhaltigen Quellen nahe dem Flüsschen Parsęta. Im 14. Jh. wurde Kolberg in die Hanse aufgenommen, 1630 plünderten Schweden die Stadt, 1648 marschierten Brandenburger Soldaten ein. 1806/07 standen während der Napoleonischen Kriege die Franzosen sechs Monate vor den Toren, ohne dass es ihnen jedoch gelang, die Stadt einzunehmen. Das Dritte Reich griff das Ereignis in dem 1945 gedrehten propagandistischen Durchhalte-Film ›Kolberg‹ auf. Tatsächlich aber zerstörten schwerste **Kämpfe** gegen Ende des Krieges Kolberg und seinen Hafen fast vollständig. Die gesamte deutsche Bevölkerung verließ die Trümmer, Polen bauten die Stadt neu auf, die sich heute wieder als moderner Kurort präsentiert.

In der strandnahen Altstadt Kolbergs wurden einige historische Häuserzeilen rekonstruiert

Spiel und Spaß warten am Strand von Kolberg auf unternehmungslustige Urlauber

Besichtigung Das touristische Leben spielt sich meist in der **Hotelzone** mit Kurpark und Strand im Norden der Stadt ab. Südlich davon liegt jenseits der Bahngleise die vor wenigen Jahren originalgetreu wieder errichtete **Altstadt**.

Fährt man von Süden auf sie zu, bietet der Parkplatz auf der Salzinsel Wyspa Solna eine gute Möglichkeit, den Wagen abzustellen. Noch auf der Insel zeigt das kleine, stets zugängliche Freiluftmuseum

Schinkel, eigentlich Meister des Klassizismus, entwarf das neogotische Kolberger Rathaus

Skansen nachgebaute frühere Einrichtungen zur Salzproduktion, wie beispielsweise Salzpfannen, aus denen das Wasser verdunstete. Das hier gewonnene Salz wurde entlang der Bernsteinstraße nach Prag und sogar bis Rom transportiert. Am nordwestlichen Ende der lang gestreckten Insel steht bei der Marina die *Reduta Morast*, ein Teil der ehem. Hafenbefestigungen.

Über eine kleine Brücke und die Ul. Spacerowa geht es nach Nordwesten zum Leuchtturm **Latarnia Morska** an der Hafeneinfahrt. Sein kreisrundes, etwa 8 m hohes Fundament mit einem Durchmesser von ca. 50 m war Teil der 1774 fertig gestellten Hafenbefestigung. Der stummelartige Leuchtturm selbst wurde nach dem Zweiten Weltkrieg von den Russen aufgemauert. Von der *Aussichtsplattform* (tgl. 10–18 Uhr) reicht der Blick über Hafen, Stadt und Land. An seinem Fuß starten Nachbauten der mittelalterlichen Schiffe ›Santa Maria‹, ›Pirat‹ und ›Viking‹ zu einstündigen *Ausflugsfahrten* (Kontakt über das Tourismusbüro) auf das offene Meer hinaus.

Nun kann man entlang der Uferpromenade nach Osten flanieren, der weit ins Meer ragenden Mole einen Besuch abstatten oder einfach den knapp 2 km langen **Strand** erkunden, an dem Liegestühle, Gleitschirme und Ruderboote für die Urlauber bereitstehen. Man kann aber auch die etwa 1,5 km nach Südosten zur **Altstadt** spazieren. Ihr Mittelpunkt ist der wunderbare Mariendom **Bazylika Wniebowzięcia NMP**, 96 m lang, 42 m breit und mit einer Höhe von 22 m im Presbyterium. Der mittlere Helmturm des Turmblocks ragt 74 m in den Himmel. 1321 wurde die dreischiffige Kathedrale fertig gestellt, 1350 kamen zwei Seitenschiffe hinzu. Im Zweiten Weltkrieg war das Gotteshaus fast vollständig zerstört, doch im Jahr 2000 konnte es seine Tore wieder öffnen. Zu beachten sind insbesondere das *Taufbecken* (1335) aus Bronze von Johann Alart mit wunderschönen Reliefarbeiten zum Leben Christi und der nach seinem Stifter als ›Schlieffens Krone‹ bezeichnete aus Holz geschnitzte *Kronleuchter* in der Mitte des Hauptschiffes aus dem Jahr 1523.

Im östlich anschließenden Geviert steht das **Ratusz**, das mit seinen Zinnen und Türmchen fast Burgcharakter hat. Vorlage für den neogotischen Rathausbau aus den Jahren 1829–32 waren Pläne von Karl Friedrich Schinkel.

Pojezierze Pomorskie/ Pommersche Seenplatte

Immer wieder blitzen zwischen Stettin und Danzig am Fuße baumbestandener sanfter Hügel oder umgeben von Wiesen und Kartoffeläckern einer der 1649 Seen der Pojezierze Pomorskie auf, der Pommerschen Seenplatte. Blauer Himmel erstreckt sich über mit Moos bewachsene Schlossruinen, über schnatternde Enten und Gänse, über Bootsstege und auf den Uferwiesen kieloben gelagerte Kähne. Als schönster Teil der Seenplatte gilt das ›Fünf-Seen-Tal‹, das im Zentrum zwischen *Czaplinek* und *Połczyn Zdrój*, auch die **Połczyner Schweiz** genannt wird. Unter den zahlreichen möglichen Aktivitäten ist neben Radfahren Paddeln und Segeln auf den Seen und Flüssen besonders beliebt.

i Praktische Hinweise

Information

IT, Ul. Dworcowa 1, Kolberg, Tel./Fax 094/3 52 79 39, www.kolobrzeg.turystyka.pl

Verkehr

Dworzec Kolejowy (Bahnhof), Ul. Kolejowa, Tel. 094/3 52 35 76

Dworzec Autobusowy PKS (Busbahnhof), Ul. Kolejowa, Tel. 094/3 52 39 28

Sport

Ark-Charter, Ul. Warzelnicza 1, Kolberg, Tel. 094/3 54 43 01, Fax 094/3 52 87 07, www.arkcharter.pl. Jachtverleih und Tourarrangements zum Hochseeangeln oder für die Pommersche Seenplatte.

Hotels

*****Solny**, Ul. Fredry, Kolberg, Tel. 094/3 54 57 00, Fax 094/3 54 58 28, www.orbis.pl. Modernes, komfortables Haus östlich des Zentrums und 10 Gehminuten vom Strand entfernt mit 140 Zimmern, Schwimmbad und ausgezeichnetem Restaurant.

TOP TIPP ****Pałac Budzistowo**, Ul. Pałacowa 19, Kolberg (OT Budzistowa, 3 km südlich des Zentrums), Tel. 094/3 54 72 12, Fax 094/3 54 66 45, www.maxmedia.pl/palacbudzistowo. Kleines in der 2. Hälfte des 19. Jh. erbautes Schloss, das ehemals den Herren zu Muckow gehörte. Das renovierte Haus bietet nun in den Gästezimmern allen Komfort. Auch die Gemeinschaftsräume sind nobel ausgestatteten. Das gute Restaurant ist für seine Weinkarte bekannt. Gleich nebenan befindet sich ein Gestüt.

Restaurants

Pod Winogronami, Ul. Towarowa 16, Kolberg, Tel. 094/3 54 73 36. Im großen Restaurant am Hafen kann man zwischen Bistro und elegantem Gasthaus wählen. Dorsch mit Lauch und in Wein und Gemüse gekochter Lachs sind nur zwei der vielen köstlichen Spezialitäten. Große Weinkarte und Kinderspielecke.

Quo Vadis, Ul. E. Gierczak 26a, Kolberg, Tel. 094/3 52 89 61. Das Kellerrestaurant in der Fußgängerzone bietet mit Schmiedeeisengittern abgetrennte Sitzecken. Die kleine feine Weinkarte erlaubt eine gute Auswahl zu den ausgezeichneten Fischgerichten des Hauses.

23 Darłowo/Rügenwalde

Intaktes Pommernstädtchen und Geburtsstätte eines nordischen Königs.

Rund 80 km nordwestlich von Kolberg liegt die nette **Kleinstadt** (16 000 Einw.) am Fluss Wieprza/Wipper, 3 km vom Meer und vom Badeort *Darłówko/Rügenwaldermünde* entfernt. Im 11. Jh. schützte die Festung *Dyrlowo* die Siedlung, die 1270 Stadtrechte erhielt. 1308 kam sie zu Brandenburg, 1352 begann Bogusław V. (1318–1374) mit dem Bau eines befestigten Schlosses. In diesem wurde 1382 Erik, genannt **Erich von Pommern**, geboren, der 1397 König von Dänemark, Schweden und Norwegen werden sollte. Doch 1439 entthronten ihn die Dänen, 1441 die Schweden und 1442 die Norweger. Fortan kaperte Erik Handelsschiffe und machte sich so einen Ruf als ›Piratenkönig‹ und ›Letzter Wikinger der Ostsee‹. 1449 kehrte er nach Rügenwalde zurück, das seit 1412 Mitglied der Hanse war. Dort lebte er friedlich, vergrößerte das Schloss und starb am 4. April 1459.

Das moderne Darłowo lebt vornehmlich von der Fischerei, auch kleinere Handelsschiffe legen gelegentlich im Flusshafen an und löschen ihre Fracht. Heute kennt man den deutschen Namen der Stadt vor allem wegen der ›Rügenwalder Teewurst‹, die hier erfunden wurde.

Die ausgezeichnet erhaltene, im Krieg nicht zerstörte mittelalterliche **Altstadt** liegt am östlichen Ufer der Wieprza. Straßen und Gassen sind akkurat im rechten Winkel zueinander um den großen Hauptplatz **Pl. Kościuszki** angelegt. Ihn dominiert der 60 m hohe wuchtige Viereckturm der Marienkirche **Kościól N. P. Marii**, die auf die Mitte des 14. Jh. zurückgeht. Ihr dreischiffiges Inneres schmückt eine *Kanzel* aus der Zeit um 1720 mit fein gearbeiteten Holzskulpturen. Die *Orgel* stammt aus dem 19. Jh. In der *Turmkapelle* steht der Sarkophag von Erik neben den Grabmälern von Jadwiga und Elisabeth, den beiden letzten pommerschen Herzoginnen. Hinter der Kirche wendet sich die breite, zweistöckige Barockfassade des **Ratusz** von 1722 dem Alten Markt zu. Unmittelbar vor dem Rathaus wurde 1919 der *Fontana Rybacka*, der Fischerbrunnen, aufgestellt.

Im Süden des Rathauses liegt **Zamek Książat Pomorskich**, das Schloss der Pommerschen Herzöge aus dem 14. Jh. mit Renaissance-Umbauten. Ein Tor führt durch den 24 m hohen Turm in der Frontmitte in den Schlosshof. Hier befindet sich der Eingang zum *Muzeum Zamku Książat Pomorskich* (Ul. Zamkowa 4, Tel. 094/3 14 23 51, Mo–Fr 8–16, Sa/So 10–16, Winter tgl. bis 16 Uhr) mit Exponaten volkstümlicher und sakraler Kunst.

i Praktische Hinweise

Information

IT, Ul. Zamkowa 4, Rügenwalde,
Tel. 094/3 14 35 72, www.darlowo.com.pl

Hotel

*****Lidia,** Ul. Dorszowa 3, Rügenwalde (OT Darłówko), Tel. 094/3 14 30 38, Fax 094/3 14 43 33, www.hotel-lidia.pl. 34 angenehme Zimmer im westlichen Bereich des Badeortes, 150 m vom Meer. Mit Hallenbad, Sauna, Spielplatz und Grillstelle im Garten sowie einem guten Fischrestaurant.

24 Słowiński Park Narodowy

TOP TIPP *Fantastische Dünenlandschaft und Kiefernwälder am Meer.*

Seinen Namen verdankt der 18 000 ha große **Slowinzische Nationalpark** (www.slowinskipn.pl, Mai–Sept. tgl. 7–21, sonst 8–16 Uhr) der slawisch-kaschubischen Volksgruppe der Slowinzen, die jahrhundertelang in dieser Region siedelten. Seit 1977 steht der Park auf der UNESCO-Liste der *Biosphärenreservate*. Seine Küste säumt ein 5 km langer schmaler Streifen mit über 50 m hohen, strahlend weißen **Wanderdünen**, landeinwärts prägen zahlreiche **Strandseen**, weite **Moore** und dichte **Kiefernwälder** die Landschaft. Die beiden größten Seen sind *Jezioro Łebsko*, der Lebasee mit 7140 ha, und *Jezioro Gardno*, der 2400 ha bedeckende Gardersee. 850 Blütenpflanzenarten, 500 Algenarten, 160 Moos- und 250 Flechtenarten wachsen im Park – darunter die vom Aussterben bedrohte *Korallenwurz*, die *Echte Sumpfwurz* und das *Glanzkraut*. Besonders reich ist auch die Vogelwelt. Auf den Seeinseln und in den Sumpfwiesen flattern und stolzieren Gänse, Enten, Kraniche, Strandläufer und Große Brachvögel. Hoch oben schweben Adler, Bussarde und Habichte, zwischen den Kieferästen ruckt der Uhu seinen Kopf. Hermelin, Biber, Otter und Wiesel huschen über die Böden und am Strand aalen sich sogar Kegelrobben.

Der Nationalpark besitzt drei **Zugänge**, *Łeba* im Osten, *Rowy* im Westen und *Smołdzino* im Süden, an denen man Eintritt bezahlt und auch eine übersichtliche Wanderkarte bekommt. Der Eingang Łeba ist den **Białe Góry**, ›Weiße Berge‹, genannten Wanderdünen am nächsten. Er befindet sich 1,5 km westlich des Fischer- und Urlaubsortes Łeba bei dem Dorf Rabka. Vom dortigen Parkplatz geht es zu Fuß, per Rad, mit Elektrobahn oder Kutsche 3,5 km auf gutem Weg durch den Wald zum Freiluftmuseum **Skansen**. Auf diesem Gelände testete ab 1941 die deutsche Rüstungsindustrie zwischen Dünen und teils unterirdisch die Raketen ›Rheintochter‹ und ›Rheinbote‹. Bunker, Beobachtungsplattform und Abschussrampe sind teils noch erhalten. Weitere 2 km sind es nun bis zu den **Wanderdünen**. Ihr feiner Sand dringt in die Schuhe, wenn man mühsam die steilen Flanken erklimmt, aber oben reicht der Blick aus 40–50 m Höhe weit über das Meer im Norden und die Seen hinter der Nehrung. Fast 10 m wandern die Dünen im Jahr, je nach vorherrschendem Wind und abhängig davon, wie stark die Dünen durch wurzelnde Pflanzen wie Waldkiefer oder Strandhafer stabilisiert werden. Von hier aus kann man in 6 Std. auf dem rot markierten Weg bis Smołdzino weiter wandern. Dort befindet sich auch die Parkverwaltung (s. u.) mit dem **Parkmuseum** (tgl. 9–17 Uhr), das Wissenswertes zur hiesigen Flora und Fauna zeigt.

Sand satt finden abenteuerlustige Urlauber in den Wanderdünen des Slowinzischen Nationalparks. Meterhoch türmen sich die Białe Góry, die ›Weißen Berge‹, an der Ostseeküste

An der südwestlichen Seite des Jezioro Łebsko, 10 km östlich von Smołdzino, präsentiert das **Muzeum Wsi Słowińskiej w Kluckach** (Ul. Dominikańska 5–9, Tel. 059/8 46 30 20, Sommer tgl. 9–18, Winter bis 16 Uhr), das Freiluftmuseum des ›Slowinzischen Dorfes‹, Kultur und Brauchtum der Slowinzen. Hier lassen auf 10 ha Fläche aufgebaute Bauernhöfe, Viehställe, Scheunen, Backöfen, Bootsschuppen und Fischerhütten das traditionelle Leben wieder auferstehen, wie es die Slowinzen noch bis zum Beginn des 20. Jh. geführt hatten.

i Praktische Hinweise

Information

Słowiński Park Narodowy, Ul. Bohaterów Warszawy 1a, Smołdzino, Tel./Fax 059/8 11 72 04, www.slowinskipn.pl

IT, Ul. 11 Listopada 5a, Łeba, Tel./Fax 059/8 66 25 65, www.leba-kurort.pl

Ausflüge

Schiffausflüge vom Hafen Łeba auf die Ostsee u. a. mit den Dampfern ›Wędkarz Morski‹, Tel. 059/8 66 15 21, oder ›Delfin III‹, Tel. 059/8 66 22 98

Hotels

*****Pałac Soplica**, Ul. Jeziorna 2,Nowęcin (am südlichen Rand des Jezioro Sarbsko), Tel. 059/8 66 16 15, Fax 059/8 66 19 47, www.soplica.com.pl. Das 1497 errichtete Schloss Neuhof wurde vorzüglich saniert und bietet 28 komfortable Gästezimmer, herrschaftliche Salons und ein ausgezeichnetes Restaurant mit polnischer Küche.

****Neptun**, Ul. Sosnowa 1, Łeba, Tel. 0 59/8 66 14 32, Fax 8 66 23 57, www.neptunhotel.pl. Das in neugotischem Schlossstil errichtete Hotel liegt als einziges in Łeba direkt am Strand. Die 35 Zimmer sind bequem und ansprechend eingerichtet. Schwimmbad, Tennisplatz und Nachtclub im Haus.

Restaurants

TOP TIPP **Ewa Zaprasza**, Ul. Morska 49, Sasino, Tel. 058/6 76 33 39. Zunächst servierte Ewa Hausmannkost in einem kleinen Zimmer, heute ist ihr Restaurant weit über die Grenzen der Region bekannt. Im Sommer sitzt man hinter einer Rosenhecke und speist aufs Feinste zubereitete Regionalküche wie Damhirsch in Karamelsauce, mit Pflaumen gefüllten Schweinebraten oder Zander in Steinpilzsauce. Davor wird z. B. Roggenschrotmehlsuppe gereicht.

Gościniec u Bernackich, Ul. Bohaterów Warszawy 26, Smołdzino, Tel. 059/8 11 73 64. In rustikaler Atmosphäre gibt es u. a. Fleischpiroggen mit Pilzen und Kohl oder Schweinebraten mit Chili und Pilzen. Auch Zimmervermietung.

Danzig und Masuren – herrschaftliche Ritterburgen und nostalgische Ostseebäder

Hafenstädte und Seebäder lagern sich um die tiefe Danziger Bucht, die *Zatoka Gdańska*, im Nordosten Polens. Landeinwärts schließt sich eine von zahllosen Flussläufen und Seen durchzogene Tiefebene an. In ihr liegen die *Pojezierze Kaszubskie*, die **Kaschubische Seenplatte**, und östlich die *Pojezierze Mazurskie*, die **Masurische Seenplatte**. In beiden Regionen sind Wassersportler wie Segler und Kanuten ganz in ihrem Element. Windsurfer finden ihr Glück dagegen eher vor, Sonnenanbeter an den Puderstränden der Halbinsel **Hel/Hela**.

In der einst mächtigen und reichen Hansestadt **Gdańsk/Danzig** belegen steinerne Zeugen wie die *Große Mühle*, das mächtige *Krantor*, die von malerischen, alten Häusern gesäumte *Frauengasse* und die elegante *Marienkirche*, dass die Stadt einst der bedeutendste Hafen am Baltischen Meer war. Dagegen prägen Jugendstilvillen des 19./20. Jh. das Seebad **Sopot/Zoppot** mit seinem herrlichen Strand und der nicht enden wollenden Pier.

Auch in diesem Teil Polens stößt der Besucher allenthalben auf das Vermächtnis der *Deutschherren*, etwa auf ihr Hauptquartier, die gewaltige Festung **Malbork/Marienburg**. Von der düsteren Vergangenheit des Dritten Reichs künden schließlich die Betonklötze im ehem. Führerhauptquartier *Wolfsschanze* bei **Kętrzyn/Rastenburg**.

25 Gdańsk/Danzig

Kaufmännischer Stolz und Wohlstand spiegeln sich im historischen Kern der Hafenstadt.

Die ›Königin der Ostsee‹ (460 000 Einw.) ist die **Hauptstadt** der Woiwodschaft *Pomorski*. Zusammen mit dem Seebad Zoppot und der modernen Hafenstadt Gdingen, die nördlich an Danzig anschließen, bildet sie ein großes zusammenhängendes Stadtgebiet an der Westseite der Danziger Bucht. *Trójmiasto*, **Dreistadt**, nennen die Polen dieses Konglomerat, in dem insgesamt 750 000 Menschen leben, die vorrangig auf den Werften und in den Häfen Gdingen und Danzig arbeiten.

◁ **Oben:** *Über den Dächern von Danzig – Luftbildaufnahme der traditionsreichen Hafenstadt an der Ostsee*
Unten: *Beschauliches Masuren – am Jezioro Jagodne südlich von Lötzen finden Urlauber meist ein stilles Plätzchen*

Danzig war von jeher eine Stadt des Schiffbaus, der Seefahrt und des Handels. Danziger Kaufleute häuften immense Reichtümer an und ließen stolze, prunkvolle Bürgerhäuser, Kirchen und Denkmäler errichten. Bombardements und Sprengungen machten im Zweiten Weltkrieg alles dem Erdboden gleich, doch heute lässt die rekonstruierte Altstadt die goldene Epoche Danzigs wieder aufleben.

Geschichte Im Jahr 999 erwähnte der Benediktinermönch *Jan Kaparius* bereits den von Slawen bewohnten Fischerort ›Urbs Gyddanycz‹. Aus dem Westen zogen Händler und Handwerker zu und im 12. Jh. umfasste die Siedlung schon einige hundert Holzhäuser, besaß Marktplatz, Hafenkai und Schutzwall. 1240 erhielt sie dann das Lübecker Stadtrecht. Mit der Aufsplitterung des polnischen Königreiches in Herzogtümer wurde Danzig die Hauptstadt des **Herzogtums Pommerellen**. 1282 überschrieb der letzte Herzog von Pommerellen *Mściwoj II.* im Vertrag

1980: Arbeiter der Danziger Leninwerft feiern Gewerkschaftsführer Lech Wałęsa

Vom Werftarbeiter zum Staatspräsidenten

Der am 29. September 1943 in Popowo bei Bydgoszcz/Bromberg geborene **Lech Wałęsa** wuchs in einfachen Verhältnissen auf und arbeitete seit 1966 als Elektriker auf der Danziger Leninwerft. 1970 wurde er Mitglied des Streikkomitees, dessen Aktionen der Staat im selben Jahr blutig beendete. Wałęsa beteiligte sich ab Mai 1978 an der Gründung einer unabhängigen Gewerkschaft, aus der 1980 die **Solidarność** hervorging. Im August 1980 wurde er Vorsitzender des Streikkomitees in Danzig, 1981 als Vorsitzender des nationalen Exekutivkomitees NSZZ Solidarność (1981–1990) kurzzeitig verhaftet. Internationale Anerkennung erhielt Wałęsa 1983 durch die Verleihung des Friedensnobelpreises. 1988 leiteten die Streiks auf der Danziger Werft den Sturz der kommunistischen Regierung ein, 1989 führte Wałęsa die Oppositionsdelegation bei den Gesprächen am runden Tisch an. Bei den folgenden freien Wahlen wählte das Volk die Symbolfigur im Kampf gegen den Kommunismus und für die Demokratie zum **Präsidenten** der **Republik Polen** (1990–95).

von Kempendorf seinen Besitz dem Herzog von Großpolen *Przemysł II*. 1308 standen Soldaten der Mark Brandenburg vor den Toren, um sich einen Teil Pommerellens zu erkämpfen. Burgvogt *Bogusza* von Danzig rief daraufhin die **Deutschherren** ins Land, die noch im selben Jahr die Brandenburger vertrieben. Doch beim darauf folgenden ›Danziger Blutbad‹ metzelten die Deutschordensritter die großpolnische Burgbesatzung sowie viele Städter nieder und verleibten die Stadt und Pommerellen ihrem Reich ein. Nachdem sie 1343 das Kulmer Stadtrecht erhalten hatte, wurde die Stadt 1361 Mitglied der **Hanse**. 1454 kam Pommerellen zu Polen, 1457 verlieh der polnische König Kazimierz IV. Danzig die ›Großen Privilegien‹.

Während der Reformation im 16. Jh. bewahrte sich das protestantische Danzig die **Konfessionsfreiheit** und bot Verfolgten aus ganz Europa Zuflucht. Damals lebten rund 50 000 Menschen in der nun wirtschaftkräftigsten Metropole Polens. Während der Nordischen Kriege des 17. Jh. widerstand Danzig den schwedischen Truppen, doch 1669 wurde es aus der Hanse ausgegliedert und 1703 standen die Schweden wieder vor den Toren. Die geforderte Auslösesumme trieb die Stadt schließlich in den **Ruin**.

Die Zweite Teilung Polens 1793 brachte Danzig zu Preußen. Ab der Mitte des 19. Jh. setzte zaghaft ein neuer Aufschwung ein und ab 1871 bauten die **Danziger Werften** die Kriegsflotte des Deutschen

Bei der Leninwerft erinnert das Denkmal Pomnik Poległych Stoczniowców an die Opfer, die der Arbeiterstreik 1970 forderte

Reiches. 1878 wurde Danzig Hauptstadt der Provinz Westpreußen. Nach dem Ersten Weltkrieg erlangte Danzig durch den Versailler Vertrag den Status einer ›Freien Stadt‹ unter der Schirmherrschaft des Völkerbundes. Zoll, Postwesen und Fernverkehrseinrichtungen standen unter polnischer Verwaltung. Zwischen Danzig und Deutschland lag nun der ›Polnische Korridor‹, Polens Zugang zur Ostsee. Da die Danziger den Handel mit dem polnischen Hinterland boykottierten, baute Polen das Dorf Gdynia/Gdingen im Korridor zum Hafen aus und schon 1930 lebten dort 100 000 Menschen. Mit dem Beschuss der Danziger Halbinsel **Westerplatte** begann im September 1939 der Zweite Weltkrieg. Danzig kam zunächst wieder zu Deutschland, doch 1945 lag die Stadt nach alliierten Angriffen und Sprengungen der russischen Armee in Schutt und Asche und die deutsche Bevölkerung floh.

1948 begann der mühsame Wiederaufbau der Rechtstadt und wichtiger Kulturdenkmäler in der Altstadt, **Handel** und **Werftindustrie** florierten erneut. 1970 streikten die Werftarbeiter von Stettin, Gdingen und Danzig u. a. wegen hoher Lebensmittelpreise. Die Ordnungskräfte schossen auf Demonstranten, von denen mehr als 100 starben. Erneute Streiks führten 1980 zur Gründung der Gewerkschaft **Solidarność**, die maßgeblich zur Auflösung des kommunistischen Regimes beitrug. Schließlich mündeten die politischen Umwälzungen 1989 in den ersten freien Wahlen Nachkriegspolens. 1997 feierte die Stadt ihr tausendjähriges Bestehen.

Besichtigung Die Motława/Mottlau durchfließt Danzig von Süd nach Nord und bildet zwei Inseln, die als Speicherplätze benutzt wurden – die südliche *Spichlerze* und die nördliche *Ołowianka*. Westlich der Spichlerze liegt die **Rechtstadt** (Główne Miasto), nördlich schließt sich die **Altstadt** (Stare Miasto) an.

Der Rundgang beginnt am *Pl. Solidarnośći* im Norden der Altstadt. Vor dem Eingang der Danziger Werft erinnern die drei schlanken, 42 m hohe Metallkreuze des **Pomnik Poległych Stoczniowców** ❶, des Denkmals für die gefallenen Werftarbeiter, an die Opfer des Streiks im Dezember 1970. Die hoch oben an den Querbalken befestigten Anker sind Ausdruck der Hoffnung. Etwa 500 m südlich des Denkmals liegt an der viel befahre-

Goldverzierte Holzschnitzereien schmücken das Innere des Altstädtischen Rathauses

nen Ul. Podwale Grodzkie der schöne Bahnhof **Gdańsk Główny** ❷, der u. a. Stilelemente der Danziger Spätgotik aufgreift. Den 48 m hohen Turm des 1900 fertig gestellten Gebäudes konzipierten die Architekten Alexander Rundell und Paul Thomer nach dem Vorbild des Rathausturmes in der Rechtstadt. Dem Bahnhof gegenüber führt die Ul. Karmelicka in die Altstadt.

Stare Miasto/Altstadt

Der zweistöckige, elegant-schlichte Ziegelbau des Altstädtischen Rathauses **Ratusz Staromiejski** ❸ (Ul. Korzenna 33/35) wurde 1587–89 nach Plänen des flämischen Architekten *Anton van Obbergen* errichtet. An der Schaufassade flankieren zwei Ecktürmchen den schlanken Hauptturm. Das Rathaus hat den Zweiten Weltkrieg fast unbeschadet überstanden. Sein Inneres wurde 1911–14 im Stil der Neorenaissance umgestaltet und enthält künstlerisch wertvolle Relikte aus Danziger Bürgerhäusern. Außerdem beherbergt das Rathaus heute ein *Kulturzentrum* (Tel. 058/3 01 10 51, tgl. 10–18 Uhr).

Den durch die Altstadt verlaufenden Kanal *Raduni* entlang nach Osten kommt man zu einem Inselchen mit der **Wielki Młyn** 4, der im 14. Jh. unter den Deutschherren errichteten Großen Mühle. Malerisch steht der imposante Backsteinbau am Kanal, sein ausladendes Satteldach zieht sich über sechs Stockwerke fast bis zum Boden. Die Mühle mit einst 18 Mühlrädern war noch bis zur Mitte des 20. Jh. in Betrieb, heute befindet sich im Inneren ein modernes Einkaufszentrum mit vielen kleinen Läden. Gleich östlich am Kanal entstand im 13. Jh. anstelle einer früheren Holzkirche die backsteinerne Katharinenkirche **Kościół Św. Katarzyny** 5. In dieser ältesten Kirche der Stadt ist der Astronom *Johannes Hevelius* (1611–1687) bestattet. Sehenswert ist ein spätgotischer geschnitzer *Flügelaltar* im Mittelschiff und der *Hochaltar* von 1609 mit einer Kreuzigungsszene vor dem Danziger Stadtpanorama.

Weiter nach Osten geht es zum Postmuseum, dem **Muzeum Poczty** 6 (Pl. Obrońców 1/2, Tel. 058/3 01 76 11, Di–Fr 10–16, Sa/So 10.30–14 Uhr). Es erinnert mit einer kleinen Ausstellung an die Geschichte der Post, vor allem aber mit Fotos und Uniformen an die polnischen Postbeamten, die das Amtsgebäude im September 1939 bis zum Tod gegen die deutsche Armee verteidigten.

Główne Miasto/Rechtstadt

Flaniert man nun auf der Uferpromenade am Kanal *Stara Motława* entlang nach Süden in die Rechtstadt hinein, hat man den nach oben immer weiter auskragenden Holzvorbau eines der wichtigsten Stadtsymbole vor Augen, des Krantors **Żuraw** 7. Es entstand, als das 1363 errichtete Breite Tor, *Brama Szeroka*, 1444 mit einem gewaltigen Lastkran zum Warenlöschen versehen und zum Wehrkomplex ausgebaut wurde. Von den flankierenden Rundtürmen konnte man das ganze Ufer und die gegenüberliegende Insel mit dem ›Bleihof-Speicher‹, einem heute nicht mehr existierenden Lagergebäude der Deutschherren, beschießen – eine bürgerliche Machtdemonstration gegenüber dem Ritterorden. Die heutige Gestalt erhielt das Krantor im 15. Jh. nach einem Brand. Heute beherbergt es einen Teil des Zentralen Meeresmuseums *Centralne Muzeum Morskie* (Mai–Sept. tgl. 10–18, sonst Di–So 10–16 Uhr). Das Museum dokumentiert die Geschichte des Tors, im Nebengebäude sind Ruder- und Segel-

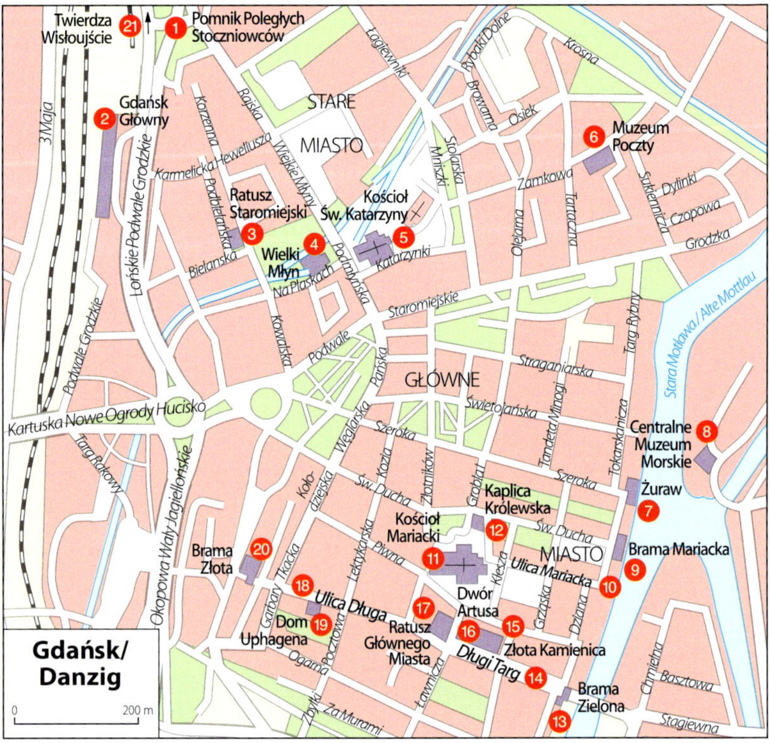

Gewaltiges Symbol florierenden Welthandels – das Krantor aus dem 15. Jh. gilt als Wahrzeichen von Danzig und als eines der weltweit größten mittelalterlichen Industriedenkmäler

boote aus aller Welt zu sehen. Die Fähre am Krantor bringt Besucher auf die Speicherinsel Ołowianka zum Hauptsitz des **Centralne Muzeum Morskie** 8 (Ul. Ołowianka 9, Tel. 058/3 01 86 11, www.cmm.pl, Mai–Sept. tgl. 10–18, sonst Di–So 10–16 Uhr). Es befindet sich in drei Speichern an der Stelle des ehem. Bleihofes und erzählt die Geschichte der polnischen Seefahrt, birgt Schiffsmodelle sowie Funde aus der Danziger Bucht.

Zurück an der Uferpromenade steht zwei Straßen weiter südlich das Frauentor **Brama Mariacka** 9. Der stattliche Bau aus der zweiten Hälfte des 14. Jh. mit Umbauten aus dem 15. Jh. ist das älteste erhaltene Stadttor Danzigs. Schlanke Nischen bis unter das Dach und zahlreiche Fenster lockern die Fassade auf, die Schießscharten in den schmalen Türmchen rechts und links weisen noch auf die ursprüngliche Funktion als Wehrbau hin. Jenseits des Tores beginnt die berühmte **Ulica Mariacka** 10. Schmal ist der Fußweg der Frauengasse, links und rechts führen vier, fünf Stufen hinauf zu den Terrassen vor den Hauseingängen. Diese so genannten *Beischläge* waren typisch für den Ostseeraum. Die Häuser sind höchstens drei Fenster breit, so wollte es das Danziger Gesetz. Kopfsteinpflaster, Poller, fein geschwungene Geländerzierläufe und prächtige Reliefbrüstungen an den Beischlägen lassen das Mittelalter aufleben. Doch auch diese Gasse wurde nach dem Krieg mit Hilfe alter Stiche, Gemälde und Fotos neu aufgebaut. In den Kellerräumen der Häuser sind Ateliers, Cafés und kleine Geschäfte untergebracht. Vor allem die Auslagen der Bernsteinschleifer verlocken zum Kauf.

Am Ende der Gasse überragt die monumentale Marienkirche **Kościół Mariacki** 11 die umliegende Bebauung. Mit 105 m Länge, 68 m Breite und einer Gewölbehöhe von 28 m war sie im 14. Jh. die größte Backsteinkirche Europas. Zunächst sollte eine wesentlich kleinere Basilika errichtet werden, doch die Stadtoberen unterbrachen 1379 den bereits 1343 begonnenen Bau und ließen neue Pläne von Heinrich Ungeradin erstellen. 1502 war das dreischiffige Gotteshaus mit dreijochigem Chor, dreischiffigem Querschiff und einem reich gearbeiteten Gewölbe vollendet. Durch große Fenster strömt das Licht herein und weitet den in schlichtem Weiß gehaltenen hohen Kirchenraum. 13 gotische Altäre, 32 Epitaphe aus Renaissance und Barock und über 500 Grabplatten laden zur Betrachtung ein. Besondere Beachtung verdient das voller Dramatik ausgeführte *Triptychon* ›Jüngstes Gericht‹ (1473, Kopie, Original im Danziger Nationalmuseum) von Hans Memling in der Kapelle links vom Eingang. Blickfang im nördlichen Querhaus ist die 14 m hohe, von Hans Düringer

Schnurgerade führt die malerische Frauengasse durch die dicht bebaute Altstadt von Danzig; an ihrem Ende erhebt sich majestätisch der markante Backsteinturm der Marienkirche

1470 geschaffene *Astronomische Uhr* mit Mondphasen und der Stellung von Sonne und Mond im Tierkreis auf dem Zifferblatt. Das Kalendarium verzeichnet u. a. die Namen der Kalenderheiligen.

Die an der Nordseite der Marienkirche errichtete Königliche Kapelle **Kaplica Królewska** 12 (nur von außen zu besichtigen), eine Stiftung von König Jan III. Sobieski anlässlich seines Besuches in Dan-

Anschauungsunterricht: Die Mitteltafel mit dem Jüngsten Gericht von Hans Memlings Triptychon in der Danziger Marienkirche wird von Paradiespforte und Höllensturz flankiert

Stolze Bürgerhäuser säumen den Langen Markt in Danzig, hier in der Mitte das Goldene Haus mit seinen prächtigen Reliefs und den vier Statuen auf der Balustrade

zig 1677/78, wurde 1681 fertig gestellt. Das Barockbauwerk wurde nach Entwürfen des niederländischen Architekten *Tylman van Gameren* errichtet. Die Plastiken an der hellen, mit dem Rot der Marienkirche kontrastierenden Fassade führte der Danziger Bildhauer Andreas Schlüter aus.

Durch die Ul. Mariacka kehrt man nun zurück zum Kanal und folgt diesem weiter nach Süden bis zum Grünen Tor **Brama Zielona** 13. Durch die 1568 aus Ziegeln errichtete Renaissance-Residenz der polnischen Könige, führen vier Tordurchgänge zum Langen Markt. Die Residenz sah zwar nie einen polnischen König als Besucher oder gar Bewohner, dafür hatte auf der dem Markt zugewandten Seite gleich rechts Lech Wałęsa sein Büro.

Rund um den Długi Targ

Vom Grünen Tor bis zum Rechtstädter Rathaus erstreckt sich der prächtige **Długi Targ** 14, der Lange Markt. Hier zeigt sich die Stadt von ihrer repräsentativsten Seite. Ungefähr in der Mitte des länglichen Platzes fällt rechter Hand das **Złota Kamienica** 15 durch seine vollständig mit vergoldeten Reliefs überzogene Fassade ins Auge. Dieses *Goldene Haus* gehörte dem Bürgermeister Hans Speimann, der sich in Italien die Anregungen zur Fassadengestaltung seines Hauses holte und 1609 Abraham van Block mit dem Umbau beauftragte. 1617 hatte Hans Voigt auch die Reliefs und Skulpturen an der Schauseite fertig gestellt. Von der Balustrade blicken die Statuen von Kleopatra, Ödipus, Achilles und Antigone über den Langen Markt. Etwas weiter auf der gleichen Seite gliedern breite und hohe Spitzbogenfenster die Fassade des **Dwór Artusa** 16. Der Verputz lässt die Illusion entstehen, der Artushof sei aus Steinquadern errichtet. Das seit 1350 bestehende und 1552 sowie 1617 umgebaute Gebäude war Sitz der bürgerlichen Bruderschaften von Danzig, Banken genannt, wurde aber auch als Konzertsaal genutzt. Ab 1742 war hier die erste Börse Polens untergebracht. Eine von steinernen Löwen flankierte, breite Eingangstreppe führt zum Portal, das Medaillons von Zygmont III. und Władysław IV. schmücken. Das dahinterliegende Foyer öffnet sich in die mit feinsten Holzdrechselarbeiten und herrlichen Fresken geschmückte, *spätgotische Halle*. Beachtenswert ist vor allem der 12 m hohe, farbenfrohe Renaissance-Kachelofen (1545) von Georg Stelzener. Daneben steht die Holzskulptur des ›Drachentöters Georg‹ (1485) von Hans Brandt. Von der Decke hängen alte Schiffsmodelle. Vor dem Gebäude symbolisiert der 1613 bei Abraham van den Block in Auftrag gegebene *Neptunbrunnen* die enge Verbindung der Stadt zum Meer.

Das Rechtstädter Rathaus mit seinem 80 m hohen Turm überragt den Langen Markt

Das Rechtstädter Rathaus **Ratusz Głównego Miasta** 17 wurde von den Sprengungen des 20. Jh. verschont. Stolz und schlank beherrscht der Ziegelbau die Häuserflucht und schließt den Langen Markt ab. Seinen Ursprung hat er in einem 1379–82 erbauten einstöckigen Rathaus mit niedrigem Turm. Mitte des 15. Jh. kam die dem Langen Markt zugewandte Ostfassade mit Türmchen hinzu und man stockte Haupthaus und -turm auf. 1561 erhöhte Dirk Daniels den Turm mit einem prächtigen, vielstöckigen Helm auf stolze 80 m. Aus den Anfängen des 17. Jh. stammt die fürstliche Inneneinrichtung, die im dortigen Geschichtsmuseum **Muzeum Historyczne Miasta Gdańska** (Ul. Długa 47, Tel. 058/7 67 91 00, www.mhmg.gda.pl, Di–Sa 10–16, So 11–16 Uhr) zu besichtigen ist. Im Sommer kamen die Ratsherren im Roten Saal zusammen, den Anton van Obbergen 1593–1611 üppig dekorierte. Reich geschnitzte Sitzbänke und Simse sowie ein herrlicher Kamin (1593) mit dem Danziger Wappen dokumentieren Wohlstand und Handelserfolge der Danziger Bürgerschaft. Die allegorischen Gemälde an den Wänden schuf der niederländische Künstler Jan Vredemann de Vries, die berühmte Deckenmalerei (1608/09) Isaak van den Blocke. Sie zeigt in der Mitte die ›Apotheose der Bindung von Danzig an Polen‹. Das zentrale Bildwerk ist umgeben von zahlreichen weiteren, in vergoldeten Rahmen gefassten Gemälden. Lohnend ist eine Besteigung des *Turmes*, denn von der Aussichtsplattform eröffnet sich ein wunderschöner Blick über die Rechtstadt.

TOP TIPP

Im Artushof kann man Prachtstücke wie den 12 m hohen farbigen Kachelofen entdecken

Hinter dem Rathaus beginnt die ebenfalls von schönen Patrizierhäusern gesäumte Langgasse **Ulica Długa** 18 als Verlängerung des Langen Marktes. Auf halbem Weg zum schon sichtbaren Goldenen Tor am Ende der Langgasse steht linkerhand das frühklassizistische, mit Rokoko-Elementen spielende **Dom Uphagena** 19 (Ul. Długa 12, Tel. 058/3 01 23 71, Di–Sa 10–16, So 11–16 Uhr). Johann Dreyer entwarf 1779 das Gebäude, das sich von der schmalen Fassade zur Straße hin nach hinten weitet. Innen kann man feinsten Rokoko-Zierrat und die Original-Möblierung eines Bürgerhauses des 18. Jh. besichtigen. Am letzten Sonntag jedes Monats lädt das Uphagen-Haus mittags zur Kammermusik. Das Goldene Tor **Brama Złota** 20 entstand 1612–14 nach Abriss des Langgasser Tores. Abraham van den Blocke gestaltete den zweistöckigen Renaissancebau als Triumphbogen und versah die stadtabgewandte Seite mit der Inschrift ›Es müsse wohl ge-

Beste Aussicht über die gesamte Festung Weichselmünde sowie über Westerplatte und Bucht bietet der Rundturm (15. Jh.) im Zentrum der Burganlage, der einst auch als Leuchtturm diente

hen denen, die dich lieben, es müsse Friede sein inwendig in deinen Mauern und Glück in deinen Palästen.‹ Die andere Seite schmückt die Inschrift ›Eintracht mehrt, Zwietracht zerstört‹.

Gold aus dem Baltikum

Im Tertiär bedeckten riesige Nadelbaum-Wälder das Baltikum, deren Harz damals ins Grundwasser gelangte. Chemische und physikalische Prozesse verhärteten es, Erosion trug die bedeckenden Schichten ab – und so gelangte das fossile Harz als **Bernstein** wieder an die Oberfläche. Von gelblichweiß über honiggelb bis braunrot reichen seine Farbschattierungen. Gewonnen wird er im Tagebau mit Baggern oder mit Schleppnetzen vom Schiff aus.

Im Altertum galt Bernstein als sehr kostbar und wurde über die **Bernstein-Straße** bis nach Ägypten und ins Zweistromland exportiert. Der Name des Bernsteins (poln. ›Bursztyn‹) kommt von ›brennen‹, da er schon bei 350 °C schmilzt und unter Verbrennung von Gasen und Ölen Bernsteinkolophonium hinterlässt. Zwischen 2 und 10 € muss für einen Schmuckstein, je nach Verarbeitung, pro Gramm kalkuliert werden.

Westerplatte

Die Halbinsel Westerplatte liegt nördlich des Zentrums, die dortige Festung Weichselmünde **Twierdza Wisłoujście** 21 (Ul. Stara Zwierdza, Tel. 058/3 43 14 05, Juli–Sept. 10–17 Uhr, nur mit Führung) erreicht man mit dem Auto über das östliche Ufer der Martwa Wisła, des alten Weichselarmes mit den Hafenanlagen, oder mit der Fähre vom Neuen Hafen *Nowy Port* (Ul. Wyzwolenia) zum gegenüberliegenden Stadtteil *Wisłoujście* (Ul. Jana Charpantiera). Ursprünglich bewachte die Festung die Mündung der Weichsel, doch ab dem 16. Jh. häuften sich Sandablagerungen im Fluss zu einer Insel, die in der zweiten Hälfte des 17. Jh. schließlich zur Halbinsel Westerplatte wurde.

Die Westerplatte war im 19. Jh. der Badeort der Danziger. 1925 erhielt Polen die Verfügungsrechte und baute hier ein Munitions-Durchgangslager. Am 1. September 1939 um 4.45 Uhr morgens feuerte der in den Hafen eingefahrene deutsche Panzerkreuzer ›Schleswig-Holstein‹ von Süden die erste Salve auf die von 210 polnischen Soldaten besetzte Anlage und begann damit den Zweiten Weltkrieg. Daran erinnert das einzig erhaltene Wachhaus **Wartownia** (Ul. Sucharskiego 1, Tel. 058/3 43 69 72, Mai–Sept. tgl. 9–16 Uhr) sowie das monumentale Denkmal **Pomnik Obrońców Wybrzeża** auf dem Hügel westlich des Wachhauses. Die 236

Zwischen Cargobais und Containerschiffen, Verladebrücken und Trockendocks – eine Rundfahrt durch den Danziger Hafen ist spannend und unterhaltsam, nicht nur für ›Landratten‹

Granitblöcke mit einem Gewicht von 1200t türmen sich 25m hoch. Die Köpfe eines Matrosen und eines Soldaten sind oben in Stein gemeißelt, die Schriftzüge nennen Namen von Schlachten im Zweiten Weltkrieg, an denen polnische Soldaten teilnahmen.

i Praktische Hinweise

Information

IT, Ul. Heweliusza 27, Danzig, Tel. 058/3 01 43 55, Fax 058/3 01 66 37, www.gdansk.pl

Stadtführungen

PTTK, Pl. Solidarności 1, Danzig, Tel./Fax 058/3 01 48 18, www.pttk-gdansk.pl

Flughafen

Port Lotniczy Gdańsk-Trójmiasto (GDN), Ul. Słowackiego 200, 8 km westlich von Danzig, Informationen unter Tel. 058/3 48 11 63. Busverbindung zum Bahnhof mit Nr. B

Verkehrsmittel

Ausflugsschiffe fahren von der Anlegestelle Przytań Zeglugi Gdańskiej beim Grünen Tor zur Westerplatte und zur Halbinsel Hela.

Fährverbindungen gibt es nach Nynäshamm (Schweden) und von Gdingen aus nach Karlskrona (Schweden).

Gdańsk Główny (Hauptbahnhof), Ul. Podwale Grodzkie, Danzig, Tel. 058/3 01 00 51

Dworzec PKS (Busbahnhof) , Ul. 3 Maja 12 (hinter dem Bahnhof), Danzig, Tel. 058/3 02 15 32

Taxi, Tel. 058/96 27 oder 058/96 24

Veranstaltungen

Internationales Orgel-Fest. Meister der Orgelmusik spielen im Juli und August in der Oliwa-Kathedrale (Stadtteil Oliwa).

Internationales Straßentheater-Festival FETA. Im Juli bevölkern Jongleure und Pantomimen die Straßen, aber auch große Bühnenspektakel unter freiem Himmel werden veranstaltet.

Einkaufen

Ninard, Długi Targ 22/23, Danzig, Tel. 058/3 05 15 97. Gute Adresse für Bernstein, den man ungeschliffen, in Diamantschliff oder mit Silber zu kleinen Kunstwerken verarbeitet erhält.

Nachtleben

Irish Pub, Ul. Korzenna 33/35, Danzig, Tel. 058/3 20 24 74. In den Gewölbekellern des Rathauses der Altstadt sitzt man auf Holzbänken und trinkt Guinness. Es scheint niemanden zu stören, dass es auf der Tanzfläche oft drangvoll eng ist.

Jazz-Club, Ul. Długi Targ 39/44, Danzig, Tel. 0 8/3 01 54 09. Sa spielen im Keller Jazzgruppen auf.

Parlament, Ul. Św. Ducha Ecke Węglarska Kołodziejska, Danzig, Tel. 0 8/3 20 13 65. Gothic, Heavy Metal und House vom Plattenteller, am So Livemusik.

Hotels

*****Hanza**, Ul. Tokarska 6, Danzig, Tel. 058/3 05 34 27, Fax 058/3 05 33 86, www.hanza-hotel.com.pl. An der Uferpromenade beim Krantor gelegenes modernes Haus mit 60 komfortablen Zimmern.

*****Hevelius**, Ul. Jana Heweluesza 22, Danzig, Tel. 058/3 21 00 00, Fax 058/ 3 21 00 20, www.orbis.pl. Im Herzen der Altstadt ragt der Hotelturm 17 Stockwerke in die Höhe. Die 281 Zimmer und Suiten sind bequem bis luxuriös eingerichtet. Die Räume der oberen Etagen erlauben einen wundervollen Blick über Danzig. Mit gutem Restaurant, Bar, Läden, Friseur und Massagesalon sowie bewachtem Parkplatz.

*****Lival**, Ul. Młodzieży Polskiej 10/12, Danzig, Tel. 058/5 22 02 00, Fax 058/ 5 22 02 09, www.hotel-lival.pl. Direkt am Strand im Stadtteil Danzig-Brösen (Brzenźno) etwa 8 km vom Zentrum. 35 hell und freundlich eingerichtete Zimmer, z.T. mit Blick auf die Danziger Bucht. Stilvolles Restaurant und Tiefgarage.

****Villa Eva**, Ul. Batorego 28, Danzig, Tel. 0 58/3 41 67 85, Fax 0 58/3 41 49 49. Nach 4 km auf dem Weg vom Zentrum zum Flughafen im Stadtteil Wrzeszcz am Rand eines Stadtparkes ruhig gelegenes Hotel mit zehn behaglichen Zimmern und Apartments, Garten.

Restaurants

TOP TIPP **Gdańska**, Ul. Świętego Ducha 16, Danzig, Tel. 058/3 05 76 72. Ältestes Lokal der Stadt, ausgestattet mit Flaggen, Fresken, Gemälden, Wappen und Schiffsmodellen. Man sitzt auf dunkel gebeizten, gedrechselten Eichenstühlen, das in Kniehosen und Wamse gewandete Personal serviert u.a. Räucherlachs nach Danziger Ratsherrenart, Hering in Öl und Zwiebeln, Gänsebrust oder Pilzsuppe.

Kubicki, Ul. Wartka 5, Danzig, Tel. 058/ 3 01 90 50. Am nördlichen Ende der Mottlau-Promenade kommen in elegantem Ambiente aus roten Tapeten und schwarzem Holz Spezialitäten wie Ochsenzunge in Meerrettich, Eisbein auf altpolnische Art und Ente mit Apfel auf den Tisch.

Pod Łososiem, Ul. Szeroka 54, Danzig, Tel. 058/3 01 55 32. In diesem ›Gasthaus zum Lachs‹ wurde 1598 das ›Danziger Goldwasser‹ erfunden – ein Likör, in

Danziger Juweliere bieten in ihren Auslagen auch Bernsteinschmuck in reicher Auswahl

dem Goldblättchen schwimmen. Lachs in allen Variationen und sämtliche Fischarten, die in der Ostsee gefangen werden, stehen auf der Karte des eleganten Lokals, aber auch polnische Spezialitäten wie Suppe in Brotteig.

Taverna, Ul. Powroźnicza 19/29, Danzig, Tel. 058/3 01 41 14. An der Stara Motłwa unmittelbar am Langen Markt wird im holzgetäfelten Restaurant mit Schiffsmodellen und Seestücken hauptsächlich Fisch gereicht: Altdanziger Zander paniert mit Kräutern oder Dorsch auf kaschubische Art. Die Weinkarte listet französische Tropfen.

26 Sopot/Zoppot

Sommerfrische wie anno dazumal.

Der **Ostseebad** (40 000 Einw.) schließt sich 15 km nordwestlich an Danzig an. Zoppots 4 km langer, über 100 m breiter Sandstand ist durch die Halbinsel Hel gegen die offene See geschützt. Luxuriös-nostalgische Hotels an der Uferpromenade, gesunde Seeluft und heilsame Mineralquellen locken Badegäste zur Sommerfrische hierher.

Die erste schriftliche Erwähnung des Ortes datiert von 1283, als Herzog Mściwój II. Zisterziensermönchen einige Dörfer, darunter Zoppot, überschrieb. Bereits im 16. Jh. errichteten reiche Danziger hier ihre Sommervillen, doch die eigentliche Karriere als **Kur- und Badeort** begann im

Das Grandhotel am Strand von Zoppot ist eine der nobelsten Adressen im Ostseebad

Jahr 1823 als Jean Haffner, der ehem. Leibarzt Napoleons I., hier zwei Morgen Land erwarb und eine Warmbadeanstalt mit sechs Badewannen errichten ließ – die Keimzelle für die ›Riviera des Nordens‹. Der Deutsche Kaiser verlieh Zoppot 1901 die Stadtrechte, 1927 war der Bau des noblen Grandhotels abgeschlossen. Heute besitzt die Stadt neben zahlreichen Hotels zwei Fakultäten der Universität Danzig und zwei Wissenschaftsakademien.

Im Stadtzentrum gleich nördlich des Bahnhofes führt die Flanierzone **Ul. Bohaterów Monte Cassino** nach Osten ans Meer. Schicke Boutiquen, Kunstgalerien und Straßencafés laden zum Shopping oder zur Rast. Die von den Einheimischen ›Monciak‹ genannte Straße endet am *Pl. Zdrojowy* am Meer. Dort empfängt die 1904 errichtete, weiß verputzte Badeanstalt **Zakład Balneologyczny** ihre Gäste mit Sirene, Triton und Stadtwappen am Portal. Der wuchtige Bau des **Grandhotel** schließt sich im Norden an; hier stiegen prominente Gäste wie Charles de Gaulle oder Fidel Castro ab. Direkt vom Zdrojowyplatz führt das Wahrzeichen von Zoppot, die eintrittspflichtige Seebrücke **Molo**, insgesamt rund 512 m lang und 10 m breit, 359 m auf das Meer hinaus – der längste Holzsteg Europas.

Südlich vom Bahnhof steht in der Ul. Tadeusza Kościuszki 10 die kleine **Bar Galeria Kiński**. In diesem Haus wurde der Schauspieler Klaus Kinski 1926 als Nikolausz Günther Naksyński geboren. Das in seinem Geburtshaus eingerichtete *Klaus-Kinski-Museum* (tgl. 11 Uhr bis der letzte Gast die Bar verlässt) erinnert an den 1991 in Kalifornien gestorbenen Star.

i Praktische Hinweise

Information

IT, Ul. Dworcowa 4, Zoppot,
Tel. 058/5 50 37 83, Fax 058/5 55 12 27,
www.sopot.pl

Nachtleben

Viva-Club, Al. F. Mamuszki (nördlich des Grandhotels), Zoppot, Tel. 058/5 51 53 23. Do–Sa wird auf zwei Dance-Floors Hiphop, R&B und Techno gespielt.

Hotels

TOP TIPP ******Grandhotel**, Ul. Powstańców Warszawy 12/14, Zoppot,
Tel. 058/5 51 00 41, Fax 058/5 51 61 24,
www.orbis.pl. Über dem breiten Sandstrand erhebt sich der pompöse Bau

Windzerzauste Kiefern säumen als willkommene Schattenspender den Sandstrand von Hela

Gelebtes Brauchtum: kaschubische Mädchen in der feschen Tracht von Chojnice

Von Küsten- und Waldkaschuben

40 km südwestlich von Zoppot erstreckt sich die *Pobrzeze Kaszubskie*, die **Kaschubische Schweiz**. Namensgeber war das westslawische Volk der Kaschuben (vom poln. *Kaszuba*, Pelzrock). Noch etwa 200 000 Angehörige dieser Minderheit leben heute im Küstenabschnitt nordwestlich von Danzig bis Łeba (*Küstenkaschuben*) und südlich im Landesinneren in der Kaschubischen Schweiz (*Waldkaschuben*). Der Lebensraum der Waldkaschuben ist ein hügeliges, durch Vergletscherung entstandenes Gebiet mit etwa 250 Seen und ausgedehnten Wäldern. Im 14. Jh. ließen sich am Klostersee (Jezioro Klasztorne) Karthäuser-Mönche nieder und erbauten ein Kloster sowie die heute noch stehende Marienkirche. Nach Auflösung des Ordens durch den preußischen König 1826 entwickelte sich hier das Städtchen **Kartuzy/Karthaus**. Im sehenswerten Kaschubischen Museum **Muzeum Kaszubski** (Ul. Kościerska 1, Kartuzy, Tel. 058/6 81 14 42, April–Okt. Di–So 10–16, Juli/Aug. bis 18, sonst bis 15 Uhr) kann man Möbel, Haushaltsgegenstände, und Werkzeuge der Kaschuben sowie Stickereien und Webarbeiten besichtigen. Besonders schön sind die schwarzen Töpferwaren, deren Herstellung in Kaschubien lange Tradition hat.

des 200-Betten-Hotels aus den 1920er-Jahren. Das edle Interieur, ein Kasino, ein Speisesaal mit Blick aufs Meer sowie Kureinrichtungen machen den Aufenthalt äußerst angenehm. Das Restaurant ist eines der besten der Stadt.

******Rezydent**, Plac Konstytucji 3 Maja 3, Zoppot, Tel. 058/5 55 58 00, Fax 058/ 5 55 58 01, www.hotelrezydent.com.pl. Nahe dem Bahnhof gelegenes Hotel mit 65 Zimmern in einem palastartigen Haus aus der Zeit zwischen den beiden Weltkriegen, mit gutem Restaurant.

Restaurants

Bar Przystań, Al. Wojska Polskiego 11, Zoppot , Tel. 058/5 50 02 41. In bester Lage gibt es an der Theke ›Fisch satt‹ zum Abholen. Gegessen wird an den großen Panorama-Fenstern oder auf den Bänken am Strand.

Harnas, Ul. Moniuszki 9, Sopocka Chata Góralska, im Westen des Zentrums (den Schildern zur Waldoper/Opera Leśna folgen), Zoppot, Tel. 058/5 55 14 37. In der Waldhütte kommen köstliches Spanferkel und Lamm auf den Tisch.

27 Hel/Hela

TOP TIPP *Das Segel- und Surfparadies Polens.*

Die sandige Halbinsel Hela am nordwestlichen Ende der Danziger Bucht schirmt die **Putziger Wiek** (*Zatoka Pucka*) nach Norden hin ab. Besonders Segler und Windsurfer kommen bei den günstigen Windbedingungen in der geschützten Bucht auf ihre Kosten und alljährlich finden hier nationale und internationale Regatten statt. Die eigentliche Halbinsel Hela, die **Mierzeja Helska**, ist 35 km lang und 200–3000 m breit. In ihrer Mitte ist sie dicht bewaldet, doch auf ihrer nördlichen Seite verlaufen hinter einem Dünengürtel breite Sandstrände entlang der Ostsee. Im Süden säumen ebenfalls Strände die flachen und ruhigen, daher eher warmen Wasser der Bucht. Auf Hel wechseln Hotelzonen und militärisch abgesperrte Gebiete einander ab.

Etwa in der Mitte der Halbinsel bilden die Orte **Jastarnia/Heisternest** und **Jurata/Forst** das touristische Zentrum der Halbinsel. **Hel/Hela** an der Ostspitze ist eine ehem. Garnisonsstadt, deren Plattenbauviertel ihren russischen Ursprung nicht leugnen können. In der säkularisierten gotischen Kirche beim Hafen dokumentiert das sehenswerte Fischereimuseum **Muzeum Rybołówstwa** (Ul. Bulwar Nadmorski 2, Tel. 058/6 75 05 52, Juni–Aug. Di–So 9.30–18, sonst bis 16 Uhr) die geologische Entstehung der Halbinsel. Besonders interessant sind die Exponate über den kaschubischen Fisch- und Robbenfang. 200 m westlich des Museums erforscht und züchtet die Universität von Danzig in Meerwasserbecken die *Graue Robbe*, deren Population in der Ostsee stark abgenommen hat. Beim Besuch der Robbenstation **Fokarium** (Ul. Morska 2, Tel. 058/6 75 08 36, 8 Uhr–Sonnenuntergang, Fütterungen 8 und 15 Uhr) lassen sich die Seehunde durch Glasfenster unter Wasser beobachten.

Praktische Hinweise

Information

IT, Ul. ks. Stefańskiego 5, Jastarnia, Tel./Fax 058/6 75 23 40, www.jastarnia.pl

Veranstaltungen

Jeden 29. Juni, am Peter-und-Paul-Tag, treffen sich die Kaschuben zu einer **Schiffsprozession** auf der Halbinsel Hel bei Kuźnica und fahren dann gemeinsam mit ihren geschmückten Kuttern zur Ablassfeier nach Puck/Putzig.

Hotels

******Bryza**, Ul. Świętopełka 1, Jurata, Tel. 058/6 75 51 00, Fax 058/6 75 54 80, www.bryza.pl. 60 Zimmer und 20 Apartments direkt am Strand in einer großzügigen Anlage mit Hallenbad, Bar und Restaurant.

*****Zamek Jan III. Sobieski**, Rzucewo 6, Tel. 058/6 73 88 05, Fax 058/6 73 60 40, www.zameksobieski.pl. 6 km südlich von Puck im Weiler Rzucewo. An der Steilküste über dem Meer steht das 1840 gebaute einstige Schloss der Familie von Below, heute ein luxuriöses Hotel mit 30 Zimmern und Apartments. Absolute Ruhe, ein Römisches Bad und ein ausgezeichnetes Restaurant laden zu längerem Verweilen ein. Für Sportliche steht ein Reitstall zur Verfügung.

****Morskie Oko**, Ul. Wojska Polskiego 37, Jurata, Tel. 058/6 75 21 93, Fax 058/6 75 33 20, www.morskie-oko.com.pl. 50 komfortable Zimmer an der Hauptstraße mit Hallenbad, Sauna und Restaurant.

Wie ein Märchenschloss erhebt sich die backsteinrote Marienburg am Ufer der Nogat

28 Malbork/ Marienburg

TOP TIPP

Die einstige Machtzentrale des Deutschen Ordens ist Polens schönste und größte Burganlage.

Die Marienburg ist die Hauptsehenswürdigkeit der gleichnamigen Stadt (40 000 Einw.), die 60 km südöstlich von Danzig an der Nogat liegt. Die ziegelrote Prachtanlage ist eine von 120 Burgen, die im 13. und 14. Jh. die Macht der Deutschherren im Land sicherten, und Sitz ihres *Ordens-Hochmeisters*. Nachdem Zerstörungen des Zweiten Weltkriegs behoben wurden, ist die Marienburg heute wieder die schönste und größte Burganlage Polens und zählt als solche zum **UNESCO-Weltkulturerbe**.

Geschichte 1226 hatte Herzog Konrad I. von Mazowsze den Deutschen Orden zur Hilfe gegen die heidnischen Pruzzen ins Land gerufen. Die Kreuzritter folgten dem Ruf willig und errichteten an der Ostsee einen mächtigen Ordensstaat. Um 1270 begannen sie mit dem Bau der Marienburg am Ufer der Nogat. Um einen 50 m x 60 m großen Innenhof entstand ein Gebäudegeviert mit *Kapelle*, *Kapitelsaal* und *Dansker* (Abtrittturm). 1280 zogen die Ordensbrüder in das heutige *Hochschloss* ein. Ab etwa 1300 be-

gann die Umwandlung der Vorburg des Hochschlosses in das *Mittelschloss* mit dem berühmten Saal ›Großer Remter‹. 1330 war es fertig, doch bereits 1309 hatte Großmeister Friedrich von Feuchtwangen den Ordenssitz von Venedig hierher verlegt. 1380–1400 ersetzte an der westlichen Ecke des Mittelschlosses der prächtige *Hochmeisterpalast* ein wesentlich kleineres Gebäudes. 1410 verloren die Deutschherren die Schlacht von Tannenberg und die polnische Armee unter König Władysław Jagiełło belagerte die Marienburg, konnte sie jedoch nicht einnehmen. 1454 begann der *Dreizehnjährige Krieg* zwischen dem Preußischen Bund und Polen auf der einen Seite und den Deutschherren auf der anderen Seite. Am 7. Juni 1457 gaben die Kreuzritter die Marienburg auf und Kazimierz IV. nahm sie am nächsten Tag in Besitz.

Ab 1772 nutzte Preußen die Marienburg als Kaserne und Lager und nahm zahlreiche Veränderungen vor. Besonders das Hochschloss litt, da die gotischen Gewölbe abgerissen und durch Holzdecken ersetzt wurden. Die schweren Schäden durch den Zweiten Weltkrieg und mehrere Brände in der Nachkriegszeit begann Polen ab 1960 zu beheben. Wenngleich die restauratorischen Arbeiten bis heute nicht gänzlich abgeschlossen sind, zeigt sich die Marienburg in ihrem Kernbereich originalgetreu restauriert. Ursprünglich bedeckte die gesamte Wehranlage mit den Außenwerken 21 ha, gegenwärtig erstreckt sie sich auf 5 ha.

Besichtigung Wuchtig und wehrhaft beherrscht die aus Backstein errichtete **Marienburg** (Ul. Starościńska 1, Tel. 055/6 47 08 00, www.zamek.malbork.pl, Mitte April–Mitte Sept. Di–So 9–19, sonst Di–So 10–15 Uhr, Außenanlagen 1–2 Std. länger; bei starkem Andrang nur mit geführten Touren, Voranmeldungen Tel. 055/6 47 09 78, Fax 055/6 47 09 77) das Ufer der Nogat. Neben der Kasse im Vorschloss wurde im vierstöckigen Ziegelbau des ehem. Lagerhauses **Karwan** mit weit heruntergezogenem Giebeldach ein modernes Konferenzzentrum eingerichtet. Nordwest-

Kunstfertig gearbeitete Decken zieren einige der Repräsentationsräume im Obergeschoss

Der bescheiden anmutende Innenhof befindet sich im Zentrum der Burganlage, ringsum gruppieren sich alle bedeutenden Säle und Bauwerke des ehem. Ordenssitzes

lich residiert im ehem. **Hospital** für die Knechte heute das Schlosshotel.

Durch das imposante **Vortor** gelangt man unter dem Nordflügel des Mittelschlosses hindurch in den weiten Burghof. Linker Hand zeigt im Parterre des *Ostflügels* eine **Ausstellung** herrliche Kunstwerke aus Bernstein: Schiffsmodelle, Kreuze, Skulpturengruppen en miniature und ein nur 30 cm hohes Kabinett. Im *Westflügel* steigt man beim *Großen Brunnenhaus* zum prächtigen, 30 m langen und 15 m breiten Saal des *Großen Remter* hinauf. Die spitzbogigen Fenster lassen viel Licht auf die hier ausgestellten Waffen der Ordensritter fallen. Dann geht es weiter zum **Hochmeisterpalast** mit dem *Sommerremter*, dessen einzige Säule in der Mitte das Rippengewölbe trägt. Die Hallen, Säle und Korridore des Palastes sind schlicht, aber wirkungsvoll möbliert und mit Bannern geschmückt. Zurück auf dem Schlosshof führt an der südwestlichen Ecke eine Zugbrücke durch das mit der Halbplastik eines Ritters geschmückte Vortor zum **Hochschloss**, dem ältesten Teil der Anlage. Das eigentliche Machtzentrum gruppiert sich um einen kleinen, quadratischen Innenhof mit doppelreihigen Arkadengängen. Die Spitze des *Brunnenhauses* in der Hofmitte krönt die Skulptur eines Pelikans, der seine Jungen mit Blut füttert. Im Erdgeschoss der Hochschlosses sind die ehem. *Wirtschaftsräume* zu besichtigen. Wie in früheren Zeiten hängen Würste von der Decke und über der offenen Feuerstelle bruzzelt ein Schwein am Spieß (heute leider aus Kunststoff und daher ungenießbar). Der *Kapitelsaal* befindet sich in der ersten Etage des Nordflügels, darüber in der zweiten Etage der *Konventsremter*. An der nordwestlichen Ecke gewährt die mit reichem plastischen Dekor geschmückte *Goldene Pforte* Zugang zur 1340 fertig gestellten **Marienkirche**, die nach Umbau der alten Burgkapelle entstand. Das Gotteshaus erlitt im Krieg schwerste Schäden und soll zur Erinnerung nicht rekonstruiert werden. Es erhielt lediglich ein neues Dach. Hier sind kurz nach dem Krieg aufgenommene Bilder der Marienburg ausgestellt.

Kanał Ostródzko-Elbląski

Knapp 30 km nordöstlich von Marienburg legen in der historischen Industriestadt **Elbląg/Elbing** (120 000 Einw.) *Ausflugsschiffe* (Tel. 089/6 46 38 71 oder 0 55/2 32 43 07, Abfahrt am Bulwar Zygmunta Augusta, Elbing) zu abwechslungsreichen zehnstündigen Tagesfahrten auf der 67 km langen Hauptstrecke des **Oberländischen Kanal** ab. Der insgesamt 81 km lange Wasserweg entstand 1860 zwischen Ostróda/Osterorde und Elbing und gilt als europäisches Wunderwerk der Technik. Er überwindet einen Höhenunterschied von rund 100 m mithilfe von zwei Schleusen und fünf Rampen zu Lande. Auf diesen ›Rollbergen‹ verlaufen parallel zwei Schienenstränge, über die die Schiffe mit Wasserkraft in flachen Transportgestellen hochgezogen werden. Als Gegengewicht fungiert ein zweiter gleichartiger Wagen, der mit einem Seil über eine Rolle am ersten befestigt ist und sich während der Fahrt in gleichem Maße bergab wie jener bergauf bewegt.

i Praktische Hinweise

Information

IT, Ul. Piastowska 15, Marienburg, Tel. 055/272 92 46 (nur im Sommer)

Veranstaltungen

Für größere Gruppen richtet die Schlossverwaltung in den historischen Gemäuern der Marienburg ›Abenteuer-Touren‹ mit als Ritter verkleideten Schauspielern aus. Abschließend wartet eine Rittertafel mit erlesenen Speisen auf die Teilnehmer, zum Mahl spielen Hofmusikanten auf.

Hotel

*****Zamek**, Ul. Starościnska 14, Marienburg, Tel./Fax 055/272 33 67. 42 komfortable Zimmer im ehem. Hospital der Burg. Zudem stehen drei Restaurants und ein Café zur Verfügung.

Einfallsreich – Bei einer Fahrt auf dem Oberländischen Kanal sitzt ein Schiff an Land noch lange nicht auf dem Trockenen

Restaurant

Piwniczka, Ul. Starościnska 1, Marienburg, Tel. 055/273 36 68. In den Gewölben des Mittelschlosses sitzt man stilecht zwischen Ziegelmauern auf grob behauenen Holzbänken und lässt sich altpolnische Gerichte munden.

29 Olsztyn/Allenstein

Alte Bischofsstadt im Westen der Masurischen Seenplatte.

Mit 170 000 Bewohnern ist die Stadt an der Ļyna/Alle das unbestrittene Zentrum der Woiwodschaft *Mazury-Warmia* (Masuren-Ermland). Im Zweiten Weltkrieg verlor das zur Hälfte zerstörte Allenstein viele seiner historischen Gebäude. Heute zeigt sich das Stadtzentrum in einem gelungenen Mix aus Alt und Modern.

Geschichte 1346–53 ließ das Domkapitel von Frauenburg/Frombork die heutige Burg errichten, bei ihrer Fertigstellung erhielt Allenstein die Stadtrechte nach dem Kulmer Gesetz. Beim Zweiten Thorner Frieden 1466 kam Warmia zu Polen, nach der Ersten Polnischen Teilung 1772 übernahm Preußen die Macht. Die Stadt versank in Bedeutungslosigkeit, bis nach dem Bau der Eisenbahn 1872 die Industrie florierte und relativen Wohlstand brachte. Einen abermaligen Entwicklungsschub erlebte Allenstein nach dem Zweiten Weltkrieg, als die Stadtväter zwei Hochschulen gründeten und Industrieansiedlungen, u. a. zur Reifenherstellung, förderten. 2003 feierten die Einwohner ihr 650-jähriges Stadtjubiläum.

Besichtigung Älteste und wichtigste Sehenswürdigkeit ist die Burg **Zamek** aus dem 14. Jh. im Westen der kleinen Altstadt, romantisch zwischen Bäumen am Ufer der Alle gelegen. 1516–19 und 1520–21 wohnte der als Astronom und Mathematiker berühmt gewordene *Nikolaus Kopernikus* als Verwalter der Kapitel-Landgüter auf der Festung. Unüblich für die Burgen der damaligen Zeit ist die Ausführung als dreiflügelige Anlage, die mit dem 40 m hohen Rundturm und der Wehrmauer einen inneren Hof und mit einer weiteren Umfassungsmauer einen zweiten Hof bildet. Im Nordflügel befand sich die Wohnung der Verwalter, die Ostseite schließt ein Barockpalast aus der Mitte des 18. Jh. ab. Hier bewahrt das Museum für Ermland und Masuren, das **Muzeum Warmii i Mazur** (Ul. Zamkowa 2, Tel. 089/5 27 95 96, www.muzeum.olsztyn.pl, Juni–Sept. Di–So 9–17, sonst 10–16 Uhr), neben regionalgeschichtlichen und archäologischen Sammlungen Unterlagen von Kopernikus auf, darunter ein Medizinhandbuch mit handschriftlichen Notizen. Kostbarstes Objekt ist die Astronomietafel im Kreuzgang des Nordflügels. Mit ihrer Hilfe erforschte der Astronom die Tag- und Nachtgleiche. Sehenswert ist auch die Burgkapelle mit ihrem Kristallgewölbe aus dem 16. Jh.

Von der Burg führt die Ul. Zamkowa östlich zum *Markplatz*. Das Zentrum war 1945 vollständig ausgebrannt und wurde modern wieder aufgebaut. Die Fassaden der Häuser Nr. 1 und 2 an der Nordseite erhielten jedoch ihre ursprüngliche Fassade zurück, ebenso das Alte Rathaus **Stary Ratusz** von 1620. Nach Osten über die Fußgängerzone Ul. Staromiejska erreicht man am Ende der abzweigenden Ul. Barbary die **Kościół Św. Jakuba** mit ihrer dunkelroten Backsteinfassade und dem vorgebauten 67 m hohen Turm. Die 58 m x 25 m umfassende dreischiffige Jakobikirche wurde 1380 vollendet. Eine 1991 in das gotische Portal eingesetzte, erzene Türe führt ins schlichte Innere des Gotteshauses. Zehn achteckige Pfeiler stützen das Netzgewölbe des Hauptschiffes und die Kristallgewölbe der Seitenschiffe. Der geschnitzte, teilweise vergoldete, neogotische *Hauptaltar* stammt aus dem 19. Jh. Besonders sehenswert ist im linken Seitenschiff ein spätgotisches *Triptychon* (16. Jh.), das in seiner Mitte die Muttergottes mit dem Christuskind, links die hl. Katharina mit dem Rad und rechts den hl. Kanut zeigt.

Praktische Hinweise

Information

IT, Ul. Staromiejska 1, Allenstein, Tel. 089/5 35 35 65, Fax 089/5 35 35 66, www.olsztyn.pl

Hotels

******Warminski**, Ul. Kołobrzeska 1, Allenstein, Tel. 089/5 22 14 00, Fax 089/ 5 33 67 63, www.hotel-warminski.com.pl. Westlich der Altstadt im Zentrum gelegenes Hotel mit 135 komfortabel bis luxuriös eingerichteten Zimmern und Suiten, dazu ein Fitnesscenter, Konferenzsäle und ein Restaurant.

*****Novotel**, Ul. Sielska 4a, Allenstein, Tel. 089/5 22 05 00, Fax 089/5 27 54 03, www.novotel.com. 4 km vom Stadtzentrum Richtung Danzig liegt das Hotel ruhig am *Jezioro Ukiel*. 97 Zimmer, ein Schwimmbad im großen Garten, der direkte Zugang zum See und ein ausgezeichnetes Restaurant gehören zu den Annehmlichkeiten des Hotels.

Restaurants

Przystań, Ul. Żeglarska 3, Allenstein, Tel. 089/5 35 01 81. Man sitzt auf der Terrasse über dem See oder im mit hellem Holz ausgekleideten großen Saal und genießt köstlich zubereitete Meeres- und Süßwasserfische.

Bei einem Fest kann es auf Burg Allenstein durchaus einmal zünftig mittelalterlich hergehen

Ziel unzähliger Marienwallfahrer ist die weithin sichtbare Barockkirche von Heiligelinde

Różana, Ul. Targ Rybny 14, Allenstein, Tel. 089/5235039. Elegantes Lokal am Fischmarkt mit Wild, Fisch und Geflügel auf der Speisekarte.

30 Kętrzyn/Rastenburg

Hübsches Städtchen mit finsterer Nachbarschaft: der Wolfsschanze, Hitlers Hauptquartier.

Hunderttausende besuchen jährlich das Städtchen (30 000 Einw.) im Herzen von Masuren, doch die meisten wollen sich im ehem. ›Führerhauptquartier Wolfsschanze‹ im Osten von Rastenburg über die Vergangenheit informieren. Dennoch sollte man sich für einen kurzen Rundgang Zeit nehmen. Südlich des Hauptplatzes *Pl. Piłudskiego* verbirgt sich das kleine historische Zentrum mit der 1329 errichteten Ordensburg **Zamek Krzyżacki** (Pl. Zamkowy 1, Tel. 089/7523282, Mo 10–15, Di–Fr 10–17, Sa/So 10–16 Uhr). Das darin untergebrachtes *Museum* ist dem preußischen Historiker *Adalbert von Winkler* (1838–1918) gewidmet, poln. Wojciech Kętrzyński, dem zu Ehren sich das vormals deutsche Rastenburg 1945 Kętrzyn nannte. Am westlichen Ende der kurzen Ul. Zamkowa erhebt sich die Basilika Minor **Św. Jerzego**. Die gotische Wehrkirche St. Georg entstand im 14. Jh. als Teil der Stadtbefestigung, wurde im 15. Jh. umgebaut und schließlich 1520 um einen Glockenturm ergänzt. In ihrem Inneren sind das Kristallgewölbe und die *Kanzel* von 1594, der wertvollste Schatz der Kirche, beachtenswert. Wegen der schweren Kriegszerstörungen kann man die einst reiche Ausstattung nur noch auf Fotos bewundern, die auf der Empore über der Sakristei ausgestellt sind.

TOP TIPP Święta Lipka/Heiligelinde

13 km südwestlich von Rastenburg blitzt in dem gleichnamigen Dorf die Kirche Święta Lipka mit ihrer gelben Fassade aus einem flachen Talgrund zur Straße empor. Heiligelinde zählt zu den schönsten Barockdenkmälern Polens. Jesuiten errichteten die Gesamtanlage aus Kirche, Kreuzgang und Kloster 1687–94. Sie musste des sumpfigen Bodens wegen mit 10 000 Erlenstämmen befestigt werden. Die dreischiffige Basilika prunkt mit einer aufwendig gestalteten, von zwei Türmen flankierten Fassade, deren Mittelteil eine Skulptur der Gottesmutter mit der heiligen Linde ziert. 1714 baute man den 19 m hohen *Hauptaltar* in die Kirche ein. Das untere Bild des dreistöckigen Altars zeigt die wundertätige ›Mutter Gottes von Heiligelinde‹, gemalt von Bartholomäus Pens im Jahr 1640. Die prächtige *Orgel* mit 40 Registern und 4965 Pfeifen

Ein Meisterwerk ist die ›Königin der Instrumente‹ in der Wallfahrtskirche Heiligelinde

entwarf der Königsberger Johann Jozue Mosengel 1719–21. Sie wird jeden Tag gespielt (Mai–Okt. stdl. 9.30–16.30, sonst 10, 12 und 14 Uhr). Dann bewegen sich die Schnitzfiguren an ihrer Front: Erzengel Gabriel am rechten Türmchen beugt das Knie, Maria am linken neigt ihr Haupt, Engel spielen Mandoline und lassen Schellen erklingen.

Zeugen der Vergangenheit – Bunkerreste auf dem Areal der Wolfsschanze

Gierłoz/Görlitz

8 km östlich von Rastenburg verbergen sich im Wald beim Dorf Görlitz die Überreste der 1944 gesprengten Bunkeranlagen von Hitlers Hauptquartier Wolfsschanze, **Kwatera Główna Hitlera Wilczy Szaniec** (Tel. 089/7524429, www.wolfsschanze.home.pl, tgl. 9–19 Uhr). 1940–44 bauten die Deutschen hier das Hauptquartier ihres ›Führers‹, von dem aus der Feldzug gegen Russland geleitet werden sollte. Es gab drei Sperrkreise, der innerste war dem engsten Gefolge Hitlers vorbehalten. Ende November 1944 war die Rote Armee so nah, dass Hitler den Befehl zur Sprengung gab, doch die massiven Betonmauern trotzten größtenteils dem Sprengstoff.

Mit geführten Touren oder auf eigene Faust erkundet man vom Parkplatz aus das 2,5 km^2 große Areal. 80 Gebäude, Fundamente und Bunker sind im Wald verteilt. Wenngleich sich viele Besucher darüber hinwegsetzen, ist es wegen evtl. Minen bzw. Einsturzgefahr verboten, die Wege zu verlassen oder die Bunker eigenmächtig zu betreten. Ein knapp 2 km langer *Rundweg* führt in einer guten Stunde an den wichtigsten Objekten und Orten vorbei, so z. B. an der Stelle, an der Claus Graf Schenk von Stauffenberg am 20. Juli 1944 das missglückte Attentat auf Hitler unternahm.

i Praktische Hinweise

Information

IT, Pl. Piłudskiego 1, Rastenburg, Tel./Fax 089/7514765, www.ketrzyn.com.pl

Hotel

*****Koch**, Ul. Traugutta 3, Rastenburg, Tel. 089/7522058, Fax 089/7522390. Modernes Haus im Zentrum mit 45 Zimmern, Sauna, Garage und Fahrradverleih. Restaurant mit guter polnischer Küche.

31 Giżycko/Lötzen

TOP TIPP *Paradies für Wassersportfreunde in der nördlichen Masurischen Seenplatte.*

Viel Platz bleibt dem Städtchen (31000 Einw.) nicht auf der Landenge zwischen dem **Jezioro Niegocin**, dem Löwentinsee im Süden, und dem zum *Jezioro Mamry* (Mauersee) gehörenden **Jezioro Kisajno**, dem Kissainer See im Norden.

Alles dreht sich hier ums Wasser, an den Ufern drängen sich kleine Fischereibetriebe, eine Reparaturwerft sowie Kajakverleihe, Segel- und Surfschulen. Giżycko ist eine der Hauptstationen der **Freizeitskipper**, die vor allem im Sommer über das ausgedehnte Seen- und Kanalsystem der *Großen Masurischen Seenplatte* schippern. So sind hier an den Kais oft bunte Kanus und Kajaks neben meterlangen Jachten vertäut, dümpeln Dingis neben Einhandseglern, kreuzen morgens auf dem See Windsurfer den Kurs der heimkehrenden Fischerboote. Im Winter wird auf den zugefrorenen Seen traditionellerweise der ungewöhnliche Sport des **Eissegelns** betrieben.

So friedlich wie heute gab sich das Ende des 18. Jh. für den Fremdenverkehr entdeckte Lützen nicht immer. 1337 eroberten die Deutschordensritter an dieser Stelle ein pruzzisches Fischerdorf und befestigten es mit einer **Burg**, von der noch ein Flügel neben der historischen **Schwenkbrücke** über den Kanaldurchstich zu sehen ist. Auch die Preußen errichteten 1843–51 auf der strategisch günstigen Landenge von Lötzen eine Festung, das sternförmige **Twierdza Boyen**. Die beeindruckend große, lange vernachlässigte Anlage wurde renoviert und lädt heute mit Mauern, Wällen und Kasematten, einem kleinen Park und nettem Café zu einem Spaziergang ein. Im Sommer finden im zentralen Innenhof oft Klassik- und Popkonzerte statt.

Skipper ahoi! Freizeitkapitäne finden in Masuren ihr ganz persönliches Dorado

i Praktische Hinweise

Information

IT, Ul. Warszawska 7, Lötzen, Tel. 087/4 28 57 60, Fax 087/4 28 52 65, www.gizycho.turystiyka.pl

Schiff

Żegluga Mazurski/Weiße Flotte Masuren, Al. Wojska Polskiego 8, Lötzen, Tel. 087/4 28 53 32, Fax 087/4 28 30 50. April–Okt. fahren die Ausflugsboote auf mehreren Routen über die herrlichen masurischen Seen. An- und Ablegestelle ist im Hafen am Jezioro Kisajno.

Sport

Akwen, Ul. Suwalska 6e, Lötzen, Tel. 087/4 28 33 71, Fax 087/4 28 20 14, www.akwen.pl. Verleih von Kanus, Kajaks, Kanadiern, Katamaranen und Jumpern. Mit eigener Werkstatt. Auch Tourenangebote und Gepäcktransport.

Bełbot, Ul. Smętka 20a/24, Lötzen, Tel./Fax 087/4 28 03 85, www.marina.com.pl. Jachtcharter mit oder ohne Crew.

Wama-Tour, Ul Konarskiego1/1, Lötzen, Tel/Fax 087/4 29 30 79. Fahrradverleih und Tourenangebote.

Wiking, Ul. Królowej Jadwigi 10/9, Lötzen, Tel. 087/4 28 96 02, www.wiking.mazury.info.pl. Segelbootverleih.

Hotels

*****Europa**, Al. Wojska Polskiego 37, Lötzen, Tel. 087/4 29 30 01, Fax 087/4 29 25 54, www.hoteleuropa.mazury.info.pl. Der moderne Neubau bietet 30 Zimmer direkt am Seeufer des Jezioro Kisajno.

*****Wodnik**, Ul. 3. Maja 2, Lötzen, Tel. 087/4 28 38 72, Fax 087/4 28 39 58, www.cmazur.elknet.pl. 67 gut ausgestattete Zimmer im Zentrum, zwar in architektonisch wenig ansprechender Blockarchitektur, doch mit ausgezeichnetem Service. Empfehlenswertes Restaurant im Haus.

Restaurant

Karczma Pod Złotą Rybką, Ul. Olztyńska 15, Lötzen. Ausgezeichnetes Fischrestaurant mit Schwerpunkt auf frischen Süßwasserfischen wie Aal, Barsch, Maräne oder Zander.

Polen aktuell A bis Z

Vor Reiseantritt

ADAC Info-Service:
Tel. 0 18 05/10 11 12, Fax 0 18 05/30 29 28 (0,12 €/Min.)
ADAC im Internet:
www.adac.de
www.adac.de/reisefuehrer

Polen im Internet:
www.polen-info.de
www.urlaub-polen.de
www.poleninfo.at
www.poland-tourism.pl

Informationen erhält man beim
Polnischen Fremdenverkehrsamt:

Deutschland
Kurfürstendamm 71, 10709 Berlin,
Tel. 0 30/2 10 09 20, Fax 0 30/21 00 92 14,
info@polen-info.de

Österreich und Schweiz
Lerchenfelderstr. 2, Palais Auersperg,
1080 Wien, Tel. 01/5 24 71 91,
Fax 01/5 24 71 91 20, info@poleninfo.at

Botschaft der Republik Polen,
Lassenstr. 19–21, 14193 Berlin,
Tel. 0 30/22 31 30, Fax 0 30/22 31 31 55,
www.botschaft-polen.de
info@botschaft-polen.de

Allgemeine Informationen

Reisedokumente

Zur Einreise ist für *EU-Bürger* ein gültiger Personalausweis erforderlich. Personen unter 16 Jahren benötigen einen Kinderausweis mit Lichtbild oder einen Eintrag im Elternpass. *Schweizer Staatsbürger* brauchen zzt. zur Einreise noch einen Reisepass. Bei Aufenthalten bis zu drei Monaten benötigen Bürger der EU und der Schweiz kein Visum. Alle Lichtbildausweise müssen über das Ausreisedatum hinaus gültig sein.

Touristen müssen innerhalb von 72 Stunden nach der Ankunft bei der Meldebehörde registriert sein. Bei Aufenthalten in Hotels, Ferienwohnungen und auf Campingplätzen übernimmt dies die Rezeption.

Kfz-Papiere

Benötigt werden nationaler Fahrzeug- und Führerschein. Empfohlen wird die *Internationale Grüne Versicherungskarte*. Die Mindestdeckungssummen bei Unfällen liegen in Polen unter den deutschen.

Einzelne deutsche Kfz-Versicherer setzen den Versicherungsschutz bei Diebstahl für bestimmte Fahrzeugtypen aus. Erkundigen Sie sich daher rechtzeitig vor Reiseantritt bei Ihrem Autoversicherer nach den für Ihr Fahrzeug geltenden Bedingungen. Wer mit einem gemieteten Kfz nach Polen fährt, kann dies nur mit bestimmten Fahrzeugtypen tun; einige Kfz-Marken (darunter VW, Audi, Mercedes und BMW) dürfen aus versicherungstechnischen Gründen nicht nach Polen gebracht werden.

Pkw und Kleinbusse ab sechs Personen (inkl. Fahrer) und Busse müssen bei der Einreise eine Straßenbenutzungsgebühr und pro Person eine Einreise-Umsatzsteuer entrichten.

Die Ein- und Ausfuhr von Kraftstoff in Reservekanistern ist nicht erlaubt.

Krankenversicherung und Impfungen

In alle nach dem 1.1.2006 ausgestellten Versicherungskarten der gesetzlichen Krankenversicherungen ist die *Europäische Krankenversicherungskarte*, die eine eventuell notwendige ärztliche Behandlung und Versorgung garantiert, integriert. Bei Bedarf kann man sie anfordern.

Sicherheitshalber empfiehlt sich jedoch der Abschluss einer zusätzlichen *Reisekranken- und Rückholversicherung*.

Empfehlenswert ist die Überprüfung des allgemeinen Impfschutzes – Diphtherie, Tetanus und Polio. FSME-Hauptrisikogebiete sind im Norden und Nordosten des Landes sowie im Süden westlich von Krakau. Einzelne Infektionsgebiete finden sich auch in anderen Landesteilen.

Hund und Katze

Für **Hund** und **Katze** benötigt man einen *EU-Heimtierausweis*, in dem die Kennzeichnung des Tieres (durch Mikrochip oder Tätowierung) und eine gültige Tollwutimpfung (mind. 30 Tage und max. 12 Monate vor Grenzübertritt) eingetragen sein muss.

Zollbestimmungen

Im privaten Reiseverkehr innerhalb der EU dürfen Waren zum eigenen Verbrauch unbegrenzt mitgeführt werden. Zur Abgrenzung zwischen privater und gewerblicher Verwendung gelten folgende Richtmengen: 800 Zigaretten (von Polen nach Deutschland jedoch nur 200 Zigaretten!), 400 Zigarillos, 200 Zigarren, 1 kg Tabak, 10 l Spirituosen, 20 l Zwischenerzeugnisse, 90 l Wein (davon max. 60 l Schaumwein) und 110 l Bier.

Für mitgeführte Waren aus Nicht-EU-Ländern oder Dutyfreeshops gelten geringere Mengen.

Geld

Währung ist der Polnische Złoty (PLN). 1 Złoty = 100 Groszy. Es gibt Münzen zu 1, 2, 5, 10, 20 und 50 Groszy, sowie 1, 2 und 5 Złoty. Banknoten sind in der Stückelung 10, 20, 50, 100 und 200 im Umlauf. Die Ein- und Ausfuhr von Landes- und Fremdwährung ist bis zum Gesamtwert von 5000 € ohne Deklaration erlaubt.

Mit der EC-Karte kann man an Bankomaten Landeswährung abheben. Die meisten Hotels sowie viele Restaurants und Geschäfte akzeptieren Kreditkarten.

Tourismusämter im Land

Regionale Auskunftsstellen (Informatcji Turystycznej, IT) sind im Haupttext beim jeweiligen Ort unter den ›Praktischen Hinweisen‹ aufgeführt.

Polska Organizacja Turystyczna, Chałubińskiego 4/6, 00–928 Warszawa, Tel. 022/6 30 17 36, Fax 022/6 30 17 42, www.pot.gov.pl

Polskie Towarzystwo Turystyczno-Krajoznawcze PTTK (Polnischer Verband für Touristik und Landeskunde), Ul. Senatorska 11, 00–075 Warszawa, Tel. 0 22/8 26 22 51, Fax 022/8 26 25 05, www.pttk.pl

Notrufnummern

Polizei: Tel. 9 97 (in Mobilfunknetzen Tel. 1 12)

Unfallrettung: Tel. 9 99 (in Mobilfunknetzen Tel. 1 12)

Pannenhilfe: Tel. 022/5 32 84 99 des Polnischen Automobilclubs PZM. Die Hilfe ist kostenpflichtig. Im Rahmen einer ADAC PlusMitgliedschaft erhält man die Kosten für die Pannenhilfe und für das Abschleppen bis zu jeweils 200 € erstattet. Anschrift des PZM:

Polski Związek Motorowy, Ul. Kazimierzówska 66, 02–518 Warszawa, Tel. 022/8 49 93 61, Fax 022/8 48 19 51, www.pzm.pl

Touristennotruf: Tel. 08 00/20 03 00 (in Mobilfunknetzen Tel. 00 48/22/6 01 55 55). Bei Problemen aller Art stehen Juni–Sept. (8–20 Uhr) deutschsprachige Ratgeber zur Verfügung.

ADAC-Notrufstation Polen (Fa. Starter): Tel. 0 61/8 31 98 88 (ganzjährig, in deutscher Sprache, außerhalb der Sprechzeiten wähle man die Notrufnummer des ADAC in München).

ADAC-Notrufzentrale München:
Tel. 00 49/89/22 22 22
(rund um die Uhr)

ADAC-Ambulanzdienst München:
Tel. 00 49/89/76 76 76
(rund um die Uhr)

Österreichischer Automobil Motorrad und Touring Club
ÖAMTC Schutzbrief-Nothilfe:
Tel. 00 43/(0)1/2 51 20 00

Touring Club Schweiz
TCS Zentrale Hilfsstelle:
Tel. 00 41/(0)2 24 17 22 20

Diplomatische Vertretungen

Botschaft der Bundesrepublik Deutschland, Ul. Dabrowiecka 30, 03–932 Warszawa, Tel. 022/5 84 17 00, Fax 022/5 84 17 39, www.ambasadaniemiec.pl

Botschaft der Republik Österreich, Ul. Gagarina 34, 00–748 Warszawa, Tel. 022/8 41 00 81, Fax 022/8 41 00 85, www.aussenministerium.at/warschau

Botschaft der Schweiz, Al. Ujazdowskie 27, 00–540 Warszawa, Tel. 022/6 28 04 81, Fax 022/6 21 05 48, vertretung@var.rep.admin.ch

Besondere Verkehrsbestimmungen

Tempolimits (in km/h): Pkw, Motorrad und Wohnmobile bis 3,5 t innerorts 50 (5–23 Uhr) bzw. 60 (23–5 Uhr), außerorts 90, auf Schnellstraßen 100 (auf vierspurigen Schnellstraßen 110) und auf Autobahnen 130; Wohnmobile über 3,5 t innerorts 50 bzw. 60, außerorts 70, auf Schnellstraßen und Autobahnen 80.

Überholen im Bereich von Kreuzungen ist verboten. **Straßenbahnen** haben an Kreuzungen und gleichrangigen Straßen Vorfahrt. **Halteverbot** gilt 100 m vor und nach Bahnübergängen. Okt.–Febr. müssen alle Fahrzeuge auch tagsüber mit **Abblendlicht** fahren, Motorräder das ganze Jahr über. Ein **Nationalitätenkennzeichen** am Heck ist Vorschrift.

Die **Promillegrenze** liegt bei 0,2.

Jeder **Unfall** ist der Polizei zu melden. *Innerhalb* von Ortschaften dürfen Autos von uniformierten Polizisten sowie von Beamten in Zivil tagsüber und nachts angehalten werden. *Außerhalb* von Ortschaften dürfen dies tagsüber und nachts nur uniformierte Beamte tun, Beamte in Zivil nur tagsüber und nur dann, wenn sie sich bei einem gekennzeichneten Polizeiwagen aufhalten. Von ausländischen Fahrer dürfen die Polizisten *Bußgelder* in bar entgegennehmen. Strafpunkte werden dem Zentralregister in Flensburg gemeldet.

Vorsicht bei *Eisenbahnübergängen* in Polen: Sie sind oft unbeschrankt und mit erheblichen Schlaglöchern ›versehen‹.

Anreise

Auto

Umfangreiches **Informations-** und **Kartenmaterial** können ADAC-Mitglieder kostenlos bei den ADAC-Geschäftsstellen oder unter Tel. 0 18 05/10 11 12 (0,12 €/Min.) anfordern. Außerdem sind im ADAC Verlag (www.adac.de/karten) der *Polen Travel-Atlas* (1:300 000) die *LänderKarte Polen* (1:750 000) sowie das *Reisemagazin Polen* erschienen.

Die am meist frequentierten Straßen zwischen Deutschland und Polen sind Berlin – Stettin, Frankfurt/Oder – Posen sowie Cottbus bzw. Görlitz – Breslau. Von Wien fährt man am besten über die Slowakische und Tschechische Republik (Bratislava und Brno) nach Breslau.

Das Autobahnnetz ist noch im Aufbau. Fertig sind die neuen Streckenabschnitte der A4 zwischen Breslau und Gleiwitz (Gliwice) sowie der A2 zwischen Nowy Tomysl und Posen. Gebührenpflichtig sind die Abschnitte auf der A4 zwischen Kattowitz und Krakau sowie auf der A2 zwischen Nowy Tomysl und Konin.

Privatreisende können über alle Grenzübergänge nach Polen einreisen, bei Ahlbeck – Swinemünde im Norden und bei Ostritz – Krzewina Zgorzelecka dürfen jedoch nur Fußgänger und Radfahrer über die Grenze.

Über **Autodiebstähle** wurde viel geschrieben. Eine verlässliche Statistik wird weder auf deutscher noch auf polnischer Seite geführt. Sicherheitshalber sollte man sein Auto auch tagsüber nur leer geräumt, nachts immer auf bewachten Parkplätzen abstellen.

Bahn

Mehrfach täglich ist Berlin-Zoo mit Warschau und Posen verbunden. Einmal täglich fährt ein Zug von Hamburg über Berlin-Zoo nach Krakau. Dresden ist mehrfach täglich mit Breslau verbunden. Nachtzüge fahren von Köln, Hannover und Berlin-Lichtenberg nach Warschau, von Berlin-Lichtenberg nach Krakau und Danzig und von Dresden nach Warschau. Bahnverbindungen gibt es auch zwischen Berlin, Stettin und im Sommer nach Swinemünde. Auskunft:

Deutschland

Deutsche Bahn, Tel. 1 18 61 (gebührenpflichtig), Tel. 08 00/1 50 70 90 (sprachgesteuert), www.bahn.de

Fahrradtouristen, die ihr Rad mit dem Zug über die Grenze bringen möchten, wenden sich an die *Fahrrad-Hotline* der Deutschen Bahn (Tel. 0 18 05/15 14 15). Für das Rad muss eine Zusatzfahrkarte gelöst werden, die Radrückfahrkarte kann man allerdings nur in Polen bei der Eisenbahngesellschaft PKP kaufen.

Österreich

Österreichische Bundesbahn,
Tel. 05 17 17, www.oebb.at

Schweiz

Schweizerische Bundesbahnen,
Tel. 09 00 30 03 00, www.sbb.ch

Polen

Polskie Koleje Panstwowe PKP,
Tel. 030/2423453, www.pkp.com.pl

Bus

Von vielen deutschen Städten fahren Reisebusse in alle größeren und auch zahlreiche kleinere polnische Orte. Auskunft:

Deutsche Touring GmbH,
Am Römerhof 17, 60486 Frankfurt/Main,
Tel. 0 69/79 03 50, Fax 7 90 32 19,
www.deutsche-touring.com

Flugzeug

Mehrere Gesellschaften fliegen Polen an. Sowohl die polnische Fluggesellschaft LOT (www.lot.com) als auch die deutsche Lufthansa (www.lufthansa.de) unterhalten regelmäßige Verbindungen von Deutschland, Österreich und der Schweiz nach Warschau, Breslau, Danzig, Kattowitz, Krakau und Posen. Seit 2004 gibt es viele Billigflüge z. B. mit German Wings. Vom *Flughafen von Warschau* (Internationale Flüge: Abflug Tel. 022/6 50 39 43, Ankunft Tel. 022/6 50 42 20) aus erreicht man alle kleineren Flugplätze Polens.

Schiff

Ausflugsfahrten zwischen Deutschland und Polen sind von Heringsdorf, Bansin und Ahlbeck auf Usedom nach Swinemünde (Świnoujście), von Heringsdorf nach Misdroy (Międzyzdroje) auf Wollin, von Kamminke auf Usedom nach Neuwarp (Nowe Warpno) mit Bustransfer nach Stettin möglich.

Bank, Post, Telefon

Bank

Öffnungszeiten: Mo–Fr 7.30–17, Sa 7.30–14 Uhr. Auch in kleinen Orten existieren Bankomaten, an denen man mit der EC- bzw. Kreditkarte Bargeld in Landeswährung abheben kann.

Post

Öffnungszeiten: In der Regel Mo–Sa 8–20 Uhr, Hauptpostämter in größeren Städten auch länger.

Telefon

Internationale Vorwahlen:
Polen 00 48
Deutschland 00 49
Österreich 00 43
Schweiz 00 41
Bei Telefonaten im polnischen Festnetz muss grundsätzlich die Ortsvorwahl mitgewählt werden.

Telefonkarten *(Karta telefoniczna)* für Kartentelefone erhält man an Kiosken, Tankstellen, in Postämtern und Hotels.

Die Benutzung handelsüblicher **Mobiltelefone** ist fast überall in Polen möglich. Man sollte sich vor Reiseantritt über das günstigste Netz informieren und das eigene Mobiltelefon entsprechend programmieren. Günstiger – vor allem, wenn man öfters aus Deutschland angerufen wird – ist das Telefonieren über eine *Prepaid-Karte*, die man in den einschlägigen Geschäften erwerben kann. Allerdings ist eine einmalige Grundgebühr fällig.

Einkaufen

Es gibt keine gesetzlich festgelegten **Öffnungszeiten**. Supermärkte in den Städten sind werktags oft 6–22 Uhr auf, an Wochenenden bis 13 Uhr. Einige haben rund um die Uhr geöffnet. Kaufhäuser sind werktags 9–20 Uhr auf, Souvenirläden bis 19 Uhr, Freiluftmärkte 6–12 Uhr.

Das Preisniveau ist innerhalb Polens unterschiedlich. Auf dem Land sind die Preise besonders für Essen ausgesprochen günstig, in Hotels und touristischen Zentren aber auf westeuropäischem Niveau. Auf grenznahen Märkten wie in Swinemünde sind die Preise sehr niedrig, die Qualität aber mitunter auch.

Souvenirs

Fast im ganzen Land bieten Touristengeschäfte den zu kunstvollen Figurinen, Halsketten oder Anhängern verarbeiteten **Bernstein** an. Am größten und qualitätsvollsten ist das Angebot in einem der Danziger Altstadt-Läden. Weitere typische Souvenirs sind **Holzschnitzereien** und **Keramik**. In Krakau bieten die Souvenirstände hübsche geschnitzte Puppen und Krippen an. In Kaschubien bei Danzig werden Keramik in charakteristischem Blau, Schwarz und mit floralen Mustern sowie kunstvolle **Stickerei** hergestellt. Polens **Jazzmusiker** sind weltbekannt und ihre CDs in Polen günstiger als sonst in Westeuropa zu erwerben. Dies trifft auch auf Einspielungen klassischer Musik zu.

Achtung: Die Ausfuhr von wertvollen Gegenständen (z. B. Bücher, Kunst, Antiquitäten) aus der Zeit vor 1945 ist ohne vorherige Genehmigung der zuständigen polnischen Behörden verboten.

Polnische Schmankerl

Die saure Mehlsuppe **Żurek** entsteht aus vergorenem Roggenmehl und wird auf diverse Arten verfeinert – mit Würsten oder Gemüse, mit Speck oder auch nur Brotrinde. Sie wird zuweilen in einem eigens dafür gebackenen, ausgehöhlten Brot serviert. **Pierogi**, Piroggen, sind Teigtäschchen, die in den unterschiedlichsten Größen geformt und mit allen nur erdenklichen Füllungen verfeinert werden. Im Sommer sind sie – mit Erdbeeren, Heidelbeeren oder Kirschen gefüllt – eine süße Erfrischung, im Herbst kommen Pilze und Kraut hinein und im Winter schwimmen dann sie mit ›fleischigem Innenleben‹ in der Roten-Rüben-Suppe **Czerwony Barszsz**, dem Borschtsch. Und schließlich, was wäre ein polnisches Festessen ohne die **Ente mit Äpfeln** und einer passierten Preiselbeer-Apfel-Sauce?

Der absolute Höhepunkt jeder Tafel ist jedoch die polnische **Mastgans**. Gefüllt oder mit Beifuß gewürzt und von Klößen begleitet, lässt sie keine Wünsche offen. Wer es etwas leichter liebt, bestellt **Gołąbki**, was ›Täubchen‹ heißt, aber Kohlrouladen meint. Gedünstete Kohlblätter werden mit einer Farce aus Hackfleisch, Zwiebeln, Pilzen und Reis serviert. Dazu wird eine Sauce aus Pilzen und Sahne gereicht. Fischliebhaber können einen **Zander** mit Krebsen und Pilzen bestellen oder auch eine **Seezunge** à la nature. Als Zwischengericht mundet z. B. **Hering** in Sahnesauce mit Äpfeln und Zwiebeln hervorragend.

Das vielleicht typischste Gericht ist **Bigos:** Hierbei köcheln die Polen Sauerkraut, wenn möglich selbst hergestellt, mit Würsten oder Fleisch, Zwiebeln und Pilzen. Jede Familie hat dafür ihr Spezialrezept.

Als Nachtisch reicht man Kompotte, Krapfen, Kuchen oder Torten – mitunter auch lediglich Beeren und Obst.

Essen und Trinken

Wer im Herbst mit dem Auto ins Land kommt, wird mit einem ›Nationalsport‹ der Polen konfrontiert, dem **Pilzesammeln**. Zu Hunderten stehen die Schwammerl-Sucher am Straßenrand und bieten ihre Funde an. Die weiten Wälder sind ein Dorado für Feinschmecker. Im Sommer kommen **Waldbeeren** auf den Tisch, **Wildschweine** und **Rotwild** bereichern die Speisekarte. Aus Seen und Flüssen kommen **Süßwasserfische** und **Krebse** in die Küche und aus dem Meer köstliche **Dorsche** und **Seezungen**. Knusprige **Gänse** und **Enten** werden mit Äpfeln verfeinert, leckere Teigtäschchen schwimmen in roter **Rübensuppe.**

In der Geschichte des Landes ist die Vielfalt der Gerichte begründet. Die Küche Polens hat bäuerliche Ursprünge. Franzosen, Mongolen, Armenier, Litauer, Kosaken, Ungarn, Deutsche und Juden haben alle etwas beigesteuert, sodass die Auswahl auf den Speisekarten oft riesig ist und den Hungrigen vor die Qual der Wahl stellt.

Polen ist kein Weinland, gleichwohl bieten inzwischen viele Lokale ausgesuchte **Weine** aus aller Welt. Doch eigentlich sollte man sich in Polen mehr auf die traditionellen Nationalgetränke besinnen: **Bier** (*Piwo*) und **Wodka**. Zahlreiche Biermarken stehen in den Supermarkt-Regalen und kommen in den Restaurants auf den Tisch, etwa *Hevelius*, *Żywiec* und *Książ*. Bei den Wodka-Marken kann man sich an *Żubrówka* und *Wyborowa* halten und macht damit nichts falsch, sie übertreffen nach Meinung vieler Kenner hinsichtlich Geschmack und Bekömmlichkeit viele der russischen Wodkas. Bei den Heißgetränken steht **Tee** (*Herbata*) an erster Stelle, **Kaffee** (*Kawa*) wird meist schwarz und mit Satz serviert.

Eine Besonderheit der polnischen Gastronomie sind die **Milchbars** (*Bar mleczny*), die preiswerte Hausmannskost und alkoholfreie Getränke anbieten. Sie wurden zwar in den letzten Jahren von Fast-Food-Ketten fast verdrängt, in jüngster Zeit ist jedoch eine Art Renaissance dieser Einrichtungen zu beobachten.

Feste und Feiern

Feiertage

1. Januar (*Nowy Rok*, Neujahr), Ostern (*Wielkanoc*), 1. Mai (*Swięto 1 Maja*, Tag der

Arbeit), 3. Mai (*Konstytucja 3 Maja*, Tag der Verfassung), Fronleichnam (*Boże Ciało*), 15. August (*Wniebowzięcie Najświętszej Marii Panny*, Mariä Himmelfahrt), 1. November (*Wszystkich Swiętych*, Allerheiligen), 11. November (*Odzyskanie Niepodległości Polski*, Unabhängigkeitstag), 25./26. Dezember (*Boże Narodzenie*, Weihnachten)

Feste

Fasching (*Karnawał*) wird im ganzen Land zumeist an den letzten drei Tagen mit Umzügen gefeiert. **Ostern** ist für Polen das vielleicht wichtigste Fest im Jahr. In Kalwaria Zebrzydowska [s. S. 49] wird es mit Passionsspielen begangen. An **Fronleichnam** finden in ganz Polen feierliche Prozessionen statt.

Klima und Reisezeit

Polen ist vom ozeanischen Klima Westeuropas und vom Kontinentalklima Osteuropas geprägt, was zu starken Temperaturschwankungen führen kann. Das Frühjahr ist sonnig und warm, der Sommer teils angenehm warm, teils heiß, der Herbst kann mit dem Altweibersommer die ideale Wanderzeit sein. Die Winter sind gemäßigt, im Nordosten allerdings fallen die Temperaturen auch über längere Zeiträume des Öfteren auf unter - 30° C.

Klimadaten Danzig (Danziger Bucht)

Monat	Luft (°C) min./max.	Wasser (°C)	Sonnen-std./Tag	Regen-tage
Januar	- 4/1	3	1	8
Februar	- 4/1	2	2	7
März	- 1/5	3	4	7
April	3/11	4	5	7
Mai	7/16	8	7	8
Juni	11/20	13	9	8
Juli	13/22	16	7	9
August	13/22	17	7	9
September	10/18	15	5	9
Oktober	6/13	12	3	9
November	2/6	8	2	9
Dezember	- 2/3	5	1	10

Quelle: Deutscher Wetterdienst

Kultur live

In Polen gibt es alljährlich viele kulturelle Veranstaltungen, vor allem Musik- und Folklorefestivals, vom kleinen Orgel-Konzert in einer Kirche bis zum groß angelegten internationalen Straßentheater-Treffen, das eine ganze Stadt in den Ausnahmezustand versetzt. Hier eine Auswahl:

April

Oppeln (Opole): Internationales Schlagzeug-Festival (Międzynarodowy Festiwal Perkusyjny)

Mai

Warschau: Internationale Buchmesse (Międzynarodowy Targi Książki), die zweitgrößte in Europa

Mai/Juni

Tschenstochau: Internationales Festival der Sakralmusik (Międzynarodowy Festiwal Muzyki Sakranej)

Krakau: Internationales Dokumentar- und Kurzfilmfestival (Międzynarodowy Festiwal Filmów Dokumentalnych i Krótkometrażowych)

Juni

Oppeln: Festival des Polnischen Liedes (Krajowi Festiwal Piosenki)

Kazimierz Dolny: Altpolnisches Folklorefest (Staropolski Festiwal) mit Musik, Tanz, Trachten und Kunsthandwerk

Putzig (Puck): Schiffsprozession der Kaschuben (Parada Statków Kaszubskich, am 29. Juni)

Juni/Juli

Zamość: Theaterfestival (Lato Teatralne)

Krakau: Jüdisches Kulturfestival (Festiwal Kultury Żydowskiej)

Posen: Internationales Theaterfestival (Międzynarodowy Festiwal Teatralny MALTA)

Juni–August

Danzig: Musiksommer (Lato Muzyczne) mit klassischen Konzerten

Warschau: Warschauer Sommer Jazztage

Juni–September

Cammin (Kamień Pomorski): Orgel- und Kammermusikfestival (Festiwal Muzyki Kameralnej i Organowej)

Juli

Hirschberg (Jelenia Góra): Internationales Festival der Straßentheater (Międzynarodowy Festiwal Teatrów Ulicznych)

Juli/August

Danzig: Dominikaner-Jahrmarkt (Jarmark Św. Dominika)

August

Zoppot (Sopot): Pop-Festival (Festiwal)

Wollin (Wolin): Wikinger-Festival (Festiwal Wikingów) mit Kampfspielen

Zakopane: Festival der Bergfolklore (Międzynarodowy Festiwal Folkloru Ziem Górskich, zweite Augusthälfte)

September

Breslau: Internationales Konzertfestival (Międzynarodowy Festiwal Wratislavia Cantans) mit Konzerten, Vokalmusik und Oratorien

Oktober

Warschau: Internationales Jazz-Jamboree (Międzynarodowy Festiwal Jazzowy)

Posen: Internationales Theaterfestival (MiędzynarodowyTeatralny Maski)

Dezember

Krakau: Krippenwettbewerb (Konkurs Szopek Krakowskich) auf dem Marktplatz, preisgekrönt wird die schönste Krakauer Weihnachtskrippe, die Details der historischen Krakauer Bauwerke aufweisen muss (1. Do im Dez.)

Kuren

Über 40 Kurorte gibt es in Polen, die dortigen Mineralquellen und Heilmoorlager locken jedes Jahr Hunderttausende in die Sanatorien und Kurhotels. Besonders zahlreich sind die Kurorte an der Küste, wie z. B. Swinemünde (Świnoujście), Kolberg (Kołobrzeg), Misdroy (Międzyzdroje), Cammin (Kamień Pomorski) und Zoppot (Sopot) sowie in den Gebirgsregionen im Süden z.B. bei Waldenburg (Wałbrzych) und Krynica. Die Bandbreite der Behandlungen ist groß und umfasst eine Vielzahl unterschiedlicher Erkrankungen. Detaillierte Informationen bei:

Uzdrowiska Polskie (Wirtschaftskammer Polnischer Kurorte), Ul. Rolna 179/181, 02–729 Warszawa, Tel./Fax 022/ 8 43 34 60, www.uzdrowiska.com.pl

Museen

Die Eintrittspreise der Museen liegen niedriger als in Westeuropa. Es gibt keine landesweit geregelten Öffnungszeiten. Im Sommer haben die Museen länger geöffnet, im Winter sind die Besuchszeiten eingeschränkt. Meist haben die Museen einen Ruhetag (häufig Montag) und sind am Wochenende geöffnet. Manchmal ist der Eintritt an einem Tag in der Woche frei.

Sport

Angeln

Polen besitzt 26 000 km Fließgewässer und über 9000 Seen, Teiche und Talsperren. Besonders die Seenplatten sind ein Dorado für Angler. Ausländische Angler benötigen eine Genehmigung, die der jeweilige Verwalter gegen Gebühr ausstellt. *Auskunft*:

Polski Związek Wędarski (Polnischer Anglerverband), Ul. Twarda 42, 00–831 Warszawa, Tel. 022/6 20 89 66, www.zgpzw.pl

Golf

Seit 1989 sind in Polen mehrere schöne und auch international genutzte Golfplätze entstanden. Hier eine Auswahl:

Allenstein (Olsztyn): *Mazury Golf & Country Club*, Ul. Naterki 13a, 11–035 Unieszewo, Tel. 089/5 13 15 40, Fax 089/5 13 18 00

Breslau: *First Wrocław Golf Club*, Ul. Zwirowa 37, 54–027 Wrocław, Tel. 071/3 49 13 30, Fax 071/3 96 51 12, www.tomgolf.wroc.pl

Danzig: *Postołowo Golf Club*, Postołowo, 80–430 Ełganowo, Tel. 058/6 83 71 00, Fax 058/6 83 72 00, www.golf.com.pl

Insel Wollin: *Amber Baltic Golf Club*, Ul. Bałtycka 13, 72–514 Kołczewo, Tel. 091/3 26 51 10, Fax 091/3 26 53 33, www.abgc.pl

Stare Czarnowo (bei Stettin): *Binowo Park*, Binowo 62, 74–106 Stare Czarnowo, Tel. 091/4 04 15 33, Fax 091/4 04 15 38, www.binowopark.pl

Warschau: *First Warsaw Golf & Country Club*, Rajszew 70, 05–110 Jabłonna, Tel. 022/7824555, Fax 022/7 82 41 63

Radfahren

Die beliebtesten Regionen für einen Radurlaub sind Masuren, Podlasie um Białystok, das Glatzer Bergland bei Glatz (Kłodzko), die Hohe Tatra bei Zakopane und die Nationalparks ganz allgemein. In den Buchhandlungen und Touristenbüros vor Ort erhält man detaillierte Karten mit den ausgewiesenen Radstrecken.

Reiten

Über 1000 Gestüte und Reiterhöfe vermieten Pferde und bieten Reitausflüge und Unterkunft an. Ausgewiesene Langstrecken sind z. B. der *Beskiden-Reitweg* (600 km) und der *Jura-Reitweg* (250 km). Informationen erhält man über die Reitabteilungen des Polnischen Verbandes für Touristik und Landeskunde **PTTK**:

für **Gebirgsreitsport**, Ul. Jagiełłońska 6, 31–010 Kraków, Tel. 012/4 21 21 13,

für **Tieflandreiten**, Zamek, 87–400 Golub Dobrzyń, Tel. 056/6 83 24 55

Wandern

In Polen existieren etwa 9000 ausgewiesene Wanderwege, insbesondere in den Naturparks. Die Wanderwege sind mit den Buchstaben ›E‹ und ›I‹ an der Spitze der Wegmarkierung gekennzeichnet. Informationen erhält man **Polnischen Verband für Touristik und Landeskunde** (PTTK) vor Ort in einer der Niederlassungen oder bei dessen Zentrale [s. S. 130].

Wassersport

Die Gewässer der Masurischen und der Pommerschen Seenplatten sind ideal zum Segeln, Kanu- und Kajakfahren. Fast überall sind Bootsverleiher zu finden, auf Zeltplätzen und Bauernhöfen kann man übernachten. Der **Polnische Verband für Touristik und Landeskunde** (PTTK) [s. S. 130] unterhält einige Wassersportzentren. Die **ADAC Sportschifffahrt** erteilt Wassertouristen ausführliche Informationen unter Tel. 089/7 67 60, www.adac.de/sportschifffahrt.

Kajakfahrer erhalten Informationen bei:

Polski Związek Kajakowy (Polnischer Kajakverband), Ul. Erazma Ciołka 17, 01–445 Warszawa, Tel. 022/8 37 14 70, Fax 022/8 77 24 60, www.pzkaj.pl

Statistik

Lage: Polen grenzt an Deutschland, Russland, Litauen, Weißrussland, die Ukraine, die Slowakei und Tschechien. Die Küste der Ostsee (auch Baltisches Meer genannt) ist 524 km lang und besteht aus Haffs, Halbinseln sowie den vorgelagerten Inseln Usedom (gemeinsam mit Deutschland) und Wollin. Im Landesinneren folgen die Seenplatten mit den Tälern u. a. der Oder (Odra) und der Weichsel (Wisła), die das Land von Süd nach Nord durchziehen. Im Süden ragen die Mittelgebirgszüge der Sudeten und Karpaten sowie der alpine Höhenrücken der Hohen Tatra auf. Dort befindet sich auch die Meeraugspitze, *Rysy*, mit 2499 m der höchste Gipfel des Landes. Die westliche Grenze bilden die Flüsse Oder und Neiße, die östliche verläuft entlang der Flüsse Bug und Neman. Die maximale Ausdehnung beträgt ca. 655 km in Ost-West- und rund 600 km in Nord-Süd-Richtung.

Staatsform: Polen ist eine parlamentarische Republik mit einem alle vier Jahre gewählten Senat (100 Mitglieder) und Sejm (460 Mitglieder), dem ein Ministerpräsident vorsteht. Das Staatsoberhaupt (Präsident) wird alle fünf Jahre direkt gewählt.

Verwaltung: Polen ist in 16 Bezirke, die *Woiwodschaften*, unterteilt.

Hauptstadt: Warschau (Warszawa)

Fläche: 312 683 km^2

Bevölkerung: 38,6 Mio. (2004)

Wirtschaft: Das Wirtschaftswachstum beträgt um 4 %, die Arbeitslosigkeit etwas über 17 %, die Inflation etwa 2 %. Industriell bedeutsam sind neben Lebensmittelerzeugung und Energieversorgung Bergbau und Hüttenindustrie, gefolgt von der Produktion von Maschinen und elektrischen Geräten, Fahrzeugen, Textilien und Bekleidung. Der Anteil des Dienstleistungssektors am BIP beträgt über 50 %, der Industrie 24 % und der Landwirtschaft 3 %. Die polnische Landwirtschaft ist geprägt durch einen sehr hohen Anteil kleiner Betriebe.

Unterkunft

Die Infrastruktur an der Küste und im Landesinneren ist vorzüglich. Neben Hotels und Pensionen gibt es zahlreiche Privatunterkünfte, Zeltplätze und Einrichtungen für ›Ferien auf dem Bauernhof‹. Hervorzuheben ist die inzwischen beträchtliche Anzahl von Schlössern und Burgen, die ihre Pforten als Hotels geöffnet haben und z.T. luxuriöse Aufenthalte anbieten.

Bauernhöfe

Ferien auf dem Bauernhof (*Agroturystyk*) gewinnen in Polen zunehmend an Beliebtheit. In allen Regionen des Landes haben sich Bauernhöfe auf Urlaubsgäste eingestellt und bieten gute Bedingungen für einen erholsamen Urlaub oder zur sportlichen Betätigung in reizvollen Landschaften. Ein großer Teil der rund 4000 Ferienbauernhöfe ist Mitglied der **Polnischen Föderation für Tourismus auf dem Lande ›Gastfreundliche Bauernhöfe‹**. Das Logo der Organisation, ein Storch auf dem Dach, bürgt für guten Qualitätsstandard. Auskunft:

Polska Federacja Turystiki Wiejskiej ›Gospodarstwa Gościnne‹, Ul. Wspólna 30, 00–930 Warszawa, Tel. 022/6 23 23 43, www.agroturystyka.pl

Auch *Ökobetriebe* bieten ansprechende Ferienunterkünfte. Informationen hierzu bietet die internationale Organisation **ECEAT** (European Centre for Eco Agro Tourism, www.poland.eceat.org).

Zudem stellt das Buch ›Grüne Ferien in Polen‹ (Baerens & Fuss-Verlag, www.baerfuss.de) über 120 Unterkünfte in landschaftlich reizvollen Gegenden vor.

Camping

Es gibt 220 Zeltplätze, die fast alle Mitglied des **Polnischen Campingverbandes (PFCC)** sind. Sie haben in der Regel 1. Mai – 30. Sept. geöffnet und sind je nach Ausstattung in drei Kategorien von III bis I (als beste) unterteilt. Informationen:

Polska Federacja Campingu i Caravaningu PFCC,
Ul. Grochowska 331, 03–823 Warszawa,
Tel./Fax 0 22/8 10 60 50, www.pfcc.info

Eine Auswahl geprüfter Plätze bietet der jährlich aktualisierte **ADAC Camping-Caravaning-Führer**, Band *Deutschland und Nordeuropa*, der – auch als CD-ROM – in Buchhandlungen erhältlich ist.

Hotels

Die Klassifizierung mit Sternen ist im Allgemeinen verlässlich und entspricht mitteleuropäischem Standard mit einer Ausnahme. Da die Hotels der Kategorie ›drei Sterne‹ zur Zeit noch einen Mehrwertsteuersatz von 7%, die der Kategorie ›vier Sterne‹ einen von 22% abführen, verweigern viele Hotels die Höherstufung, um nicht höhere Preise verlangen zu müssen. Deshalb unterscheiden sich die Angebote und Standards mancher Häuser niedrigerer Kategorie häufig nicht von denen der höheren. Infos zu Unterkünften erhält man bei den Fremdenverkehrsämtern oder im Internet (www.hotel.pl, www.hrs.com, www.visit.pl).

Verkehrsmittel im Land

Bahn

Das Schienennetz der **Polnischen Staatsbahnen PKP** (www.pkp.pl) ist gut ausgebaut, die Stadtbahnhöfe liegen meist zentral. Der *Polrailpass* macht das Bahnreisen günstiger und ist für die Dauer von 8, 15 oder 21 Tagen erhältlich. Informationen über historische Schmalspurbahnen erhält man beim Fremdenverkehrsamt.

Bus

Das Netz der staatlichen Busgesellschaft **PKS** (www.pks.pl) ist sehr gut ausgebaut und reicht bis in die kleinsten Ortschaften, die private Gesellschaft **Polski Express** (www.polskiexpress.pl) bedient nicht alle Strecken, ihre Linienbusse sind aber zügiger unterwegs. In den ›Praktischen Hinweisen‹ im Haupttext sind Adressen der wichtigen Busbahnhöfe aufgeführt.

Flugzeug

Flughäfen gibt es in Breslau, Bromberg (Bydgoszcz), Danzig, Grünberg (Zielona Góra), Kattowitz (Katowice), Krakau, Lodsch (Łódź), Ortelsburg (Szczytno), Posen, Rzeszów, Stettin und Warschau (Nationale Flüge, Tel. 022/6 50 17 50).

Mietwagen

Die Internationalen Autovermieter sind in den Großstädten und an den dortigen Flughäfen vertreten. Günstiger als ein Vertragsabschluss vor Ort ist die Vorausbuchung z. B. mit einem Holiday- oder Fly-and-Drive-Tarif.

Für Mitglieder bietet die **ADAC Autovermietung GmbH** günstige Bedingungen. Buchungen über Geschäftsstellen oder unter 0 18 05/31 81 81 (0,12 €/Min.).

Taxi

Empfehlenswert ist es, telefonisch ein Taxi zu bestellen. Ansonsten warten Wagen an Taxiständen vor Flughäfen, Bahnhöfen und Hotels. Die Tarife sind relativ günstig. Sie müssen an der Beifahrerseite ausgehängt sein. Es gibt gesetzlich zulässige Höchstpreise. Wenn man ein Taxi am Straßenrand aufhält, sollte man sich zuerst über den Preis informieren. Es verkehren außerdem zahlreiche Privattaxis; der Preis ist hier Verhandlungssache.

Sprachführer

Polnisch für die Reise

Das Wichtigste in Kürze

Ja/Nein	*Tak/Nie*
Bitte/Danke	*Proszę/Dziękuję*
In Ordnung/Einverstanden.	*W porządku/Zgoda.*
Entschuldigung!	*Przepraszam!*
Wie bitte?	*Proszę?*
Ich verstehe Sie (nicht).	*(Nie) Rozumiem Pana/Pani.*
Ich spreche nur wenig Polnisch.	*Słabo mówię po polsku.*
Können Sie mir bitte helfen?	*Czy może mi Pan/Pani pomóc?*
Das gefällt mir (nicht).	*(Nie) Podoba mi się to.*
Ich möchte …	*Chciałbym ...*
Haben Sie …?	*Czy ma Pan/Pani ...?*
Gibt es …?	*Czy jest ...?*
Wie viel kostet das?	*Ile to kosztuje?*
Kann ich mit Kreditkarte bezahlen?	*Czy mogę zapłacić kartą kredytową?*
Wie viel Uhr ist es?	*Która godzina?*
Guten Morgen!	*Dzień dobry!*
Guten Tag!	*Dzień dobry!*
Guten Abend!	*Dobry wieczór!*
Gute Nacht!	*Dobranoc!*
Hallo!/Tschüs!	*Cześć!*
Wie ist Ihr Name, bitte?	*Pańskie/Pani nazwisko?*
Mein Name ist …	*Moje nazwisko ...*
Wie geht es Ihnen?	*Jak leci?/Co słychać?*
Auf Wiedersehen!	*Do widzenia!*
Bis bald!	*Do zobaczenia wkrótce!*
Bis morgen!	*Do jutra!*
gestern/heute/morgen	*wczoraj/dzisiaj/jutro*
am Vormittag/am Nachmittag	*przedpołudniem/popołudniu*
am Abend/in der Nacht	*wieczorem/w nocy*
um 1 Uhr/um 2 Uhr ...	*o godzinie 1/o godzinie 2 ...*
um Viertel vor/nach ...	*kwadrans przed/po*
um … Uhr 30	*o godzinie ... 30*
Minute(n)/Stunde(n)	*minuta (minuty)/sekunda (sekundy)*
Tag(e)/Woche(n)	*dzień (dni)/tydzień (tygodnie)*
Monat(e)/Jahr(e)	*miesiąc (miesiące)/rok (lata)*

Wochentage

Montag	*poniedziałek*
Dienstag	*wtorek*
Mittwoch	*środa*
Donnerstag	*czwartek*
Freitag	*piątek*
Samstag	*sobota*
Sonntag	*niedziela*

Monate

Januar	*styczeń*
Februar	*luty*
März	*marzec*
April	*kwiecień*
Mai	*maj*
Juni	*czerwiec*
Juli	*lipiec*
August	*sierpień*
September	*wrzesień*
Oktober	*październik*
November	*listopad*
Dezember	*grudzień*

Maße

Kilometer	*kilometr*
Meter	*metr*
Zentimeter	*centymetr*
Kilogramm	*kilogram*
Pfund	*funt/pół kilograma*
Gramm	*gram*
Liter	*litr*

Zahlen

0	*zero*	13	*trzynaście*	60	*sześćdziesiąt*
1	*jeden*	14	*czternaście*	70	*siedemdziesiąt*
2	*dwa*	15	*piętnaście*	80	*osiemdziesiąt*
3	*trzy*	16	*szesnaście*	90	*dziewięćdziesiąt*
4	*cztery*	17	*siedemnaście*	100	*sto*
5	*pięć*	18	*osiemnaście*	200	*dwieście*
6	*sześć*	19	*dziewiętnaście*	1000	*tysiąc*
7	*siedem*	20	*dwadzieścia*	2000	*dwa tysiące*
8	*osiem*	21	*dwadzieścia jeden*	10000	*dziesięć tysięcy*
9	*dziewięć*	22	*dwadzieścia dwa*	100000	*sto tysięcy*
10	*dziesięć*	30	*trzydzieści*	1000000	*milion*
11	*jedenaście*	40	*czterdzieści*	1/2	*jedna druga*
12	*dwanaście*	50	*pięćdziesiąt*	1/4	*jedna czwarta*

Unterwegs

Nord/Süd/ West/Ost	*północ/południe/ zachód/wschód*
oben/unten	*góra/dół*
geöffnet/geschlossen	*otwarty/zamknięty*
geradeaus/links/ rechts/zurück	*prosto/w lewo/ w prawo/z powrotem*
nah/weit	*blisko/daleko*
Wie weit ist es?	*Jak daleko to jest?*
Wo sind die Toiletten?	*Gdzie jest toaleta?*
Wo ist die (der) nächste ... Telefonzelle/ Bank/Post/ Polizei/ Geldautomat?	*Gdzie jest najbliższy (najbliższa) ... budka telefoniczna/ bank/poczta/ posterunek policji/ bankomat?*
Wo ist ... der Bahnhof/ die U-Bahn/ der Flughafen?	*Gdzie jest ... dworzec kolejowy/ stacja metra/ dworzec lotniczy?*
Wo finde ich ... eine Bäckerei/ ein Fotogeschäft/ ein Kaufhaus/ ein Lebensmittel-geschäft/ einen Markt?	*Gdzie znajdę ... piekarnię/ zakład fotogra-ficzny/ dom towarowy/ sklep spożywczy/ targowisko?*
Ist das der Weg/ die Straße nach ...?	*Czy to droga do(na) .../ Czy ta ulica prowadzi do (na) ...*
Gibt es einen anderen Weg?	*Czy jest jakaś inna droga?*
Ich möchte mit dem (der) ... Zug/ Schiff/ Fähre/ Flugzeug nach ... fahren.	*Chciałbym/ Chciałabym ... pojechać pociągiem/ popłynąć statkiem/ promem/ polecieć samolotem do ...*
Ist der Preis für Hin- und Rückfahrt?	*Czy to cena za bilet powrotny?*
Wie lange gilt das Ticket?	*Jak długo ważny jest ten bilet?*
Wo ist ... das Fremden-verkehrsamt/ ein Reisebüro?	*Gdzie jest ... biuro informacji turystycznej/ biuro podróży?*
Ich möchte eine Anzeige erstatten.	*Chciałbym/ Chciałabym złożyć doniesienie.*
Man hat mir .. Geld/ meine Tasche/ meine Papiere/ die Schlüssel/ meinen Fotoapparat/ meinen Koffer/ mein Fahrrad gestohlen.	*Skradziono mi ... pieniądze/ torebkę/ dokumenty/ klucze/ aparat fotograficzny/ walizkę/ rower.*
Verständigen Sie bitte die Deutsche Botschaft.	*Proszę powiadomić niemiecką ambasadę.*
Ich habe meinen Koffer verloren.	*Zgubiłem/Zgubiłam walizkę.*
Wo kann ich mein Gepäck lassen?	*Gdzie mogę zostawić mój bagaż?*
Ich benötige eine Hotelunterkunft.	*Szukam noclegu.*

Freizeit

Ich möchte ein ... Fahrrad/ Motorrad/ Surfbrett/ Mountainbike/ Boot/ Pferd mieten.	*Chciałbym/ Chciałabym wynająć ... rower/ motor/ deskę surfingową/ rower górski/ łódź/ konia.*
Gibt es ein(en) ... Freizeitpark/ Freibad/ Golfplatz/ Strand in der Nähe?	*Czy jest w pobliżu jakiś (jakieś) (jakaś) ... park rekreacyjny/ otwarty basen kąpielowy/ pole golfowe/ plaża.*
Wann hat ... geöffnet?	*Kiedy jest otwarty (otwarta) (otwarte)...*

Bank, Post, Telefon

Ich möchte Geld wechseln.	*Chciałbym/ Chciałabym wymienić pieniądze.*
Brauchen Sie meinen Ausweis?	*Czy potrzebny jest mój dowód osobisty?*
Wo soll ich unterschreiben?	*Gdzie mam się podpisać?*
Ich möchte eine Telefonverbindung nach ...	*Proszę połączyć mnie telefonicznie z ...*
Wie lautet die Vorwahl für ...?	*Jaki jest numer kierunkowy do ...?*
Wo gibt es ... Münzen für den Fernsprecher/ Telefonkarten/ Briefmarken?	*Gdzie można dostać ... żetony do aparatu telefonicznego/ karty telefoniczne/ znaczki na listy?*

Hinweise zur Aussprache

ł	= wie ›W‹ bei Wimbledon
ą	= weiches ›on‹
ę	= weiches ›en‹
ó	= u
c	= tz
cz	= stimmloses ›tsch‹
ń	= wie ›gn‹ bei Cognac, vor Vokalen ›ci‹
rz	= sch
ś, ć, ź	= sehr weiches si, ci, sji (nicht zji)
sz	= stimmloses ›sch‹
ż	= sch

Tankstelle

Wo ist die nächste Tankstelle?	*Gdzie jest najbliższa stacja benzynowa?*
Ich möchte …	*Chciałbym/Chciałabym …*
Liter Benzin/	*litrów benzyny/*
Super/	*super/*
Diesel/	*oleju napędowego/*
bleifrei/	*bezołowiowej/*
mit … Oktan.	*o liczbie oktanów …*
Volltanken, bitte.	*Do pełna, proszę.*
Bitte, prüfen Sie …	*Proszę sprawdzić …*
den Reifendruck/	*ciśnienie w oponach/*
den Ölstand/	*poziom oleju/*
den Wasserstand/	*poziom wody/*
das Wasser für die Scheibenwischanlage/	*wodę do spryskiwacza/*
die Batterie.	*akumulator.*
Würden Sie bitte …	*Proszę …*
den Ölwechsel/	*wymienić olej/*
den Radwechsel vornehmen/	*zmienić koło/*
die Sicherung austauschen/	*wymienić bezpieczniki/*
die Zündkerzen erneuern/	*wymienić świece zapłonowe/*
die Zündung nachstellen?	*wyregulować zapłon.*

Panne

Ich habe eine Panne.	*Mam awarię/Popsuł mi się samochód.*
Der Motor startet nicht.	*Silnik nie rusza.*
Ich habe die Schlüssel im Wagen gelassen.	*Zostawiłem/Zostawiłam kluczyki w samochodzie.*
Ich habe kein Benzin/Diesel.	*Nie mam silnika benzynowego/diesla.*
Gibt es hier in der Nähe eine Werkstatt?	*Czy jest w pobliżu jakiś warsztat?*
Können Sie mein Auto abschleppen?	*Czy może Pan/Pani odholować mój samochód?*
Können Sie mir einen Abschleppwagen schicken?	*Czy może Pan/Pani przysłać tu samochód holowniczy?*
Können Sie den Wagen reparieren?	*Czy może Pan/Pani naprawić samochód?*
Bis wann?	*Do kiedy?*

Mietwagen

Ich möchte ein Auto mieten.	*Chciałbym/Chciałabym wynająć samochód.*
Was kostet die Miete …	*Ile kosztuje wynajem samochodu*
pro Tag/	*na dzień/*
pro Woche/	*na tydzień/*
mit unbegrenzter km-Zahl/	*z nieograniczonym kilometrażem/*
mit Kaskoversicherung/	*z ubezpieczeniem casco/*
mit Kaution?	*z kaucją?*
Wo kann ich den Wagen zurückgeben?	*Gdzie mogę zwrócić samochód?*

Unfall

Hilfe!	*Ratunku!*
Achtung!/Vorsicht!	*Uwaga!/Ostrożnie!*
Bitte rufen Sie schnell …	*Proszę szybko wezwać …*
einen Krankenwagen/	*pogotowie/*
die Polizei/	*policję/*
die Feuerwehr.	*straż pożarną.*
Es war (nicht) meine Schuld.	*To (nie) była moja wina.*
Geben Sie mir bitte Ihren Namen und Ihre Adresse.	*Proszę podać mi swoje nazwisko i adres.*
Ich brauche die Angaben zu Ihrer Autoversicherung.	*Potrzebne są dane do Pańskiego/Pani ubezpieczenia samochodowego.*

Krankheit

Können Sie mir einen guten Deutsch sprechenden Arzt/	*Czy może mi Pan/Pani polecić jakiegoś dobrze mówiącego po niemiecku lekarza/*
Zahnarzt empfehlen?	*dentystę?*
Wann hat er Sprechstunde?	*Kiedy ma godziny przyjęć?*
Wo ist die nächste Apotheke?	*Gdzie jest najbliższa apteka?*
Ich brauche ein Mittel gegen …	*Potrzebuję środek na …*
Durchfall/	*biegunkę/*
Verstopfung/	*zaparcie/*
Fieber/	*gorączkę/*
Insektenstiche/	*ukąszenie owada/*
Halsschmerzen/	*bóle gardła/*
Zahnschmerzen.	*bóle zębów.*

Im Hotel

Ich habe bei Ihnen ein Zimmer reserviert.	*Mam zarezerwowany u Państwa pokój.*
Haben Sie ein …	*Czy mają Państwo …*
Einzel-/	*pokój jednoosobowy/*
Doppelzimmer …	*pokój dwuosobowy/*
mit Dusche/	*z prysznicem/*
mit Bad/WC …	*z łazienką/toaletą …*
für eine Nacht/	*na jedną noc/*
für eine Woche?	*na cały tydzień.*
Was kostet das Zimmer …	*Ile kosztuje pokój …*

mit Frühstück/ mit Halbpension/ mit Vollpension?	*ze śniadaniem/ z częściowym wyżywieniem/ z pełnym wyżywieniem?*
Wie lange gibt es Frühstück?	*Do której podawane jest śniadanie?*
Ich möchte um … Uhr geweckt werden.	*Proszę obudzić mnie o godzinie ...*
Ich reise heute Abend/ morgen früh ab.	*Wyjeżdżam dzisiaj wieczorem/ jutro rano.*
Haben Sie ein Fax/ einen Internetzugang/ einen Hotelsafe?	*Czy mają Państwo faks/dostęp do Internetu/ sejf hotelowy?*

Im Restaurant

Wo gibt es ein gutes/günstiges Restaurant?	*Gdzie jest jakaś dobra/tania restauracja?*
Die Speisekarte/ Getränkekarte, bitte.	*Proszę kartę dań/ napojów.*
Ich möchte das Tagesgericht/Menü (zu) ...	*Proszę danie dnia (za) ...*
Welches Gericht können Sie besonders empfehlen?	*Jakie danie może mi Pan/Pani polecić?*
Ich möchte nur eine Kleinigkeit essen.	*Chciałbym/ Chciałabym zjeść coś niedużego.*
Haben Sie vegetarische Gerichte?	*Czy mają Państwo dania wegetariańskie?*
Können Sie mir bitte … ein Messer/ eine Gabel/ einen Löffel bringen?	*Czy może mi Pan/ Pani przynieść ... nóż/ widelec/ łyżkę?*
Darf man hier rauchen?	*Czy można tutaj palić?*
Die Rechnung bitte.	*Proszę rachunek.*

Essen und Trinken

Abendessen	*kolacja*
Apfel	*jabłko*
Bier	*piwo*
Birne	*gruszka*
Braten	*pieczeń*
Bratkartoffeln	*pieczone ziemniaki*
Brot/Brötchen	*chleb/bułka*
Butter	*masło*
Ei	*jajko*
Eintopf	*danie jednogarnkowe*
Eiscreme	*lody*
Erbsen	*groszek*
Erdbeeren	*truskawki*
Espresso	*espresso*
Essig	*ocet*
Fisch	*ryba*
Flasche	*butelka*
Fleisch	*mięso*
Fleischsoße	*sos mięsny*
Fruchtsaft	*sok owocowy*
Frühstück	*śniadanie*
Gebäck	*pieczywo*
Geflügel	*drób*
Gemüse	*warzywa*
Glas	*szklanka*
Gulasch	*gulasz*
Gurke	*ogórek*
Hähnchen	*kurczak*
Hammelfleisch	*baranina*
Hörnchen	*rogaliki*
Hummer	*homar*
Kaffee	*kawa*
Kalbfleisch	*cielęcina*
Kartoffel	*ziemniak*
Kartoffelbrei	*puree ziemniaczane*
Käse	*ser*
Kirschen	*czereśnie*
Kohl	*kapusta*
Krug/Karaffe	*dzban/karafka*
Kuchen	*ciasto*
Lachs	*łosoś*
Lamm	*jagnięcina*
Leber	*wątróbka*
Maiskolben	*kolba kukurydziana*
Marmelade	*marmolada*
Mittagessen	*obiad*
Meeresfrüchte	*owoce morza*
Milch	*mleko*
Milchkaffee	*kawa z mlekiem*
Mineralwasser	*woda mineralna*
mit Kohlensäure	*gazowana*
ohne Kohlensäure	*nie gazowana*
Nachspeisen	*desery*
Nieren	*nerki*
Obst	*owoce*
Öl	*olej*
Orangensaft	*sok pomarańczowy*
Pfannkuchen	*naleśnik*
Pfeffer	*pieprz*
Pfirsiche	*brzoskwinie*
Pflaumen	*śliwki*
Pilze	*grzyby*
Pommes frites	*frytki*
Reis	*ryż*
Reh	*sarnina*
Hirsch	*jelenina*
Rindfleisch	*mięso wołowe*
Sahne	*śmietana*
Salat	*sałatka/sałata*
Salz	*sól*
Schinken	*szynka*
Schnaps	*wódka*
Schweinefleisch	*wieprzowina*
Süßigkeiten	*słodycze*
Suppe	*zupa*
Thunfisch	*tuńczyk*
Tomaten	*pomidory*
Truthahn	*indyk*
Vorspeisen	*przystawki*
Wein (Weiß-/Rot-/ Rosé-)	*wino (białe/czerwone/ różowe)*
Würstchen	*kiełbaska*
Zucker	*cukier*
Zwiebeln	*cebule*

Register

A

B

C

D

E

F

G

H

J

K

L

M

Bildnachweis

Umschlag-Vorderseite: Rynek in Breslau. Foto: *Ralf Freyer, Freiburg*
Umschlag-Vorderseite Reiseführer Plus: Rathaus in Breslau (Wh. von S. 58 oben)

Titelseite:
Oben: Tuchhallen in Krakau. Foto: *Ralf Freyer, Freiburg*
Mitte: Landschaft bei Krummhübel. Foto: *Bildagentur Huber, Garmisch-Partenkirchen* (Gräfenhain)
Unten: Altstadtcafé in Warschau. Foto: *Look, München* (Pompe)

AKG, Berlin: 9 unten,112 unten (Erich Lessing), 12, 13 (3), 14 (2), 15, 20, 25, 46 oben, 85 – *Ralf Freyer, Freiburg:* 6, 7 oben, 8/9 oben, 10 oben, 10 unten, 24 oben, 31, 32, 33 oben, 34, 35, 36, 37, 43 unten, 44/45 oben, 49, 50, 53 unten, 54, 55, 57, 62, 65, 66, 67 (2), 69, 71, 76 (2), 78, 80, 81, 82, 83, 86, 89 (2), 90, 91, 92 oben, 97, 101, 102 oben, 105, 109, 112 oben, 115, 116, 128 oben links, 128 unten (2) – *Hartmuth Friedrichsmeier, Hamburg:* 92 unten (Transit/ Peter Hirth, Leipzig) – *Rainer Hackenberg, Köln:* 2 (2. v. oben), 7 unten, 11 oben, 21, 23 unten, 26, 28 unten, 95, 96, 99, 102 unten, 108 unten, 121 unten, 122, 123, 124, 125, 126 (2) – *Bildagentur Huber, Garmisch-Partenkirchen:* 19, 28 oben, 47, 111 (R. Schmid), 22, 40 unten, 63 unten (F. Damm), 10 Mitte, 58 (2), 74 (Gräfenhain), 106 unten (Mehlig), 64, 72, 73 – *Volkmar E. Janicke, München:* 8 Mitte, 16/17, 79, 87, 113, 114 oben – *János Kalmár, Wien:* 33 unten, 39, 52, 70, 75, 117, 118 oben, 119, 127, 128 Mitte links – *Friedrich Köthe, München:* 53 oben, 98, 100, 114 unten – *laif, Köln:* 44 unten, 51 (Geilert/GAFF), 128 Mitte rechts (Gaff), 8 unten, 11 unten, 46 unten, 56 (Kristensen), 121 oben (Hilger), 43 oben, 45 unten, 48, 61, 106 oben – *LOOK, München:* 2 oben, 5 oben, 118 unten (Thomas Stankiewicz), 29, 30, 40 oben, 128 oben rechts (Ingolf Pompe), 23 oben, 24 unten, 27 – *Ullstein Bild, Berlin:* 108 oben.

Leserforum

Die Meinung unserer Leserinnen und Leser ist wichtig, daher freuen wir uns von Ihnen zu hören. Wenn Ihnen dieser Reiseführer gefallen hat, wenn Sie wichtige Hinweise zu den Inhalten haben – Ergänzungs- und Verbesserungsvorschläge, Tipps und Korrekturen – dann schreiben Sie uns:

Redaktion ADAC Reiseführer
ADAC Verlag GmbH
81365 München
verlag@adac.de

Impressum

Lektorat: Elisabeth Schnurrer, Irene Unterriker
Aktualisierung: Renate Nöldeke, München
Bildredaktion: Johannes Graf v. Preysing
Karten: Carrle Computerkartographie, München
Herstellung: Martina Baur
Printed in Germany

Ansprechpartner für den Anzeigenverkauf:
Kommunalverlag GmbH & Co KG,
MediaCenterMünchen, Tel. 089/92 80 96-44

ISBN 3-89905-173-4
ISBN 3-89905-299-4 Reiseführer Plus

Gedruckt auf chlorfrei gebleichtem Papier

Neu bearbeitete Auflage 2006

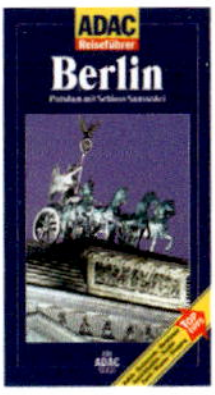

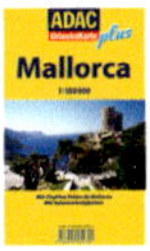

Ägypten
Algarve
Allgäu
Amsterdam
Andalusien
Australien
Bali und Lombok
Barcelona*
Berlin*
Bodensee
Brandenburg
Brasilien
Bretagne
Budapest
Bulgarische Schwarzmeerküste
Burgund
Costa Brava und Costa Daurada
Côte d'Azur
Dalmatien
Dänemark*
Deutschland, City Guide
Dominikanische Republik
Dresden*
Dubai, Vereinigte Arabische Emirate, Oman
Elsass
Emilia Romagna
Florenz
Florida
Französische Atlantikküste
Fuerteventura
Gardasee*
Germany, City Guide (engl.)
Golf von Neapel
Gran Canaria
Hamburg*
Hongkong und Macau
Ibiza und Formentera
Irland
Israel
Istrien und Kvarner Golf*
Italienische Adria
Italienische Riviera
Jamaika
Kalifornien
Kanada – Der Osten
Kanada – Der Westen
Karibik
Kenia
Korfu und Ionische Inseln
Kreta*
Kuba
Kykladen
Lanzarote
Leipzig
London*
Madeira
Mallorca*
Malta
Marokko
Mauritius und Rodrigues
Mecklenburg-Vorpommern*
Mexiko
München*
Neuengland
Neuseeland
New York*
Niederlande
Norwegen
Oberbayern*
Österreich*
Paris*
Peloponnes
Piemont, Lombardei, Valle d'Aosta
Polen*
Portugal
Prag*
Provence
Rhodos
Rom*
Rügen, Hiddensee, Stralsund*
Salzburg
Sardinien
Schleswig-Holstein*
Schottland
Schwarzwald*
Schweden*
Schweiz*
Sizilien
Spanien
St. Petersburg
Südafrika
Südengland
Südtirol*
Sylt
Teneriffa*
Tessin
Thailand
Toskana
Tunesien
Türkei-Südküste
Türkei-Westküste
Umbrien
Ungarn
USA-Südstaaten
USA-Südwest
Usedom
Venedig*
Venetien und Friaul
Wien*
Zypern

* auch als ADAC Reiseführer Plus mit CityPlan bzw. UrlaubsKarte